当代齐鲁文库·20世纪"乡村建设运动"文库

The Library of Contemporary Shandong

Selected Works of Rural Construction Campaign of the 20th Century

山东社会科学院 编纂

/13

乡农教育研究

山东乡村建设研究院 编

中国社会科学出版社

图书在版编目(CIP)数据

乡农教育　教育研究 / 山东乡村建设研究院编. —北京：中国社会科学出版社，2019.10（2020.11 重印）

（当代齐鲁文库.20 世纪"乡村建设运动"文库）

ISBN 978-7-5203-5410-3

Ⅰ.①乡…　Ⅱ.①山…　Ⅲ.①乡村教育—中国—民国—文集　Ⅳ.①G729.29-53

中国版本图书馆 CIP 数据核字(2019)第 233089 号

出 版 人	赵剑英
责任编辑	冯春凤
责任校对	张爱华
责任印制	张雪娇

出　　版	中国社会科学出版社
社　　址	北京鼓楼西大街甲 158 号
邮　　编	100720
网　　址	http://www.csspw.cn
发 行 部	010-84083685
门 市 部	010-84029450
经　　销	新华书店及其他书店
印刷装订	北京君升印刷有限公司
版　　次	2019 年 10 月第 1 版
印　　次	2020 年 11 月第 2 次印刷
开　　本	710×1000　1/16
印　　张	17.5
插　　页	2
字　　数	241 千字
定　　价	99.00 元

凡购买中国社会科学出版社图书，如有质量问题请与本社营销中心联系调换

电话：010-84083683

版权所有　侵权必究

《当代齐鲁文库》编纂说明

不忘初心、打造学术精品，是推进中国特色社会科学研究和新型智库建设的基础性工程。近年来，山东社会科学院以实施哲学社会科学创新工程为抓手，努力探索智库创新发展之路，不断凝练特色、铸就学术品牌、推出重大精品成果，大型丛书《当代齐鲁文库》就是其中之一。

《当代齐鲁文库》是山东社会科学院立足山东、面向全国、放眼世界倾力打造的齐鲁特色学术品牌。《当代齐鲁文库》由《山东社会科学院文库》《20世纪"乡村建设运动"文库》《中美学者邹平联合调查文库》《山东海外文库》《海外山东文库》等特色文库组成。其中，作为《当代齐鲁文库》之一的《山东社会科学院文库》，历时2年的编纂，已于2016年12月由中国社会科学出版社正式出版发行。《山东社会科学院文库》由34部44本著作组成，约2000万字，收录的内容为山东省社会科学优秀成果奖评选工作开展以来，山东社会科学院获得一等奖及以上奖项的精品成果，涉猎经济学、政治学、法学、哲学、社会学、文学、历史学等领域。该文库的成功出版，是山东社会科学院历代方家的才思凝结，是山东社会科学院智库建设水平、整体科研实力和学术成就的集中展示，一经推出，引起强烈的社会反响，并成为山东社会科学院推进学术创新的重要阵地、引导学风建设的重要航标和参与学术交流的重要桥梁。

以此为契机，作为《当代齐鲁文库》之二的山东社会科学院

"创新工程"重大项目《20世纪"乡村建设运动"文库》首批10卷12本著作约400万字，由中国社会科学出版社出版发行，并计划陆续完成约100本著作的编纂出版。

党的十九大报告提出："实施乡村振兴战略，农业农村农民问题是关系国计民生的根本性问题，必须始终把解决好'三农'问题作为全党工作重中之重。"以史为鉴，置身于中国现代化的百年发展史，通过深入挖掘和研究历史上的乡村建设理论及社会实验，从中汲取仍具时代价值的经验教训，才能更好地理解和把握乡村振兴战略的战略意义、总体布局和实现路径。

20世纪前期，由知识分子主导的乡村建设实验曾影响到山东省的70余县和全国的不少地区。《20世纪"乡村建设运动"文库》旨在通过对从山东到全国的乡村建设珍贵历史文献资料大规模、系统化地挖掘、收集、整理和出版，为乡村振兴战略的实施提供历史借鉴，为"乡村建设运动"的学术研究提供资料支撑。当年一大批知识分子深入民间，投身于乡村建设实践，并通过长期的社会调查，对"百年大变局"中的乡村社会进行全面和系统地研究，留下的宝贵学术遗产，是我们认识传统中国社会的重要基础。虽然那个时代有许多的历史局限性，但是这种注重理论与实践相结合、俯下身子埋头苦干的精神，仍然值得今天的每一位哲学社会科学工作者传承和弘扬。

《20世纪"乡村建设运动"文库》在出版过程中，得到了社会各界尤其是乡村建设运动实践者后人的大力支持。中国社会科学院和中国社会科学出版社的领导对《20世纪"乡村建设运动"文库》给予了高度重视、热情帮助和大力支持，责任编辑冯春凤主任付出了辛勤努力，在此一并表示感谢。

在出版《20世纪"乡村建设运动"文库》的同时，山东社会科学院已经启动《当代齐鲁文库》之三《中美学者邹平联合调查文库》、之四《山东海外文库》、之五《海外山东文库》等特色文库的编纂工作。《当代齐鲁文库》的日臻完善，是山东社会科学院坚持问题导向、成果导向、精品导向，实施创新工程、激发科研活力结出的丰硕成果，是山东社会科学院国内一流新型智库建设不断实现突破的重要标志，也是党的领导下经济社会全面发展、哲学社会科学欣欣向荣繁荣昌盛的体现。由于规模宏大，《当代齐鲁文库》的完成需要一个过程，山东社会科学院会笃定恒心，继续大力推动文库的编纂出版，为进一步繁荣发展哲学社会科学贡献力量。

山东社会科学院

2018 年 11 月 17 日

编纂委员会

顾　　　问	徐经泽　梁培宽
主　　　任	李培林
编辑委员会	唐洲雁　张述存　王兴国　袁红英
	韩建文　杨金卫　张少红
学术委员会	（按姓氏笔画排列）
	王学典　叶　涛　刘显世　孙聚友
	杜　福　李培林　李善峰　吴重庆
	张　翼　张士闪　张凤莲　林聚任
	杨善民　宣朝庆　徐秀丽　韩　锋
	葛忠明　温铁军　潘家恩
总　主　编	唐洲雁　张述存
主　　　编	李善峰

总　序

　　从传统乡村社会向现代社会的转型，是世界各国现代化必然经历的历史发展过程。现代化的完成，通常是以实现工业化、城镇化为标志。英国是世界上第一个实现工业化的国家，这个过程从 17 世纪资产阶级革命算起经历了 200 多年时间，若从 18 世纪 60 年代工业革命算起则经历了 100 多年的时间。中国自近代以来肇始的工业化、城镇化转型和社会变革，屡遭挫折，步履维艰。乡村建设问题在过去一百多年中，也成为中国最为重要的、反复出现的发展议题。各种思想潮流、各种社会力量、各种政党社团群体，都围绕这个议题展开争论、碰撞、交锋，并在实践中形成不同取向的路径。

　　把农业、农村和农民问题置于近代以来的"大历史"中审视不难发现，今天的乡村振兴战略，是对一个多世纪以来中国最本质、最重要的发展议题的当代回应，是对解决"三农"问题历史经验的总结和升华，也是对农村发展历史困境的全面超越。它既是一个现实问题，也是一个历史问题。

　　2017 年 12 月，习近平总书记在中央农村工作会议上的讲话指出，"新中国成立前，一些有识之士开展了乡村建设运动，比较有代表性的是梁漱溟先生搞的山东邹平试验，晏阳初先生搞的河北定县试验"。

　　"乡村建设运动"是 20 世纪上半期（1901 到 1949 年间）在中国农村许多地方开展的一场声势浩大的、由知识精英倡导的乡村改良实践探索活动。它希望在维护现存社会制度和秩序的前提下，通过兴办教育、改良农业、流通金融、提倡合作、办理地方自治与自卫、建立公共卫生保健制度和移风易俗等措施，复兴日趋衰弱的农村经济，刷新中国政治，复兴中国文化，实现所谓的"民族再造"或"民族自救"。在政治倾向上，参与"乡村建设运动"的学者，多数是处于共产党与国民党之间的'中间派'，代表着一部分爱国知识分子对中国现代化建设道路的选择与探索。关于"乡村建设运动"的意义，梁漱溟、晏阳初等乡建派学者曾提的很高，认为这是近代以来，继太平天国运动、戊戌变法运动、辛亥革命运动、五四运动、北伐运动之后的第六次民族自救运动，甚至是"中国民族自救运动之最后觉悟"。[①] 实践证明，这个运动最终以失败告终，但也留下很多弥足珍贵的经验和教训。其留存的大量史料文献，也成为学术研究的宝库。

"乡村建设运动"最早可追溯到米迪刚等人在河北省定县翟城村进行"村治"实验示范，通过开展识字运动、公民教育和地方自治，实施一系列改造地方的举措，直接孕育了随后受到海内外广泛关注、由晏阳初及中华平民教育促进会所主持的"定县试验"。如果说这个起于传统良绅的地方自治与乡村"自救"实践是在村一级展开的，那么清末状元实业家张謇在其家乡南通则进行了引人注目的县一级的探索。

20 世纪 20 年代，余庆棠、陶行知、黄炎培等提倡办学，南北各地闻风而动，纷纷从事"乡村教育""乡村改造""乡村建设"，以图实现改造中国的目的。20 年代末 30 年代初，"乡村建设运动"蔚为社会思潮并聚合为社会运动，建构了多种理论与实践的乡村建设实验模式。据南京国民政府实业部的调查，当时全国从事乡村建设工作的团体和机构有 600 多个，先后设立的各种实验区达 1000 多处。其中比较著名的有梁漱溟的邹平实验区、陶行知的晓庄实验区、晏阳初的定县实验区、鼓禹廷的宛平实验区、黄炎培的昆山实

[①] 《梁漱溟全集》第五卷，山东人民出版社 2005 年版，第 44 页。

验区、卢作孚的北碚实验区、江苏省立教育学院的无锡实验区、齐鲁大学的龙山实验区、燕京大学的清河实验区等。梁漱溟、晏阳初、卢作孚、陶行知、黄炎培等一批名家及各自领导的社会团体，使"乡村建设运动"产生了广泛的国内外影响。费正清主编的《剑桥中华民国史》，曾专辟"乡村建设运动"一节，讨论民国时期这一波澜壮阔的社会运动，把当时的乡村建设实践分为西方影响型、本土型、平民型和军事型等六个类型。

1937年7月抗日战争全面爆发后，全国的"乡村建设运动"被迫中止，只有中华平民教育促进会的晏阳初坚持不懈，撤退到抗战的大后方，以重庆璧山为中心，建立了华西实验区，开展了长达10年的平民教育和乡村建设实验，直接影响了后来台湾地区的土地改革，以及菲律宾、加纳、哥伦比亚等国家的乡村改造运动。

"乡村建设运动"不仅在当事者看来"无疑地已经形成了今日社会运动的主潮"，[①] 在今天的研究者眼中，它也是中国农村社会发展史上一次十分重要的社会改造活动。尽管"乡村建设运动"的团体和机构，性质不一，情况复杂，诚如梁漱溟所言，"南北各地乡村运动者，各有各的来历，各有各的背景。有的是社会团体，有的是政府机关，有的是教育机关；其思想有的左倾，有的右倾，其主张有的如此，有的如彼"[②]。他们或注重农业技术传播，或致力于地方自治和政权建设，或着力于农民文化教育，或强调经济、政治、道德三者并举。但殊途同归，这些团体和机构都关心乡村，立志救济乡村，以转化传统乡村为现代乡村为目标进行社会"改造"，旨在为破败的中国农村寻一条出路。在实践层面，"乡村建设运动"的思想和理论通常与国家建设的战略、政策、措施密切

[①] 许莹涟、李竟西、段继李编述：《全国乡村建设运动概况》第一辑上册，山东乡村建设研究院1935年出版，编者"自叙"。

[②] 《梁漱溟全集》第二卷，山东人民出版社2005年版，第582页。

相关。

在知识分子领导的"乡村建设运动"中，影响最大的当属梁漱溟主持的邹平乡村建设实验区和晏阳初主持的定县乡村建设实验区。梁漱溟和晏阳初在从事实际的乡村建设实验前，以及实验过程中，对当时中国社会所存在的问题及其出路都进行了理论探索，形成了比较系统的看法，成为乡村建设实验的理论根据。

梁漱溟曾是民国时期宪政运动的积极参加者和实践者。由于中国宪政运动的失败等原因，致使他对从前的政治主张逐渐产生怀疑，抱着"能替中华民族在政治上经济上开出一条路来"的志向，他开始研究和从事乡村建设的救国运动。在梁漱溟看来，中国原为乡村国家，以乡村为根基与主体，而发育成高度的乡村文明。中国这种乡村文明近代以来受到来自西洋都市文明的挑战。西洋文明逼迫中国往资本主义工商业路上走，然而除了乡村破坏外并未见都市的兴起，只见固有农业衰残而未见新工商业的发达。他的乡村建设运动思想和主张，源于他的哲学思想和对中国的特殊认识。在他看来，与西方"科学技术、团体组织"的社会结构不同，中国的社会结构是"伦理本位、职业分立"，不同于"从对方下手，改造客观境地以解决问题而得满足于外者"的西洋文化，也不同于"取消问题为问题之解决，以根本不生要求为最上之满足"的印度文化，中国文化是"反求诸己，调和融洽于我与对方之间，自适于这种境地为问题之解决而满足于内者"的"中庸"文化。中国问题的根源不在他处，而在"文化失调"，解决之道不是向西方学习，而是"认取自家精神，寻求自家的路走"。乡村建设的最高理想是社会和政治的伦理化，基本工作是建立和维持社会秩序，主要途径是乡村合作化和工业化，推进的手段是"软功夫"的教育工作。在梁漱溟看来，中国建设既不能走发展工商业之路，也不能走苏联的路，只能走乡村建设之路，即在中国传统文化基础上，吸收西方文化的长处，使中西文化得以融通，开创民族复兴的道路。他特别强调，"乡村建设，实非建设乡村，而意在整个中国社会之建设。"① 他将乡村建设提到建国的高度来认识,旨在为中国"重建一新社会组织构造"。他认为,救济乡村只是乡村建设的"第一层意义",乡村建设的"真意义"在于创造一个新的社会结构,"今日中国问题在其千年相沿袭之社会组织构造既已崩溃,而新者未立;乡村建设运动,实为吾民族社会重建一新组织构造之运动。"② 只有理解和把握了这一点,才能理解和把握"乡村建设运动"的精神和意义。

晏阳初是中国著名的平民教育和乡村建设专家,1926 年在河北定县开始乡村平民教育实验,1940－1949 年在重庆歇马镇创办中国乡村建设育才院,后改名中国乡村建设学院并任院长,组织开展华西乡村建设实验,传播乡村建设理念。他认为,中国的乡村建设之所以重要,是因为乡村既是中国的经济基础,也是中国的政治基础,同时还是中国人的基础。"我们不愿安居太师椅上,空做误民的计划,才到农民生活里去找问题,去解决问题,抛下东洋眼镜、西洋眼镜、都市眼镜,换上一副农夫眼镜。"③ 乡村建设就是要通过长期的努力,去培养新的生命,振拔新的人格,促成新的团结,从根本上再造一个新的民族。为了实现民族再造和固本宁邦的长远目的,他在做了认真系统的调查研究后,认定中国农村最普遍的问题是农民中存在的"愚贫弱私"四大疾病;根治这四大疾病的良方,就是在乡村普遍进行"四大教育",即文艺教育以治愚、生计教育以治贫、卫生教育以治弱、公民教育以治私,最终实现政治、教育、经济、自卫、卫生、礼俗"六大建设"。为了实现既定的目标,他坚持四大教育连锁并进,学校教育、社会教育、家庭教育统筹协调。他把定县当作一个"社会实验室",通过开办平民学校、创建实验农场、建立各种合作组织、推行医疗卫生保健、传授

---

① 《梁漱溟全集》第二卷,山东人民出版社 2005 年版,第 161 页。
② 同上。
③ 《晏阳初全集》第一卷,天津教育出版社 2013 年版,第 221 页。

农业基本知识、改良动植物品种、倡办手工业和其他副业、建立和开展农民戏剧、演唱诗歌民谣等积极的活动，从整体上改变乡村面貌，从根本上重建民族精神。

可以说，"乡村建设运动"的出现，不仅是农村落后破败的现实促成的，也是知识界对农村重要性自觉体认的产物，两者的结合，导致了领域广阔、面貌多样、时间持久、影响深远的"乡村建设运动"。而在"乡村建设运动"的高峰时期，各地所开展的乡村建设事业历史有长有短，范围有大有小，工作有繁有易，动机不尽相同，都或多或少地受到了邹平实验区、定县实验区的影响。

20世纪前期中国的乡村建设，除了知识分子领导的"乡村建设运动"，还有1927-1945年南京国民政府推行的农村复兴运动，以及1927-1949年中国共产党领导的革命根据地的乡村建设。

"农村复兴"思潮源起于20世纪二三十年代，大体上与国民政府推动的国民经济建设运动和由社会力量推动的"乡村建设运动"同时并起。南京国民政府为巩固政权，复兴农村，采取了一系列措施：一是先后颁行保甲制度、新县制等一系列地方行政制度，力图将国家政权延伸至乡村社会；二是在经济方面，先后颁布了多部涉农法律，新设多处涉农机构，以拯救处于崩溃边缘的农村经济；三是修建多项大型水利工程等，以改善农业生产环境。1933年5月，国民政府建立隶属于行政院的农村复兴委员会，发动"农村复兴运动"。随着"乡村建设运动"的开展，赞扬、支持、鼓励铺天而来，到几个中心实验区参观学习的人群应接不暇，平教会甚至需要刊登广告限定接待参观的时间，南京国民政府对乡建实验也给予了相当程度的肯定。1932年第二次全国内政工作会议后，建立县政实验县取得了合法性，官方还直接出面建立了江宁、兰溪两个实验县，并把邹平实验区、定县实验区纳入县政实验县。

1925年，成立已经四年的中国共产党，认识到农村对于中国革命的重要性，努力把农民动员成一股新的革命力量，遂发布《告农民书》，开始组织农会，发起农民运动。中国共产党认为中国农村问题的核心是土地问题，乡村的衰败是旧的反动统治剥削和压迫的结果，只有打碎旧的反动统治，农民才能获得真正的解放；必须发动农民进行土地革命，实现"耕者有其田"，才能解放农村生产力。在地方乡绅和知识分子开展"乡村建设运动"的同时，中国共产党在中央苏区的江西、福建等农村革命根据地，开展了一系列政治、经济、文化等方面的乡村改造和建设运动。它以土地革命为核心，依靠占农村人口绝大多数的贫雇农，以组织合作社、恢复农业生产和发展经济为重要任务，以开办农民学校扫盲识字、开展群众性卫生运动、强健民众身体、改善公共卫生状况、提高妇女地位、改革陋俗文化和社会建设为保障。期间的尝试和举措满足了农民的根本需求，无论是在政治、经济上，还是社会地位上，贫苦农民都获得了翻身解放，因而得到了他们最坚决的支持、拥护和参与，为推进新中国农村建设积累了宝贵经验。与乡建派的乡村建设实践不同的是，中国共产党通过领导广大农民围绕土地所有制的革命性探索，走出了一条彻底改变乡村社会结构的乡村建设之路。中国共产党在农村进行的土地革命，也促使知识分子从不同方面反思中国乡村改良的不同道路。

"乡村建设运动"的理论和实践，说明在当时的现实条件下，改良主义在中国是根本行不通的。在当时国内外学界围绕乡村建设运动的理论和实践，既有高歌赞赏，也有尖锐批评。著名社会学家孙本文的评价，一般认为还算中肯：尽管有诸多不足，至少有两点"值得称述"，"第一，他们认定农村为我国社会的基本，欲从改进农村下手，以改进整个社会。此种立场，虽未必完全正确；但就我国目前状况言，农村人民占全国人口百分之七十五以上，农业为国民的主要职业；而农产不振，农村生活困苦，潜在表现足为整个社会进步的障碍。故改进农村，至少可为整个社会进步的张本。第二，他们确实在农村中不畏艰苦为农民谋福利。各地农村工作计划虽有优有劣，有完有缺，其效果虽有大有小；而工作人员确脚踏实地在改进农村的总目标下努力工作，其艰苦耐劳的精神，殊足令人起敬。"① 乡村建设学派的工作曾引起国际社会的重视，不少国家于二次世界大战后的乡村建设与社区重建中，注重借鉴中国乡村建设学派的一些具体做法。晏阳初 1950 年代以后应邀赴菲律宾、非洲及拉美国家介绍中国的乡村建设工作经验，并从事具体的指导工作。

总起来看，"乡村建设运动"在中国百年的乡村建设历史上具有承上启下、融汇中西的作用，它不仅继承自清末地方自治的政治逻辑，同时通过村治、乡治、乡村建设等诸多实践，为乡村振兴发展做了可贵的探索。同时，"乡村建设运动"是与当时的社会调查运动紧密联系在一起的，大批学贯中西的知识分子走出书斋、走出象牙塔，投身于对中国社会的认识和改造，对乡村建设进行认真而艰苦地研究，并从丰富的调查资料中提出了属于中国的"中国问题"，而不仅是解释由西方学者提出的"中国问题"或把西方的"问题"中国化，一些研究成果达到了那个时期所能达到的巅峰，甚至迄今难以超越。"乡村建设运动"有其独特的学术内涵与时代特征，是我们认识传统中国社会的一个窗口，也是我们今天在新的现实基础上发展中国社会科学不能忽视的学术遗产。

历史文献资料的收集、整理和利用是学术研究的基础，资料的突破往往能带来研究的创新和突破。20 世纪前期的图书、期刊和报纸都有大量关于"乡村建设运动"的著作、介绍和研究，但目前还没有"乡村建设运动"的系统史料整理，目前已经出版的文献多为乡建人物、乡村教育、乡村合作等方面的"专题"，大量文献仍然散见于各种民国"老期刊"，尘封在各大图书馆的"特藏部"。本项目通过对"乡村建设运动"历史资料和研究资料的系统收集、整理和出版，力图再现那段久远的、但仍没有中断学术生命的历史。一方面为我国民国史、乡村建设史的研究提供第一手资料，推进对"乡村建设运动"的理论和实践的整体认识，催生出

---

① 孙本文：《现代中国社会问题》第三册，商务印书馆 1944 年版，第 93－94 页。

高水平的学术成果；另一方面，为当前我国各级政府在城乡一体化、新型城镇化、乡村教育的发展等提供参考和借鉴，为乡村振兴战略的实施做出应有的贡献。

由于大规模收集、挖掘、整理大型文献的经验不足，同时又受某些实际条件的限制，《20世纪"乡村建设运动"文库》会存在着各种问题和不足，我们期待着各界朋友们的批评指正。

是为序。

2018年11月30日于北京

编辑体例

一、《20世纪"乡村建设运动"文库》收录20世纪前期"乡村建设运动"的著作、论文、实验方案、研究报告等，以及迄今为止的相关研究成果。

二、收录文献以原刊或作者修订、校阅本为底本，参照其他刊本，以正其讹误。

三、收录文献有其不同的文字风格、语言习惯和时代特色，不按现行用法、写法和表现手法改动原文；原文专名如人名、地名、译名、术语等，尽量保持原貌，个别地方按通行的现代汉语和习惯稍作改动；作者笔误、排版错误等，则尽量予以订正。

四、收录文献，原文多为竖排繁体，均改为横排简体，以便阅读；原文无标点或断句处，视情况改为新式标点符号；原文因年代久远而字迹模糊或纸页残缺者，所缺文字用"□"表示，字数难以确定者，用（下缺）表示。

五、收录文献作为历史资料，基本保留了作品的原貌，个别文字做了技术处理。

编者说明

　　1935 年 11 月，山东乡村建设研究院编印了《教育研究》文集，收录了教育家张宗麟、杨效春、唐现之等人的文稿十篇；1935 年 12 月，又编印了《乡农教育》文集，收录了杨晓春、高赞非等人的文稿十四篇，由济南永记华洋印书局发行。本次编辑，删除了《乡农教育》中已经收入第四卷的梁漱溟《乡农学校的办法及其意义》一文，并将两书合为一卷，收入《20 世纪"乡村建设运动"文库》。

乡农教育

山东乡村建设研究院　编

目　次

乡农教育释义 …………………………………………（ 1 ）

邹平县乡村教育普及方案 ……………………………（ 7 ）

邹平教育之路 …………………………………………（ 12 ）

乡村学臆说 ……………………………………………（ 22 ）

乡农学校的渗透运动 …………………………………（ 29 ）

谁是学生？ ……………………………………………（ 39 ）

乡农学校的课程编造 …………………………………（ 48 ）

乡农学校的学团编制 …………………………………（ 56 ）

乡农学校的活动 ………………………………………（ 65 ）

乡农学校的教育法——教学做合一 …………………（ 74 ）

乡农教育服务指导大纲 ………………………………（ 85 ）

贺家村村学工作回顾谈 ………………………………（ 94 ）

位家庄村学工作之自白 ………………………………（ 107 ）

菏泽实验县宝镇乡乡农学校 …………………………（ 117 ）

附录　山东乡村建设研究院邹平试验县区乡农
　　　学校暂行简则 …………………………………（ 173 ）

乡农教育释义

杨效春

"乡农学校"现依山东省政府今改名"民众学校",有的地方则起名为"乡民学校",如广东新造乡民学校。也有人主张名它为"乡人学校",表示此种学校之所欲教育者是平凡的乡人,不是冥冥的乡民。但是,在我细想起来,仍不如名为"乡农学校",比较能够表现它自身的意义。

乡农学校是为乡村各种程度,各种职业,各种年龄的人而敷设的学校式和社会式的各种需要的教育的组织。这里请大家注意:乡农学校是一种教育的组织;它的教育对象是乡村的人,是乡村各种职业,各种程度,各种年龄的人;它的教育方式是学校式兼社会式;它的教育内容是满足乡人的各种需要。如此讲,乡农学校是与一般乡村民众学校同其意义的,但是我们的学校,确有它自己的特点,自己的个性。

第一,它的主要的教育对象是乡间的成年农人,不是泛泛的乡人或乡村民众。

第二,它的主要的教育旨趣是在推动整个的乡村社会,不在仅仅教导个别的农民。

从第一义,我们的学校改名"乡村民众学校"颇不合适;从第二义则换名为"农民学校"亦不合适。比较合适的仍不如名为"乡农学校",因为这名词,比较能够表白这事件自身原有的意义。

为求大家对这观念更易明确了解起见，我想还不如另给它起一名称："乡农学团"，或"乡农学园"而不名为"乡农学校"。因为我们的教育方式，固不仅为学校式，并为社会式。我们的教育设施，从一面看，是乡村民众学校；从一面看，是农民教育馆；从其他方面看，它又是一个乡村改进会，或一种农村合作社。总之，它是一种教育组织，也是一种政治组织，经济组织。如果有人看它仅仅是一个学校，或仅仅是一种狭义的教育组织，那便是大错的。

乡农学校办在乡间，为乡农所组成，由乡农所供给，即用以教育乡村农人再造乡村社会的。这里大家自必明白，在今日而言，"再造乡村"其意义必不仅囿于再造乡村。这件事，依吾人的愿望，影响所及，小言之，是要再造中国；大言之，是要再造人类文明。

乡农学校的地点在乡村。校舍由乡农修葺。校款由乡农供给。校董由乡农选举。校长导师由乡农聘任。教育的对象是乡农。教育的活动与目标都不能不顾及乡农。因此，我们可以为乡农教育得一定义：乡农教育是乡间农人共有共治共享的生活教育。或则竟说：乡农教育是中国生产大众共有共治共享的生活教育，也无不可。中国的生产大众，无疑地，是散处全国各乡区的农人。他们人数最多，需要教育亦最切；并且他们所需要的教育种类又至为繁复。从事乡农教育者就是要针对着这些难题，向前迈进的。

上面所说，系从正面说明什么是乡农教育。下面要来讲讨什么什么，统不是乡农教育。

一、乡农教育不是乡村小学教育——小学教育的对象是学龄儿童。乡农学校的对象是十八岁以上的少年，壮年，或老年，正是现今所谓超过学龄的一切乡人。因此，这两种教育的内容，方法和作用都有很多的不同。

二、乡农教育不是农业教育——农业教育是一种职业教育，而且它在囿于诸多职业中之某一种职业，即农业。乡农学校要教育农业，但也教合作，教自卫，教机织，教凿井，教史地，教国文国语，教农村问题，精神陶练等。这便是说乡农教育不是单教农业，并也不是单教职业。而且农业教育所注目的是农产，是经济，是乡农的生计。它只是乡农学校生计教育中之一事而已。乡农教育的活动内容有生计教育，也有公民教育，精神教育，语文教育，健康教育，休闲教育。一句话说完，乡农教育所指望的，对于乡农是整个的人生教育；对于乡村是整个的社会再造。

三、乡农教育不是农民教育——农民教育专教农民，而且它的活动仅及注意于个别的农民，而不及全体的乡村社会。我们的乡农学校因为是设在乡间，其主要的教育对象自是成年的农人，但它不是仅教农人，乡间的一切民众，凡在学区以内的统是它所宜教导的。我们的教育是全民教育。我们要把教育的机会，均等地给一切的乡人。而且乡农学校的主要旨趣，如前面所说，是在推动社会，组织乡村，不是在仅仅教导个别的农人。这样说，这两种教育的对象与旨趣，皆是判然有别的。

四、乡农教育不是乡村社会教育——乡村社会教育是指乡间学校教育以外的一切教育设施而言：例如识字运动，通俗讲演，农民教育馆，乡村图书馆，乡民体育场及戏剧，电影，鼓词等皆是。我们的乡农教育则与此有所不同：（一）它的教育活动不仅有社会式，并且有学校式；（二）它在乡村社会生活里，不仅是一种教育组织，并且是一种政治组织，经济组织。

五、乡农教育不是农民补习教育——农民补习教育是为已受教育而程度太低的农人而设施的教育。它的旨趣是在补充他们的知识与技能。这样看来，农民补习教育的对象仅是已受教育而程度又低的少数农人。未受教育的农人不能受农民补习教育；已受教育而程度不低的农人又不必再受农民补习教育的。但我们是认定：教育为人生所必需。从人群讲，实人人需要教育；从个人讲，亦时时需要教育。这便是说：已受教育的农人固然该有教育，未受教育的农人尤其该有教育；程度太低的农人固不能不要教育，程度已高的老农老圃乃至大学院里的农业教授，也不能不继续需要教育的，因此，我们的教育对象乃是一切乡农,不是某一部分的少数乡农。乡农学校的学生:有未曾受过一点国民教育的,我们应给他基本教育的机会;有仅受一点国民教育而未曾完了的,我们应给他补习教育的机会;有受了畸形教育如私塾教育或不良的学校教育的,我们应给他改正教育的机会;还有志在深造,不甘故步自封的,我们就应给他高深的或专门的教育机会。而且,我们心目中所重视的,不是个人智能的补充乃是整个乡村社会的建设。从此,农民补习教育与乡农教育不同的地处在那里,大家就可以了然了。

六、乡农教育不是扩充教育——扩充教育是大学的校长或教授想把大学的精神产业与物质产业如大学的人才,学术,校舍,图书,实验室和其他种种设备,"扩充"或"推广"其效用到大众身上去,给脱离了学校,正在农、工、商、教、各界服务的成年大众也有向上求知的机会。这种教育通常是叫做"扩充教育"或"推广教育"。如农学院为附近农人添设棉作班,工学院为附近人民添设家庭工艺传习所,教育学院为附近小学教师办理假期教育讲习会等均是。这里请大家注意:一、必先有大学而后才有它所设施的扩充教育。没有大学,绝没有所谓扩充教育的。二、有大学亦未必有扩充教育。大学校长和教授的意见,往往以为他们的本务是在教导大学生,不是在教导校外的大众。因此,他们教授之余宁肯去寻花问柳,呼龙喊凤,不愿来教导勤苦好学的亿万群众。中国大学虽多,但是乡间农人能受大学教授们所施扩充教育的余沥者实在是极少的!乡农学校是乡农所设,也为乡农而设。既有乡农即可设立乡农学校,不问它那儿有没有大学。既立乡农学校即以教导乡农为本务,为教师者,绝不能随意旷误,对于乡农放弃教育的责任!总之扩充教育是以大学为出发点,乡农教育是以乡村社会为出发点。这两种教育根本的区别就是在这里。

七、乡农教育不是通俗教育——通俗教育是一种极普通,极浅近,极易明白了解的教育。它的对象只在教导一般失学或程度甚低的民众。它的敷教区域,或在乡村,或在都市;是不限定在乡村的。乡农教育的敷教区域是定在乡村，这样看它的范围是比通俗教育为狭的，但从它的教育内容与对象看来，又是统比通俗教育为广大。乡农教育的内容有普通，浅近的部分，也有专门，高深的部分。它的对象有目不识丁的农民，也有曾在高小毕业，初中毕业，或前清附生出身的乡绅。是以乡农学校的课程有相当于小学程度的，有相当于中学程度的，也有相当于大学或专门学校的程度的。单纯的通俗教育绝不能适应各色乡农学子的复杂的需要。

八、乡农教育不是乡村平民教育——平民教育的对象是"平民"。乡间的士绅如中小学毕业生，乡镇长，小学教师及党部人员等凡不甘以平民自居的，统不肯入平民学校受平民教育。乡农学校以内是各种职业，各种程度，各种社会的人统有的。有种庄稼的，有做买卖的，也有做手艺的；有小学生，也有乡村教师；有徒弟，也有他们的师父；有安分守己的农人，也有号令一方的乡镇长，我们要大家来学，我们要教育万众。同时，我们自己也时刻注意向万众有所学取，以万众为导师，受万众的教育。"学"是万众光荣的人权，不是平民的卑屈的不能逃免的苦差。我们要使万众乐于教育他人，并乐于教育自己。如是，乡农学校便是乡人互相教学的文化组织。如是，整个的乡村社会也便是大家共生活，相教育的乡农学校了。

九、乡农教育不是乡村贫民教育——贫民学校是给没钱人的子弟进的，它免去学生的一切费用，含有慈善的性质。乡农学校也以免征学生的费用为原则，但这只是为便于大家来学，不是为我们自己要行善做好事。乡农学校是公开的，贫农可以进，富农也是可以进。"不问贫富，不问贵贱，不问男女，不问贤愚，不问社会阶级，凡要上学的，统到我们的学校来"！这是我的朋友们常向农人反复申说的警句！事实，我们的学生也有家境充裕的，亦有衣食不足自给的，还有那为人放羊的牧人，更有那单靠针术营生的孀妇，又有那沿门乞食的叫化，逢巷叫卖的小贩，这些人是不易进一般学校大门的，我们却衷诚地欢迎着他们。但这也不是因为我们要行善，只是因为我们确信：教育是万众的人权！

　　话是说多了。我不知道大家究竟明了我在这里所反复说明的意思没有呢？如果还不明白，那末，一半应当怪我，因为我不善申说。其他一半就是因为这事件本是很新，其性质与意义，均是未曾十分确定。

　　"乡农教育""乡农学校"统是新鲜的名词，因为他代表一种新鲜的事件。"乡农学校"在中国的教育辞典中是没有的；即便在大英百科全书，或世界教育辞林中也还是没有。留英留美的学生固不知有"乡农学校"；留俄留日的学生也不知有"乡农学校"。因为这名词是中国乡间的土产，这事件也只是中国乡间的土产。

　　这事件，自去年起才由我们的意想渐渐演为事实。而且这里面的事实到如今还是正在萌芽，正在生长，正在创化演变的。因此，我们大家要为这事件的名词，下个确切的定义，确是异常烦难。这里，我也只好说："要为乡农教育下个精确的科学的定义，最好等到乡农教育事业更为发达的时候；因为只有事业发达了，我们才能根据事实，确定它的性质"。朋友！请用你的手脑，到乡间来，努力发展这乡农教育的事业。别再在这里咬文嚼字，解释名词了。而且我告诉你：不曾参加这种事业的人断不能深切明了这事业这名词的意义的深长与伟大！

　　　　　　　　　　　　　　　（二十一年十月二十六日于邹平）

邹平县乡村教育普及方案

杨效春

一、我们认定人生必需教育。本县各乡各村人民无论男女老幼必与教育发生关系，而后大家才能共同向上，好好过日子。

二、我们认定教育必须普及。教育应如春风风人，夏雨雨人，普及众生，无分彼此。

三、我们认定生活即是教育。教育即从生活出发，在生活里进村，亦即以生活之向上学好为旨归。教育与生活合一。离开生活便无教育。

四、我们认定社会就是学校。学校是社会办，由社会办，为社会办，也就在社会里办。关门办学不仅不能指导社会，并亦不能教导学生。

五、我们认定一乡便是一个乡学，一村便是一个村学。一乡的乡民便是这个乡学的学众，一村的村民便是这个村学的学众。乡学不能照顾全乡的乡民，村学不能照顾全村的村民，便是义有未尽情有未妥。

六、我们认定人与人相处，言语行动互相影响便是互相教育。甲乙相处，不是甲教乙好，便是乙教甲坏，有如风之相遇，不是东风压倒西风，便是西风压倒东风。

七、我们认定大人能教小孩，小孩能教大人。孟子说："所谓大人者不失其赤子之心者也"；如何保持赤子之心，最好的办法，就是与赤子为伍。这便说大人有不如小孩的处，所以也得跟小孩学。

八、我们认定老师能教学生，学生亦能教学生。有时候学生教学生的力量且比老师教学生的力量更为深厚伟大。因此今后的教师应当自己教学生，还应当教学生去转教旁人。

九、我们认定人活到老做到老，学到老。个人学好，行健不息，人之所以为人者，就在于此。跟人学好是人生的大道。不是可耻的事。

十、我们认定知者有教人的义务，能者有传人的义务，善者有诲人的义务。一人有知，教之众人；一人有能、传之众人；一人有善，诲之众人。人人皆能皆善，则社会进步，民族繁荣，人生之乐，莫大于此。自立立人，自达达人，自觉觉人，是人生最高尚的道德，也就是吾民族最伟大的精神。

十一、我们认定邹平人民，对县、对乡、对村，在教育上负担已不为轻。在这民穷财尽，农村凋敝的时际，我们不宜再以任何名义增加人民的负担。同时我又认定邹平的学校，数目已经不少。但全县人民十五万四千中受教育者，上年统计，不过八千九百零五人，今年统计，亦不过一万四千八百七十三人；这便是说现在邹平教育距普及的程度尚远。此时此地，大家要想普及教育，必需全县全学校的校董教师和学生共同发愿，采用"即知即传人"的办法，为全县大众结成生活教育之纲。

十二、我们认定教学做合一是最有意义的生活法，亦即是最有意义的教育法，即做即学即教，学者从此真得进步，教者亦从此真得进步，学者亦从此真觉人生愉快，教者亦从此真觉人生愉快。

十三、我们认定乡村建设与大众教育必须联合进行。乡村建设必需大众教育才得推进；大众教育必需乡村建设才有意义。

十四、我们认定人须共生，即须共学。你跟我学，我跟你学；彼此相学，彼此相长，进步无穷，乐亦无穷。

十五、我们认定人皆好学。人人皆知学是好事。人之所以不学，必有其困难或障碍，如把他的困难障碍除去或减少，他亦能与常人一样是好学的。

办法

一、由各乡村学董教师及其他人士，自动发起组织一部或一村普及教育委员会，从事各该乡村普及教育之规划研究督察及指导。

二、由各村学董村长和管理督励本村人士，除疯狂白痴及六岁以下之婴儿外，皆须发愤求学，能签自己姓名，能识一二千字，能注意时事，并能组织或加入一种合作社。

三、由各乡村学校教师，鼓励并指导现在入学学生，每人每日课后须教导家中或邻居学众二人读书唱歌半小时以上。

四、由各校学生担任"教生"，学董教师负辅助指导考核之责。各校日常功课中加入"怎样做教生"一项，训练学生教导大众，并鼓舞兴趣，解决其困难。

五、由各村学长，村长，学董，管理，教师随时向人解说（1）普及教育之意义和必要（2）以学生转教大众，在大众为初学，在学生为温习，教学相长，彼此受益——以祛群疑，并化各方之阻方为助力。

六、举办一村一乡或全县，户口调查（注意各村之各级学校毕业生文盲及有专长学识技能之人）。

七、教学。其方法、时间、地点及材料等……大略规定如次：

（甲）方法分下列两种：

1. 个别教学，每日课余由各教生任之。

2. 集合教学，每日或每旬举行一次，由各校教师任之。

（乙）时间：

1. 个别教学，于每日早晨，午后或夜晚，不必拘定一律，由各教生与其学众商订。

2. 集合教学，由各校教师斟酌时地人事之宜定之，公告于众周知，能于校中设一警钟，到时击钟为号更好。

（丙）地点：

1. 个别教学，家中、店里、街头、监狱、野外林间、无不相宜：由各教生与其学众随时约定也可。

2. 集合教学，由各校教师酌定，先期公告于众周知。可以在室内，亦可以在户外或林间。

（丁）材料：

（1）语文：儿童用小学国语读本，成年用识字明理。

（2）歌曲：由文化团体选辑编印。其歌词内容当激发民族精神，欣赏农村生活，鼓舞乡人志气，指示大众生活途径。而其编制则必须适合时令地宜及学者程度。

（3）体育：对于儿童注意团体游戏，对于成年注意国术。

（4）常识：自然、历史、地理，及时事报告，故事讲演等，由各校教师随时选择供给。

八、学众编制：

（甲）学员三人为一学组，设学组长。担负本组学员共同向上，继续学好之责。由本组学员，共推教导学众，勤劳卓著之学员一人任之。

（乙）三学组为一学群，设学群长。担负本群学员共同向上，继续学好之责，由本群学员共推教导学众，勤劳卓著之学组长一人任之。

（丙）三学群为一学联，设学联长，担负本联学员共同向上，继续学好之责。由本联学员共推教导学众，勤劳卓著之学群长一人任之。

（丁）三学联为一学团，设学团长，担负本团学员共同向上，继续学好之责。由本团学员共推教导学众，勤劳卓著之学联长一人任之。

（戊）团以上直属于各村学或村立学校，村之大者成立若干学团，即以第一二等次第名之。

九、督教及指导：

（甲）督教。在乡以各该乡学长，为一乡督教；在村以各该村学长或村长为一村督教。

（乙）指导。在乡以各该乡学教师为一乡巡回指导员；在村以各该村学或村立学校教师为一村巡回指导员。指导分个别指导，巡回指导，集合指导，三种。因时地人事之相宜，得敦请农夫、工匠，或其他各项专家，参加指导工作。

十、补助及奖励：

（甲）我们认为此种工作，县政府宜居监督及补助地位。宜加奖励补助，不宜过于干涉，或强制执行。

（乙）我们认为各学校学董教师参加此项工作，纯系告奋勇尽其对国对乡对于家人父子邻里朋友之义务，是以不论大家成绩好坏，不用赏亦不用罚。惟于青年儿童担任教生，能教学众二人认字一千以上者，宜由县（或文化团体）发蓝色证章一枚，能教学众五人认字一千以上者，由县（或文化团体）发红色证章一枚。能教学众十人，认字一千以上者，由县（或文化团体）发黄色证章一枚，能教学众二十人，认字一千以上者，发绿色证章一枚，以资纪念。

（丙）各学校办此项工作，灯、油、茶水、纸张所费必多，事先应呈报县府，县府得斟酌情形，与以补助：其补助多寡应视县中及各村财力如何而定。

（丁）举办此项工作之时，其初步教材宜多用歌曲，此项歌曲应由文化团体编印，酌收印刷费。其学众多，经济困难之村学及村立学校，得酌予减价或免费。

邹平教育之路

杨效春

从今后，这一年内，我们邹平的教育界该怎样进行呢？方向是什么？路线在那里？步骤又该怎么办？这事我想了，我深深的想了。现在我想把我（或可说是我们）平日所想着的意思写出来，告诉给大家。请大家也来想想看，给邹平的教育界谋一个出路，求一点进步。我想：

第一，我们应认清我们的教育目标：（一）是要求量的扩充，即要把我们现有学校的一切设施开放于大众，使学校的活动与全县大众的生活发生良好关系。在我们的教育辞典里，民众与学生是没有分别的。民众就是学生，学生就是民众。梁先生给它起一个名词叫"学众"很是适当的。我们的村学村校应照顾全村的学众，我们的乡学应照顾全乡的学众，我们的县学如今之县立师范及实验学校应照顾全县的学众。不论贫富贵贱，男女老幼，大家的生活，一样地需要指导需要学习的。这便是说，大家都需要教育。因此，单教儿童不教成年，单教男人不教妇女，单教富人不教穷儿，单教闲人不教忙人的教育是我们所不能满意的。我们应当把教育的机会普遍地给全县的大众。这就叫做"教育的大众化"。（二）是要求质的改良，即要把我们的一切教育设施，不问是教材的选择，课程的编制，时间的支配，教法的运用，教具的置备，学众的组合，及教师的活动等等都合于道理。要合于什么道理呢？浅言之，要合于教育的道理，深言之，就是要合于人生的道理。我们认为：所谓教育就是人的生活的教育。教育应从生活出发；即在生活里进行，也即以生活的向上改善为指归。（这里所谓生活，不是仅仅指"活着"而言，并含有"生长"的意思。所谓人的生活一面是要生，一面是要长，要生是求生命之延续，要长是求生命之开大。）这便是说教育起点，里程与目标统是以生活为中心，教育与生活不能离开；离开生活便无教育。教育的道理只是生活的道理。违反生活的道理便是违反教育的道理。这就叫做"教育生活化"（详见拙著《生活教育》）。我们要求邹平教育：一作量的扩充，即要"教育大众化"；二作质的改良，即要"教育生活化"。这是时代的要求，中国的要求，也就是我们对于邹平教育的要求。

第二，我们应引发组织，推动组织，并养成组织：徒有"要求"徒有"目标"是不能成事的。达到"目标"，适应"要求"，我们应当有所凭借。我们凭借什么呢？单凭我们自己一个一个的个人力量也是不成的。个人的力量一则不能大，二则不能久。个人不是三头六臂，能力统是有限。而且大家到了一定的时候都是要死，或是要去的。因此我们大家要想邹平教育继续扩充，继续进步，必须引发邹平社会的组织，推动邹平社会的组织，并养成邹平社会的组织。一个社会有了适当的组织，它就会有一种能动的力量使自己生命继续扩充，继续进步；换句话说，它就能够使自己的教育事业继续扩充，继续进步。是以：

（一）我们对于县立师范（原称县学师范部）及实验学校期望他们为全县教育界尽两种主要的社会作用：（1）培养最近未来的乡村社会的生活导师（即乡学村学教师）。（2）站在全县教育的前线，为全县教育实施上探讨路程，指示方向，并贡献常新的可用的材料和办法。

（二）我们对于乡学期望着他们各在所在之乡尽其"推动社会，组织乡村"的作用。因此，我们必须注意（1）学董会的健全，（2）乡学教师的融洽和修进，（3）每个乡学对于一乡社会的政治、经济，及文化各面都有它自己的愿望，自己的目的，和自己的进行计划。梁先生说："在这一年内我要咬定牙龈，除自卫一事外，决不用政治力量命令各乡做各色各种的好事情。"各乡自己要做好事情时，我可给大家供给材料和方法。我的要诀就是一个"缓"字。我想，这话是对的。在今日中国农村要引动乡村建设，宜于"缓"，不宜于"急"；宜于多用教育的方式来引发，不宜于滥用政治的方式来督迫。一句话说，我们要政治消极，即不能不要教化积极。我们的乡学村学在这一年内是应当特别注意：要有它自己积极的进行的计划啊。如果自己漫无计划，上面又不加督促，光阴如箭，一年易过，结果许会在自己则年华虚度，在社会则停滞不进。

（三）我们对于村学期望着他们各在所在之村尽其"推动社会组织乡村"的作用。往深处说，现在邹平的乡学是比较更难得到健全自然的进展的。原因是在乡学正常形态的根基就是该乡所属各村的村学。必有村而后有乡，亦必有健全的村学而后有健全的乡学。是以村学在我们今日乡村工作的地位上最为重要的。（菏泽实验县的工作是重视各乡的乡农学校，邹平实验县的工作，依理说，是重视各乡所属各村的村学）大家对于邹平各村学目下该注意什么呢？我想是（1）该注意发挥学董会在一村社会组织里的作用。（2）该注意各村学教师的联络、修进、精神陶练及生活保障。（3）该注意引发各村人士对于本村文化、政治、经济各面为有计划的革新运动。（4）该注意引导本村各色人士对于村学发生兴趣及信仰。（5）该注意以组织的力量为本村兴利除弊，使大众相信组织的作用，并渐渐入于组织。

（四）我们对于村立学校期望着他们能够演进转变为村学，渐渐能够在他所在之村尽其"推动社会组织乡村"的作用。大家应当思辨：邹平的村立学校与原有的初级小学、民众学校均不同的；与现有的村学也是不同。这些组织的如何不同，我不能在此细说。这里我要请大家注意的是：依据政教合一的道理，邹平各村的学校是皆当化为村学的。但在今日,一来限于事实,有些村庄未能适当地组织起来,它所办的学校只是学校而已,未可称为村学。二来因为我们大家该当慎于用名,不应将"村学"的名滥用起来,反使大家对于村学的意义和作用,误会迷惑而不得其解。如何使我们的村立学校实际上,一一进步,逐渐发挥它的社会指导的作用,转变为村学,这实在是我们全邹平教育界的当务之急。因此我们必须注意(1)使村立学校教师的思想、态度及习惯转变,由单纯的小学教员变为整个乡村社会的生活导师;(2)使村立学校的管理员明白学校应为一村社会改造的中心,不是仅仅教管几个儿童就算完事的;(3)使各村的学众明白学校是村民所有,村民所办,也是为全体村民而办的,学校是一村社会的中心,教师是一村学众的朋友。

我是深信要想推动邹平教育必须推动邹平社会组织。有了组织,邹平社会才是有了能动的力量。上次邹平乡村工作讨论会里,我曾向大家说:"我们大家在乡工作的,依我品评,以能运动组织,表著乡学村学的意义者为上等;以能自己努力引导旁人共同努力者为中等;惟有自己努力,亦见成绩者为下等。其他不努力,不要好,不向上求进步者根本不配为乡村运动的同志,就不列等了。"运用组织是乡村工作的要着。我们须怎样来运用组织呢?就请进一步来讨论:

第三,组织作用之表现和发挥:组织作用从何表现?如何发挥?我的意思是:

(一)扩大教育机会:教育大众化是我们工作的目标,同时也可以说这亦是我们工作的方法。我们引发乡村组织,推动乡村建设,即不可不注意使我们的乡学村学的活动与乡村大众的生活发生适切的关系。这就须尽量地扩大我们的教育活动,把教育的机会给一切的乡人。这种主张在旁处须是作梦,在邹平是不难作到的。我们是如何做起去呢?

1. 试行导生制,活动分团制,时间制,露天教学及综合教学。

a. 导生制是解决师资问题的。普及中国乡村教育，如必全待师范毕业生做教师，那真是"俟河之清"不知要到什么时候了。我们的办法是用学生教大众，用大众教大众。上次，我们训练联庄会员的时候就曾试用这个办法的。第二期的联庄会员，不识字者凡一百七十余人，这一百七十余个文盲会员，我们就用县学师范部的学生（第二学期的）来教的。共分十二组，每组就有师范生一人，或二人来做他们的指导员。这师范生，我们就叫他"导生"因为他原来是学生，现在来担负指导大众识字、唱歌、明道理的责任。这就是用学生教大众。我们教联庄会员的课本是识字明理。我们要教他们五个能：即能读，能写，能讲，能唱，（把课文配上谱，可以唱的）并能转教旁人。在师范生教了一阵以后，每组学员总有些聪明的已经学会了，旁的愚拙点则尚未学会。这时候，我们就叫那已经学会的转教那未曾学会的。这就是用大众教大众。大家边学边教，学多少就教多少。如是则学者越多，教者亦越多，我们的教育要求扩充与普及就有可能了。

b. 活动分团制是用以解决学众编制的问题。一村之众，男女老幼诸式不同，贫富智愚亦各不一。定式的班级教学是很难适应大众生活需要。是以活动分团制之采用殊为必要。详细办法请阅拙著：《乡农学校的学团编制》。

c. 时间制是用来解决教学时间的问题。学众有能全日在校受学者是为全日制；有能在校半日者是为半日制；有每日仅能来校一时或两时者是为时间制；有可隔日来校一次者是为隔日制；有可每周来校一次者是为周会制；有可每月来校一次者是为月会制（或月课制，如各乡学之乡射典礼，学董会议）。乡村之中，大家境遇不同，忙闲不同。定式学校大家成天在校，天天在校的办法，在乡间是不甚能够通用的。那样的办法只能适用于少数闲人和农闲时期。我们为应乡间大众生活的需要，在教学时间上当以采用时间制为经，而临时活用其他的制度为纬。

d. 露天教学是用来解决教学场所的问题。教育本来不一定要在学校之中教室里面才能进行的。邹平乡村学校的教室大半是采光不足，通气不便的。在冬季，窗户紧闭，煤火方炽时的空气尤为有害。依我想，像这样的教室，即便仅够可以容纳所有的学众，而为学众的健康起见，仍宜多用户外教学，野外活动才是道理啊。一村之众，大家来学，教室是成问题的。于此我们必须采用露天教学的办法。上次，一百七十余名壮丁学习识字的时候，就是采用这种办法的。他们上课就不在教室内，亦不在大礼堂内，而在操场上或野外，山麓，河边举行的。他们共分十余组，每组要一教室，我们就没有这么多教室。采用露天教学这就不成问题，而且很方便。他们——不论教师和学生每人带一册课本，一个经褶和一支铅笔就够了。课本是用以讲读的，经褶和铅笔则用以学习书写。有时，他们就用树枝在大地上学写生字，如是大地为纸，树枝为笔，脚鞋就成为黑板擦。既省钱又省事，又免得教师吃粉笔屑咧。这不是较为合理吗？我想大家要在乡间教育大众，露天教学的办法是必得学取的。

e. 综合教学是用来解决教材教法的问题。我们在乡间教学，不宜用分科教学，亦不宜仅以讲解书本为事的。我们的教学应有个灵活的中心。中心在那里是不宜固定的。大众生活的需要所在就是我们的教育活动的中心所在。教学的方法也须看生活的方法。怎样生活就怎样教育。"生活设计法"或"综合教学法"在乡村大众教育上就是这样成为必要的。（详另述）

2. 农闲期的成年教育总动员：自十月下旬至明年三月这期间内为邹平农人闲暇的时候，中间是废历年关，前后一个月较为忙碌。其余时间，农人都是可以很有时间来到一处谈谈笑笑，说说理，识识字，学学算，习习拳的。民国二十年冬我们会利用这期间，在邹平各村办过一回乡农学校，推广成年农民教育。我想这样的事，无论为农民想，为学生想，为教师想，为各方人士想，为乡村建设运动想，都是很有意义，很有价值。时机又来了，我们准备再干。而且要干得比前次更有计划，有准备，有组织；规模更大，效率也更高。

这件事大致的规划是：

A 时期是三个月——今年十月下旬至明年一月下旬。

B 地点是各乡学各村学及各较大之村立学校——自卫班在各乡学，普通班在各村学及村立学校。

C 工课是：（甲）精神陶练（包含中华民族故事，早会精神讲话，乡学村学须知，诗歌），（乙）公民常识（包含党义，史地，国耻痛史，法律常识，人事登记，乡土志），（丙）农村问题（包含合作，农业改良，风俗改良），（丁）识字明理（包含语文训练及珠算心算，自然常识），（戊）军事训练（包含操练及军事内堂）。

D 工作人员是（甲）研究院的教师和学生；（乙）县政府主管各科局的工作人员；（丙）县立师范的教师和学生；（丁）全县征训队及联庄会员动员；（戊）全县各乡学、村学、村立学校学长，学董，管理员，教师，和学生总动员。

E 教育对象主要的是成年农民兼及儿童、妇女。

F 中心活动题目是（甲）各乡村自卫训练及组织，（乙）农业改良合作组织（农业改良主要的为棉种猪种改良，合作组织主要的为棉花运销，造林及仓库），（丙）风俗改良（提振大众生活向上学好之意志；劝戒：早婚，买卖婚姻，缠足，赌博，争讼及吸毒品等恶习，指导农闲正当娱乐），（丁）扫除文盲并教大家明白乡学村学之意义及其与乡村大众生活之关系。

（二）提倡合作事业并设法使学校与现有各种合作事业联络进行：乡人必须实际生活上有事情要合作，才能容易引进他们入于组织。组织亦须有实际的事情活动起来才得进步开展。在乡村提倡农业合作以引发组织、推动组织，实在是必要的。因此，我们要求：

1. 尚没有合作组织的乡村引发一点合作的事业。

2. 已经有了合作组织的乡村，则须使他与学校密切联络，发生有机的关系。教育与经济不能分离，学校与合作社也以联合进行为最合于道理。以学校引发合作社，推动合作社；同时亦即以合作社保障学校，开展学校。合作社与学校合一，在乡村社会生活迈步前进的途中是必要的。是以，我们目前该当注意：

A 求行政及设计机关之联络

（甲）实验县设计委员会建设组，合作组，教育组之联络。

（乙）实验县县政府第四、五两科工作之联络。

B 乡村学校与各该乡村合作事业活动之联络沟通

（甲）活动时期上之联络：如春季为林业合作社活动时期，夏秋两季为棉花产销合作及农业仓库合作活动时期，冬季为农村信用及农村销费合作活动时期，各乡村学校的课程都宜因应时宜与大众以适当之指导鼓励。

（乙）应用材料上之联络：各乡村合作事业之现状、问题，及计划等，都列入学校课程讨论。合作社讯及其他印刷品都可供各校师生参考。

（丙）指导人才上的联络：合作常识由各学校教师教导学生及大众。其专门的较为高深的学识技术则由合作指导员指示社中干部人员及各乡学学生。

（丁）设备上之联络；有些图表书报为各乡学所有的，可用以指导各合作社社员并许其借阅；亦有些器具设备如轧花机，轧油机等为各合作社所有的，可用以指示各学校学生见习或实习。

（三）促进全县保健运动

1. 对于儿童继续施种牛痘，或创立幼儿保健会，幼儿健康比赛会。

2. 对于少壮妇女继续放足运动并宣传妇女卫生。

3. 对于少壮农人提倡国术，技击，打靶及冬猎。

4. 对于产妇注意助产并训练收生婆。

5. 对于瘾民继续戒烟运动（戒烟放足等工作都以卫生教育的观点来做）。

6. 对于一般人民宣传县立医院之历史、地点，及用意，并宣传公共卫生常识。

（四）注意各乡村学董会，教师会，国术团，乡射会及种种集合；我们相信大众有意义的集合便是有意的教育活动。

（五）继续推广优良棉种猪种及鸡种。

（六）农闲娱乐及乡村礼俗的研究改良。

1. 关于农闲娱乐：上次贺家村学一面禁止肘鼓小戏，一面就教导学众扮演新剧来代替它，这是很对的，邹平乡间没有电影场，没有跳舞场，没有运动场，游戏场，也没有茶园，农人在闲暇的时候，到那儿去？去玩什么？真是问题，我们须想法给大家的精神生活有个出路，有点欢乐的机会，提倡音乐会，新剧团，国术团角力会等实为必需。

2. 关于乡村礼俗：今年冬季，我们应普遍的劝导大众勿早婚，并改革买卖婚姻的风习。这种事让政府用政治的力量来做便会有许多毛病。用教化的意思做则是有益无害的。

我们大家为什么要干这、干那呢？总归的意思是要引发多数人对于团体生活的注意力和活动力，使乡学村学真正发生社会指导、社会组织的作用。我们认为中国乡村建设的工作须由此进行。中国今后政治习惯的培养也须由此致力啊！谁在进行？谁在致力呢？人的问题，在乡村工作里，毕竟是最为紧要的，因此，下面就谈谈：

第四，乡村工作人员的联络，辅导，协助和修进机会。

（一）续办乡村教师假期讲习会。

（二）举办乡村工作实施讨论会。

（三）举办全县教师检定——详细办法另拟。

（四）组织教育参观团。

（五）组织各乡教育研究会，或各乡教师读书会。——乡之大者得分组举行，各组每周一会，全乡每月一会，或提出实际问题讨论，或报告阅书心得，实验结果。彼此切磋鼓励，得益必多。

（六）组织全县乡村教师互助社：本县现任乡村教师有疾病者社中予以救济，有死亡者社中予以抚恤。此种款项来源，一面宜由现任教师摊纳，或捐助，一面可请由县款补助。此种互助社即由县教育会代办亦可。

（七）县设奖金：奖给各乡村优良学校教师。

（八）教师任期：初聘者订期一年为试验期，续聘者订期三年。总期大家安心教学，不致时常更换。

（九）教师待遇：宜依服务成绩及学术程度分别甲、乙、丙、丁，四等。各等教师每年最低薪金若干，宜由县中规定，公布施行。

（十）各校宜订购日报一份，以便"教师阅览，转告大众"。其经济困窘之学校可联络邻校两所或三所合订一份。

（十一）发挥乡村建设旬刊及实验公报的作用——指导乡村工作之方针及办法。

（十二）注意乡村工作通信——问题讨论及消息介绍。

（十三）充实县图书馆，并发展其流通巡回事业。

（十四）编审乡村民众及儿童读物，陆续供给前方需要。

（十五）辅导员转移视线，重视村学及村立学校的活动，每月须巡视各学校一次，并予以指导及辅助。

（十六）各乡学村学每月宜有工作报告呈报县府。报告里宜说明各该乡村的社会改造活动的经过事实和困难问题。

（十七）教育设计委员下乡巡视，求知前方情况。

临了，我再把我自己近来对一般社会改造事业的心思向大家说明：我们大家不要怕没有力量，应当怕自己的力量用错了方向；不要怕自己没有成绩，没得众人赞美、叫好，应当怕自己没理想——明确的理想。请问大家：你使劲你忙着，你使劲忙着。你的理想是什么？方向在那里？理想有了，我们怎样使他实现呢？方向对了，我们又怎样一步一步前进呢？我们大家都是在这中华民族复兴人类文化转变的旅途中同行的人，自然我们该当努力前进，我们更该当看清楚后或细心探索着努力前进啊！

——民国二十三年九一八之翌晨于邹平

乡村学臆说

枬程

（1）大家既主张以教育方式，从事乡村建设，则应走社会路线，不应带政治色彩。即实质上，亦不假政治力量，完全以教育家态度，走入乡村里去。能有耶教徒传教精神，更佳。

（2）欲求教育之有力量，有功效，发生作用，须要教育者，自己能行。并教育者相互间，有组织，能运用，方有气力打开乡村建设之路。

（3）乡村服务同人应认清目下从事乡村工作，一方是教育民众，一方亦是陶铸自己，使自己能行。

（4）本院同学，虽受同一训练，其能行与否，一则尚待事实上之证明，二者有待于事实上之训练。不必都行，不必都不行。也许目下不行，将来行。也许待人领导，才能行。

（5）经一番事实上陶铸沙汰，能行者真行，不能行者真不行，所谓"人才以用而后见"，则个人之长短性能，一一毕露，夫而后因材为用，则人与事合，而力量得以发挥出来，成效即可见矣。

（6）徒善不足以为政。大小事，大小团体，非有办法不可。孰为领袖，孰为分担工作人员。而领袖如何产生，工作人员如何分配工作，均须有好的方法。堆砌乱抛，决无是处。譬如邹平乡村建设，在目下第一阶段中，当然以村学教员为最前线工作者。辅导员，为协同村学教员工作者，名义上指导一乡。实际位于上的县府，下的乡村学之间，而为之枢纽拨动。（左提右携，上说下教。

此二语八字，为朱晦庵夫子在开耀乡办社仓当辅导员时之心得语）则辅导员实占在第二线，而为最前线之领导者。

（7）就目下邹平之乡村工作言之，辅导员大概顾及乡学内学董、学长、乡理事、教员之物色，介绍，运用，合作。至对于村学教员，能水乳交融，打成一片，提携共进者，甚少。甚或彼此融阂误会，亦数见不鲜。各村学教员，能否与辅导员打成一片，协力前进，亦是问题。故目下邹平乡村学之工作同学，可谓为完全无组织。你动我不动，乃至你东我西，搓头磕脑，亦所在多有。故工作人员，此际应有一番整理及组织，而彻底解决之。不可参以一点"感情"，当专用"理智"为解决之根据。（目下先就一两乡试办亦可。）

（8）愚意目下吾辈同学全体，能否个个担起组织乡学村学担子，是问题。故目下最好，不必急急求乡学之完成，多数村学之建立。当先使同学找到办乡学村学之正当路线，并有照此路线按辔徐行之能力，一面教人，一面励己。（自己能行）

（9）愚以人各有力量，有才能，且均愿用力，而发挥其才能。特安排不好，无法用力以发挥其才能，则人苦，而事亦无成。

（试办之同学，不必求第一流。只找平安、心好、身体强健者，即可。因一种办法，不能让普通人担当有效时，不算办法。）

（10）目今应注意一乡的工作领袖，即辅导员。如何能发挥其力量及天才。其根本不行者，如何由事实证明，而令其退去，换能行者来干。如是，则工作乃能火剌剌地进行。

（11）愚意邹平本年有六十五名村学教员，预算。应以此数，按各乡所管庄村之比例，而分配于各该乡。假定第一乡五人，第二乡七人，……则告诸第一乡辅导员，去与县府商洽，请委派五位同学来第一乡学，作为学活动，第二乡请五科派七人，来二乡，作村学活动。……辅导员平日属意某同学，气味合而可共事者，可以请求县政府，委派之，如是，则能行之同学，立刻为各辅导员所拉去。因此拉去关系，则村学教员，必能与辅导员合作。

（12）愿充村学教员者，自己亦可拣择某辅导员可以共事，向县府请求委作该辅导员所在乡之村学教员；但须得该乡辅导员之同意。如是，则能行之同学，有自己寻觅适宜工作地方之机会，可与辅导员合作；彼若不行，必为辅导员所拒绝，则彼无工作，亦无所怨。

（13）辅导员如果自己不行，欲拉能行之同学，同学亦不应承；或应承之，相处既久，工作上不能协助指导，精神上不能安慰合作，则必舍之而去。如是，辅导员自己不行，不能拉同学，则辅导员塌台，自不能不解职以去。

（14）一乡之辅导员，将同学五七人，拉到乡学以后，或同学到其所愿帮忙之乡以后，不必遽然分派各村，组织村学。且辅导员及村学教员，亦不必显然作村学活动。只求共同住在乡学内，同饮食共起居，砥砺学行，彼此渐渐认识清楚，将来亦好共事。此外，随时作乡村探讨研究工夫，以为进入乡村之预备。

（15）辅导员按各同学之性能，与乡学所属各村庄之情形，将同学分为若干路，每人靠定走某路，专对某庄下工夫，此为第一步分派同学工作办法。派定后，第一次随同前往介绍于该庄庄长、小学教员，及庄众。

（16）每早饭以前，各路同学，各拟就当日工作预计表，请示辅导员，认可后，早饭罢，分照路线，往指定之村，照工作预计表进行；午间勿须回乡学，直至晚间，工作已毕，再回乡学用晚饭。

（17）早饭后出发时，各同学应各带干粮及面条之类，于午间借村立小学之茶炉，自炊自食，勿扰村民及村立小学教员。

（每人一脚踏车一饭盒一水瓶一油布伞似应由公家资助之）

（18）村立小学教员，对村学教员，往往误解：一者怕夺其位置而代之；二者看其无固定工作事项，而认村学教员为吃干薪，心怀不平。此为同学见嫉于村立小学教员最有力之暗礁。故同学初入村庄时，第一步须察村立小学教员之所苦，如某项功课不行，或嫌过劳，而替之分担课程，或某事务。每日以两小时为限。照时间到。不表功，不示能，且明告以决不夺其位置，其初彼未必相信，但同学须以诚心热力，日日如此，毫无厌烦之意，则小学教员之阻力，即消去矣。

（19）同学每日到指定之村内，除代小学教员上课外，时时与村民作友谊而无关系之接谈，从侧面探询该村之严重、迫切、普遍的问题，而严密思考其解决方案，记于日记中；待回乡学后，作为报告，及大家讨论题目。

（20）除谈话外，应依村民之请求，而帮其忙；如记账（红白事礼账），写立字据、打听城内消息、完粮手续、等候批示，时时代彼解决。则渐成一全村顾问，及文牍，而为一村不可少之人矣（村学成立后，须渐渐将自己责任，移于村众，为可以少之人）。

（21）每于农闲季节之晚间，假小学开办成人部，或报告时下新闻，或谈论有益风俗之故事，或教书算一两小时，以启发村众之知识及理性。

（22）按照以上办法，不操切，不怠惰，日日如是，久久自建树信仰。信仰立，再徐徐劝村民办村学。

（23）同学有时于派定路线办不通时，可与其他同在一乡之同学，而易其路线。

（24）同学每日晚间回乡学，于吃饭前后，可以随便谈论经过情形，而商讨办法；并作工作日记。本日早间预计应办之事，已办若干，未办若干，得失成效，如何统应记明，请求辅导员批评，及同学讨论。

（25）村学教员，对乡村问题，有不能解决时，辅导员应亲往帮之；再不毂，可来县府暗地请教。必须为之解决而后已。但非用法律不能成功时，则可推交县府或乡学去办，自己不必强问，致开罪于一般村民，是为至要。

（26）县政府对于乡村同人之考成，不问成立村学之迟速与多寡，但问其工作是否努力及正当，而时时查访之。如是，则村学教员，必努力。时久，必有结果。至迟不过半年，村学即能成立矣。

（27）正式村学成立后，村民认识村学教员之能行，推代表来欢迎，尚须辞谢，至再至三，辞不获已，乃前往，住村学内，更可随时用力；但对辅导员，不可不时时接洽，万勿失其联络。

（28）各同学，在同一乡学各村工作，必须时时互相联络照应，万勿说话不一致，或彼此不抬举。

（29）凡县政府硬性命令，由县政府直接办理，不再委托村学教员协助。但如村民非办不可之公事，而大家不明白时，则村学教员，可应其请求，而努力开导协助之。

（村学乡学教员，只宜事前劝导。至如查放足罚人，万不可命村学教员作。即辅导员，亦以不作为佳：因得罪乡下人以后便不好见面也。再则查村立小学教员，亦应归县督学多负责任。）

（30）每一村学，必抓住本村一两件应办之事，而与村民共办之，以充实村学内容。切忌空口说白话，如生产、合作、副业、林务、凿井等，斟酌实际需要办一两样均可。

（31）辅导员时到各村，访村中首事，介绍村学教员之生平为人，以树其信仰。同时于对方谈话口吻间，亦可知村学教员之名誉及效能如何。

（32）办村学教员，何为不先住村学，其理由甚多：

（一）村学教员，为初卒业之青年。初入一个很生的村中，未必能施展得开，一有顿挫，以后便不好办矣。

（二）一个人住在生地处，遇事无人可商量，则主意办法，时感不足。

（三）因孤寂之故，精神无人安慰提振，再遇困难，便易灰心退缩。

（四）起居饮食不合适，影响于精神生活。

（五）与村众相处久，亦易生感情，亦易招亵侮。

（33）办村学的人，同住在乡学，好处很多：

（一）人地不合适，可调换。

（二）各村情形不同，斯施教之次序不同；有宜先用方法策略者，则先派较机警之同学开其窍，后以较实在之同学收其功。

（三）大家住一块，可交换所见，多出主意，并且因人多而精神提振得起，虽遇困难、阻力，不至灰心。

（四）办村学者，于自己每日工作进行中加考究，有此一段预备工夫，便胸有成竹。一旦组织村学机会成熟，可常住该村，正式进行，不至失败，或有名无实。

（五）各人工作比较之下，其不行之同学，可以立即发现，另行调往他处，不至下乡偾事。

（34）辅导员除乡学有重要事情，加意于乡学外，余则以全力辅导村学，以培植乡学基础。

（村学有办法，乡学学董乃有力量；乡学学董会有力量，则乡学乃有真正之重心，与生命。故辅导员应认明"用力于村学，而收功于乡学"之铁则。）

（35）辅导员走社会教育路线，须力减少政治性色彩及意味。其考成，不全在乡学安排指导之成绩，而侧重其领导村学教员入村活动之成就。

（一个第五科长，决照顾不到许多村学；任是天才多高，亦不行。）

即如下例各端：

（一）人与地是否相宜。

（二）村学教员活动效率，是否随时递增。

（三）与村学教员情感如何，

（四）自己能否以身作则，领导全体村学教员。

（五）不问其成立之村学数目多少，但问其工作进行是否合适，及勤惰。

（只问耕耘，不问收获。）

（六）辅导员之成绩，由县府负责考查。

（36）辅导员每旬应有工作报告于县政府，并将各村学教员工作进度，撮要说明，以资考查。

（37）辅导员及村学教员之进退，统以工作成绩为标准，而定之。

（不以毁誉定是非，不以感情定功过。）

（38）办村学有成绩者，有提升辅导员之资格。当辅导员有成绩者，有调来县府充任高级职员之资格。庶以后高级职员，了解田间真相，民间疾苦，为政立法，不至迂远不切事宜。

（39）本院及各实验县，及其他有关系之机关，其用人，统先就本院同学会下乡作事有成绩者，优先拔用。此外关于特别技术人才，不限此例。

（此非功利主义，乃实际生活。）

（40）上级工作人员不努力时，应即降入下层，以砥砺其志行。其不服者，应听其脱离团体，不必姑息。

乡农学校的渗透运动

高赞非

（告菏泽在乡服务诸同学并以就正于诸同仁）

在开始，我愿意大家再注意一番这个问题：就是我们这里的乡农学校，何以不只用教育力而要带有这样的政治性？我们要想深入于乡农学校的本质里去，这个问题实不能不有充分之理解的。这实在是老而仍新的问题。简单的答复这句话，便是，乡校要想尽其推进社会之能事，非有政治性是难以负此使命的；因为从一般事实上看，乡村社会（亦可说是整个的中国社会）数十年来是逐渐向下沉沦，而愈到最近，其沉沦的速度亦是愈行增加。这无论是从乡村经济方面、乡村风气方面看，都是充分的表露着的。在这种加速度的沉沦趋势底下，欲只以柔和的、平易的教育之力来转移此倾向，虽非绝不可能，但也是极艰难极迂缓的事。因为教育方面所用的力量，当然是正面的、建设的，而乡村自身的倾向，却是负面的、破坏的。这个负面的、破坏的力量，（如毒品、不良的风俗，穷与紊乱都是）现在正如燎原之火，方兴未艾。正面的、建设的力量，不要说培养不起来，即能培养起一点，将也禁不住后一种力量暴烈的摧残。这种情形，大概是诸同学们都可以深深的感到的。如果我们不是把乡村运动当作了社会上点缀的事业，而视之为民族运动之根本方向时，则对于这种情形的，便不能不加以深刻的注意，同时亦不能不想一种方法来抵抗这种负面的破坏的力量。我们试想：什么能够抵抗这种破坏的力量呢，没有别的，有效的，便利的，只有是能以制裁的权力，即是政治力。政治力恰如一具锋利的薄刃，在可能的范围以内，他可以消除一切负面的、破坏的力量，而掩护着正面的建设的力量使之增长。所以从此处看，乡农学校既然要他担负那种伟大的推动社会之责任，则势不能不使之具有政治性的。于此，我们何以开始即将乡农学校亦当作是行政的机关，大家对之当不难了解其真实的原因了。我们在乡农学校的组织大纲上，对于乡校的性质，曾加了如下的说明：

"乡校宗旨，在根据政教富卫合一之原则，助佐县府，处理其乡区内一切行政事宜，并就其所在乡区内之文化、自治、经济，各项问题，用教学的方式，谋合理的解决，以期达到推进社会完成县治之企图；故不止为一教育机关，实为一乡区内一切事业之整个推动机关。"

我们的乡农学校，是本着这样的宗旨去作的。在这将近一年期间的试验，大家都已真切感到了这种办法的适宜，我们对于乡间所尽的力量，也逐渐能得到乡人的同情和尊敬。这实在是可以使我们对于乡校的前途，具有极大的信心。可是我们却又不能有一点满足的意思，以为这样便已尽乡农学校之能事了。我们要知道本县现在的乡农学校，不过只具有乡校的轮廓。现在所作的事，只算是乡校的一部分，而此一部分又几乎都是偏于行政方面的事；至于真正乡校要作的，那基础的教育的事业，现在才算刚在萌芽。如果我们以为乡校只是这样了，那便是自塞其前进之路；真正圆满的乡农学校，是要在能启发出乡间自身的力量，而能作到乡间一切事业推动之中心的。我们虽然与乡校以政治力，但却要知道是为着掩护教育，其本身只是手段而非目的，如果我们刻刻怀着这个意思，则对乡校现时的情况，当不能有一毫满足的意思。不惟如此。并且还应时时战战兢兢不要使我们错走了路。不过这是很不容易的事；在现在政治多于教育的乡校环境之内，显在当前的，几乎只是权力。一不谨慎，我们便易蹈于偏失而不自知。这易蹈的偏失，我不能不提出来请大家加以深刻的注意。因为如果我们不用力去矫正，也许开头是偏失，而结果却成了乡校之致命伤的。这个偏失，分析起来，重要的便有下列三点：

一是图省事——因为我们有权力，所以有时对于乡间的事情，本来应该费事下工夫的，却图省事而不费这种工夫了。比如对于各种不良的风气，如聚赌，如殴斗，如争讼，如果纯是教育的机关，对于这种事件，要想禁止，便只有走劝导的路。要劝导当然不是容易的，这自然要费许多的工夫，要生许多的方法，才能发生效果。然而乡农学校因为有权力，遇着这种事情，便很易使人不走这种迂缓的路，而常即直接以权力去制裁。这虽亦甚能收效，而却终非根本的；因为这样去作，将要使所作的事情，徒具形式而没有生命。当然这并不是否认制裁的价值，有许多事情是必须凭借着这个办法的。然而我们却要知道类似制裁的强硬的办法，是不能随便用的，因为强迫的事情是极难有内容的。真正有生命的事业，不论是消极的除弊，或是积极的兴利，是要参加于此事业的人，感觉其需要，或是明了其利害，才能发生出来的。其本身必须是生长的，而非强迫的，才算有生命，才能持久。这样单单恃着强硬的权力是不行的，必须有深长的教育之力才能作到。然而运用教育之力，却是一种迂缓的烦难的工作，是要费相当之时间与精神的；而人却极好走简便的路，这便使乡农学校的活动者，不知不觉中堕入于省事的路径内，而不知时时看着根本的教育的功夫。这种倾向，实是一个最明显的流弊。

二是求痛快——因为有权力，所以有时对事又极易求痛快。从这里便也极容易发生如前所说的结果。因为由求痛快的心理，也自然的容易忽略了教育。譬如对于乡间所谓莠民之流的人，也许因为他对于善良的农民任意欺侮，也许因为他来阻碍乡校某种进行的事务；你为着义愤，为着乡校的前途，便很容易用一种强硬的办法加以惩治。这在表面似乎也为着事业，而内心里实有一种"出气"的意思鼓荡着自己。求出气，换言之亦即是求痛快。这当然并不能说是多么严重的过错。然而如果这种心意成了习惯，遇事便求痛快，这样你的内心便有一种东西作你的障蔽，而遇事便不易平心静气加以审察了。同时，一种迂曲的柔和的教育的办法，你将也因为有这种倾向而不加注意了。这实又是一种明显的偏失。

　　三是喜近功——任何人作事，多是喜有表现，喜有功绩的。青年人尤其如此。我们试想：当我们初到乡间时，不是都有一种热烈的要求，愿意很快的作起来一切事吗？可是要知道乡间一切事业，都不能是无根而生的。真正的乡村事业，是生长的，是由乡村自身的力量发出来的，而决非外铄的。我们只能以外面的力量帮助他生长，而不能把外面的力量即当作他自身的力量。可是因为我们都好急功，尤其是好求近功，这便又易使对于许多事情，用强迫的权力，使之具有形式而没有内容。

　　上面的分析，我想凡是服务于乡校的同仁及同学，都可以感到的。我之发现这三种情形，其来源乃不是由于觉察而由于自省。因为我自家的经验上，我是极容易走入这三种倾向之任何一种的。我复由此观察一般的乡校，乃看出一般的通病都是如此。我觉得如果我们不想办法加以补救，则乡农学校的前途，便含有绝大危机。这个危机不是别的，乃是将使乡校逐渐硬固而成为纯政治的机关，而乡村自身的力量，一点提发不起来。如果乡校不幸而落到这种地步，我们便是乡村运动的摧残者，便是乡村运动的罪人。所以为了乡校的前途，乃至为了整个乡村运动的前途，我们不能不时时有一种反省与警惕。我们要在现实的环境内两眼看着将来。我们要时时机警着尽力避免上面所举的危险的倾向，以寻求乡校的光明的道路。可是我们现在将用什么方法来对治呢？没有别的，便是少用政治，多用教育，或是说把政治的事涵融于教育之内。我们要把政治力放在背后，除非到了必要时，我们才使，而显在乡人面前的，是充分的教育的力量。我们时时记住，要把政治力作为教育的掩护者，为阻止教育的障碍，为促进教育的实效，在适当的范围内，可以巧妙的运用政治之权力。但是这种权力，只能视为辅助的力量，而要把教育力作为中心的事业之源泉。一切事件发生时，在可能的范围内，尽是运用教育，把教育的地位竭力提高，使我们服务者各人心内所占据的，不是政治而是教育。时时反省，是不是多用政治，少用了教育？时时反省，是不是踏入于上面的三种倾向里面去？这样庶几可以避免上面的偏失而不致走入硬固的陷阱。

可是，在没有多少固定的事业之前，我们要教育些什么呢，对于头一句话。我不能再多用话去解释，因为只要是略略明了乡村建设的意义时，便可知道乡村建设途程内一切事业，无一非教育的对象。自治的促进，礼俗的改善，经济的组织，整个乡村社会的问题，我们是要因时因地而加以教导的。不过在这一切事件中，我们却要以促成组织习惯为此运动的中心运动。同样。我们也要以组织教育为中心教育。我们的着眼点是组织，而把一切文化自治经济各方面的问题，涵括于此组织问题之内。所以要教育的事件虽然多，然而未尝不可以组织两字尽之。以此，如果要问，我们要教些什么，我便答复，教组织！我们的乡村运动，是组织乡村的运动，我们乡农学校的教育，也便是组织乡村的教育。

不过，现在要紧的问题，却不在原理方面，而在实行此原理之办法方面。原理我是不能不假定大家都已经知道了的。我们现在的问题，乃在如何运用此原理。这即是说，现在重要的问话，不是头一句教什么，而是第二句怎么教了，为要答复这个问题，我不能不提出一个鲜明的口号，请大家注意：就是，要用教育，其方法没有别的，惟有尽力实行本文标题所标明的"渗透运动！"——这便到了要向大家说的，正面的重要的意思了。什么是渗透运动？简单的说便是："目标在将教育的力量渗透于乡村的底层；其方法乃在以重要的各种问题为活动的中心，而随时吸收其有关系的材料以组成大单元之单元活动。"现在先说第一层关于目标的意思。我们要知道，教育的力量要使之伸张，当然必须使之及于农民身上。要想这样，则急切之间是难以收效的，势必把教育的力量，使之逐渐下降，以得逐渐接触于乡间的底层，始能收效。所以目标是渗透，再说第二层何以要实行单元活动,我们又要知重,一要用渗透的功夫,便将遇到两种相反的困难。一种是乡间问题方面太多,不易兼顾。虽然我们的目标是整个的,然而着手却不能不就着具体的个别的事件上下功夫。但这样一注意,便将感觉到注意的事情太多。如说应提倡的事情,则几一切事俱应提倡;因为乡村现实的文化是过于低落的。如说禁止的事情,则几一切事又俱应禁止;因为历史遗留于乡村的迷信,以及传统的偏执的习惯多得是不可胜计的。在这样繁杂的环境之下,我们究应从什么地方下手呢?这是说应作的事太多。再从反面来看,则我们又将感觉到可以运用的机会太少,因为乡村社会原是平静的、散漫的、自生自养的,他根本不愿政治管他的事。你虽然想接近他,可是他却不想且亦不知道接近你。所以我们一到乡间住,除了盗匪多的地方以外,你将觉得乡村简直寂静得可异。在这寂静的社会内,我们有什么机会可以运用去加以教育呢?这两种情形,外貌似乎相反,而其来源则一致。仔细审看,将见得这不过是文化偏畸的征候。于此我们想施用教育可就难了。为解决这个难题,我们便不能不实行这种单元活动。要知道这两种困难固是的确的,可也并不是没有办法的。乡村问题虽然复杂,然而却未尝不可抽出其几种重要的问题来渗透而逐渐向旁扩张。根本我们要知道社会原是一个有机体,各种事件都是息息相关的。每一种事件,他的背后都有其全体的社会背景。任从那一个问题看,你都可以看出他是社会全体之一部。同样,任从那一个问题下功夫,走上前去,便也能及于其他的问题。部分与全体,原不是如无机物之不相关联,乃是如有机物细胞之与整个的机体。因为社会的性质是这样,所以在渗透之开始,我们便不必因为问题的复杂而纷乱自己的精神,我们很可以冷静的观察那几种问题最要紧,而把握住去作一种中心而向下活动。所以从此处看,第一种困难便可以解除。至于第二种困难,则亦不是没有办法的。教育的机会故少,而却非没有机会,只是开头看着少而已。每一个乡区内,必有显明的与农民有关的几种事件,就本县现在的情形来说,则各乡一致的都有自卫训练班，都有小学校，都有造林的组织，其他各乡自己特有的重要事件，则亦很有几种。不说其他的事，只就这三种事来说，便已很可以作我们渗透的机会了。因为每一种事件以内，是一定有许多与之有关的农民的。我们即以此数事作为活动的中心，而尽量与有关之农民发生关系，不是便可以作到渗透的功夫了吗？比如乡间的小学校，如果你能够把他当作很重要的机会，则很可以加以充分的运用。在我与各同学在平陵乡，对于小学机会的运用，是这样去作的：即是专有一位同学来作社会的活动的工作，他除了有特殊事件发生以外，平常大部分的时间是轮流在各小学内视察的。这种视察，是包涵有查视及指导两种意义。在这种情形内，全乡的小学教师，是可以逐渐感觉到与乡校的精神是一体的。与小学有关系的人，一是学生，二是教师，三是学生的家长，四是学校所在的村庄之村长。我便把这一切人俱涵括于此小学中心之内为一个单元的组成者。为促动这一单元内各分子的生气，则对于教师，有教育改进会，对于学生，则时时去视察奖励，对于学生的家长，则有在指导之下分别在各校开的恳亲会，以加鼓励，对于此单元内全体分子生气之鼓荡，则有定期的全乡小学成绩观摩会。在这情形之下，原来似乎无关系的农民，现在便可由此诸种活动而与之有关系了，其他只要是重要的有继续性的事，无论是校内的或校外的都未尝不可以相机用这类方法去作。所以由之而第二种困难也可以免除了。这种办法，我们即谓为单元活动。要想作渗透的功夫，是惟有单元活动才能达到目的的。但这还是概括的说明，如果再加分析，则这种活动又有下列诸要点：

一是要尽量运用原有的机会——我们要在原有的机会中选择那几件事可以作为一个单元的，向下活动。这点意思上面已经说过。在这里要注意的是，够一个单元之条件的，不论其是校内的事，（如自卫班）或校外的事，（如造林）必须其本身富有弹性，并且可以向下绵延的，始可当选。其他固定的，一时的事，则可以归并到别的单元之下来活动。如夜班是有时间性的，而小学校则比较少时间性，两者同是教育，而主办夜班者又常是小学教师，则未尝不可把夜班归到小学一单元内，以小学作主而活动。其他类此之事，亦俱可如此办理。

二要尽量吸收新材料——每个单元，要紧的是不要视之为固定的、呆板的事件，而要视之为活泼的、生长的、有生命的机体。乡校自身先要时刻伸张他的触须，注意新的材料。遇有新的材料，即斟酌可以归到那一个单元的范围内，而即灵敏的抓住他供给那一个单元，作为那一个单元的养料。如本县此次从省府领下来发给自卫班学生的子弹，这便是一个新材料。我们很可使自卫班学生于领子弹时，会一次操，打一次靶；或者再扩大开一次全乡的联庄大会，来参观此打靶的练习。如此则发子弹这个新的材料，便叫自卫班这一个单元吸收进去了。一个单元成功时，便是一部分的渗透工作开始时。单元活动的范围愈大，教育的功夫便愈易施行。所以我们且须注意于单元生命之开展，使其内容愈久愈丰富。这样的单元活动，恰又好像儿童的滚雪球，由一小团而可愈滚愈大。单元的内容愈增长，乡村自身的力量也便随之而增长。因为单元的分子不是别的，就是乡村的农民，这样各个单元有生命，乡村便有生命。单元的活动愈加活泼，则乡村的生气亦愈加旺盛。而要想达到这个目的，则吸收新的材料，是必须注意的。

三要注意运用新机会，增加新单元——单元仿佛是乡村的养料，要想乡村的生气增长，非单元活动增加是不行的。单元愈多，乡村生机亦愈畅，亦愈能自动。对于新机会的选择，也须与选择旧机会一样的慎重，遇有不足成为单元的，则使之归并于其他单元之内。

四要注意于各单元的联络——单元多了，各单元自然的要接触，如小学的某种集会，有时自卫班的学生也可以参加。如果我们把小学及自卫班都当作单元时，岂非两个单元接触了吗？单元接触，便是教育的沟通，便是渗透的扩展，是极应往这里来引导的。乡校活动者，应该时时想法使诸单元有接触的机会，注意其联络。

单元活动历史长久时，定有许多单元因为分子的杂糅，及事实上的接近而可混成一个大单元。大单元成了，乡校主事者，既可收注意集中之效，又可使乡民多得教育之机会。所以就此点向下推想，则到将来，全乡未尝不可将一切事情统于几个大单元。如果用图来表示这个路径，则其经过似如下图：

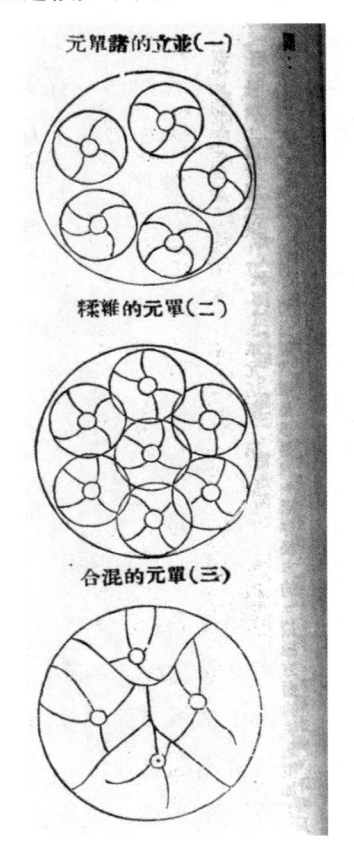

元单诸的立並（一）

糅雑的元单（二）

合混的元单（三）

到了全乡诸单元可以合并到最少数目时，那时乡村间当有绝不同于现在的新的组织出现了。而我们理想的社会，或即开始在那个时期露出端倪，这种理想，当不能谓之为空想的，因为现在我们正是踏着脚步向那里前进的啊！

五要注意于集会的充实——我们千万不要忘记集会在单元活动中的重要，因为单元活动的表现，常是假之于集会的。在活动进行中，如果遇有集会，我们千万不要轻易放过，因为这是施行教育之最好的机会。这是单元生命的来源。在一重要的集会中，我们务要使此集会的内容充实。这最要紧的便在你诚切的、内容丰富的、生动的讲演。在相当场合内，或更可参用其他的方法，如娱乐之类，以作辅助。如果你忽略了集会，对农民的心意没有什么打动时，则单元活动的力量，将大形减少。当然，我们也知道单用话来鼓动乡民的生气是鼓动不起来的，可是我们已经有实际事件给予农民了，则在此活动中，更用言词来作一种加力的工具，正是极为必要的。要知道这便是我们对乡民正式的教育，我们可说，平常时的活动，是分散的渗透，集会时的教育，是集中的渗透。这种重要的机会，我们如何可以随意错过呢？

六要注意中心人物的培植——一切事情离不了人的问题，单元活动亦复如此。我们要想教单元活动有生命，只乡校自己去鼓荡，还不行的，必须能培植起乡间优秀的农民，作为单元的中心人物，始能达到这个目的。此中心人物的培植，其方法是不能固定的。或用集中训练的方法，在校特设一部，专门选拔这种人才加以培植，或即在活动时，对优秀者就事加以指导提携，都可有效。这全在乡校活动者酌量情势谨慎的去运用了。

最后，还希望大家注意：这个单元活动，第一最要注意于积极方面事业的提倡，而不要偏于消极方面制裁的活动。因为制裁虽是必要的，而非根本的。积极方面的事业增加了，消极方面的缺欠自然可以减少的。第二是不要轻易举动，要看清问题然后再动，不要只图增加单元而任意活动，致蹈于琐碎。第三，当动活时，固然要因事而活动，但却不要忘记了总的目的。我们总的目的是组织，我们要近处看见了现实问题，远处看着组织，这才能得心应手而不致有散漫无所归之病。

乡农学校有前途吗？没有了！如果你只用政治力而忽略了教育。乡农学校没有前途了吗？有！绝对有！如果你能以教育涵融了政治而去实行渗透运动。

谁是学生？

杨效春

谁是乡农学校的学生？谁皆可以做我们的乡农学校的学生。我们的学校要"让大家来学"！我们要把教育的机会，普遍地给一切的人。

可是，因为我们的学校是乡村，是由乡农所组织，并赖乡农的供给，而我们的教育旨趣，又在推动社会，组织乡村。我们的学生，自然地大半是乡人不是市民；是农人不是工商；是成人不是儿童；是忙人不是游民。一句话说完。乡农学校里绝大部分的学生，就是乡间忙活的成年农人。在我看来，他们是最需要教育，也是最缺乏教育的。乡农教育的运动就是因应着这种迫切需求产生的。我们想：中国如有指望，全世界五分之一的男女，即三万万四千万的同胞如有指望，这运动的前途是必当扩大，也必然会扩大的！

我们的朋友专心在教乡人，不教市民，并不是由于我们认为市民不可教；乃是由于我们的学校是在乡间萌芽，乡间生长，乡间发展呀。

我们的朋友专心在教农人，不教工商，也不是由于我们轻视工商，以为做工经商的人统是不可教或不屑教的。乃是由于我们认定在今日乡间生活的人什么是农人。我亦知道：我们的学生有放牛羊的，有做买卖的，有学瓦匠木匠的，也有做教师，做医生，做乡镇长的。但是大家该当明白：他们的家庭业主还是农耕啊。因为这个缘故，我们的教育活动，即不能不向农人致力。现在，我们在教合作，在教自卫，在教造林，在教机织，凿井，蚕桑，自治组织，养蜂养猪诸事，这不能说我们有意把我们的学生，变成工商，变成政客，乃是由于我们必当设法增进农家的生产充实农村的生活而已。

我们的朋友在教成人，不教儿童，也不是由于我们特别轻忽儿童教育，乃是由于我们不能不关心现今学制上所忽略的失学成年的教育。学龄儿童进小学去吧！十八岁以上的少年，壮丁以及老农老妇，如要求学，能进什么学校呢？乡农学校就是要解答这个难题的。因此，它的办法，即不免与一般的学校有些异点：

一、乡农学校没有入学年龄的限制。依今日学制上之所规定，各阶学校学生的入学常龄，多少是有些限制的。七岁入小学，十三岁入初中，十六岁入高中，十九岁入大学，二十三岁入研究院，大致总是如是呢。倘有二十三岁的壮农感幼年之失学，生活的苦痛，从新悔悟，要想入校求学，这些定式的教育机关，统是不能许他进去的。"苏老泉，二十七，始发愤，读书籍"。这样的韵事，自定式的学校制度来到中国以后，已不能再在中国乡村发现了。我们的学校是没有入学年龄的限制的。试看下表：

邹平各区乡农学校学生数年龄统计表（二十一年二月）

区别	学校数 高级部	学校数 普通部	学生数	五十岁以上学生数	平均年龄	备考
二区	2	12	786	11	22	年逾七十者一人
三区	3	9	718	6	26	外蚕桑一班计册人
四区	2	15	694	18	29	年逾七十者四人
五区	2	9	347	3	23	
六区	3	11	624	25	27	
七区	3	14	596	17	24	年逾七十者一个
特区	1	5	231	16	26	外儿童班两班共计二十八人
总计	16	75	3996	96		

观上表，九十一校之中，年逾五十岁的学生竟有九十六人之多。如四区韩家店高级部学生黄魁斌，竟是七十九岁，韩立功亦有七十八岁。可见乡村之中，老而好学者常有其人。只可恨今日的一般学校从来不曾想给年长失学者以适当的教育机会罢了。平常的人总以为学习是儿童的事情，不是成人的事情。他们以为成人是不便学习，不必学习，亦且不能学习的了。那里知道成人对于学习需要更切，认识更清，能力亦每每是更大的咧！即便说年老的人，精力已衰，脑已昏，眼已花，耳已聋，一切感觉都已迟钝，不便学习。但是他们还有求生之意，向上之心，好学之愿，为此，他们欲想踏入所谓"新时代"的校门，朋友！你敢于拒绝他们吗？

二、乡农学校没有修业期限的限制。寻常的学校，小学六年，初中三年，高中三年，大学四年或五年，通常皆有修业期间的限制。在各校规定的修业时限以内，学生一经入校，是不能自由伸缩的。例如初中修业期限，规定是三年，大家就得三年，少不可以，多亦不能，仅学两年半的固属不行，要学三年半的也是不许。所可许的只是中途休学，或留级，就是算"非常的""例外的"事情了。然而我们的乡农学校是没有这些不必要的限制的。我们想：少则一点一刻，多则一生一世，都是生活、都是教育。是以农友们如果肯来到我们的面前，听一刻钟的讲演，做半点钟的工作，我们是欢迎的；如果他们愿意年年季季都与我们在一处做作工，学本领，度生活，为朋友，我们也还是欢迎的。

三、乡农学校没有"结业""毕业"等期限的规定。小学，中学，大学，他们的学生修了一定的学程，满了一定的年限，到时候，都会有所谓"毕业"或"结业"这回事情的。乡农学校里是没有这一回事情。她不知道有所谓"毕业"。她相信，凡是人都是活到老，做到老，学到老的。朋友！凭你纵观古今，横览中外，亦会见一个健全的人光是"活"着，没点事情要"做"也没点东西要"学"呢？为求易于明白起见，特将一般学校之定式教育与乡农教育作一比较图如下：

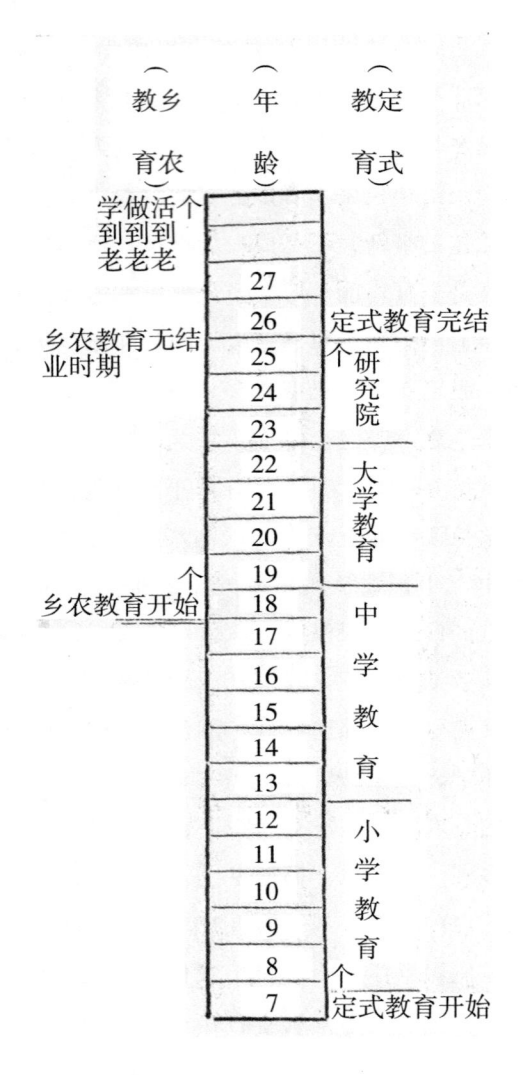

(乡农教育)	(年龄)	(定式教育)
学到老 做到老 活到老 个		
	27	
乡农教育无结业时期	26	定式教育完结
	25	个 研究院
	24	
	23	
	22	大学教育
	21	
	20	
	19	
乡农教育开始 个	18	中学教育
	17	
	16	
	15	
	14	
	13	
	12	小学教育
	11	
	10	
	9	
	8	个
	7	定式教育开始

　　总之，寻常的学校教育有限制，我们的乡农教育无限制；寻常的学校教育有止境，我们的乡农教育无止境；寻常的学校教育有固定的形式，我们的乡农教育无固定的形式。自然，我们的干法，比较烦难而费力；他们的干法，比较简易而省神。但是我要请问大家：人生的教育究竟该当是怎样的呢？

　　还有，我们的朋友是在专心致志教导忙人哩，他们对于游手无事的闲人倒不甚在意。这也许是我们乡农学校与一般学校一个大不相同之点吧。不见以前寻常学校的大门，往往牌告："学校重地，闲人免进"吗？实则他们的学校内尽是闲人，没有忙人啰！忙人是不能进一般的学校啊！我想把那样的牌告，略为改窜，说："学校仙地，忙人免进"，不是更为恰当吗？一般的学校，一天上课六七时，一周上课六七天，一年上课八九月。而且一般学校上课的时间，就是一般农家干活的时间。无论谁人，要入校上课即不能在家干活，要在家干活即不能入校听课的。我们知道：上学是青年所需要的，干活也是青年所需要的。无奈今日的农村青年对于这两件事，一般说，是不得兼而有之。取其一即不能不舍其他。这给我们青年多少阻碍，多少丧失，多少烦恼苦闷呀！

今日的社会与学校制度统是要使一部分的人以全部的时间精力来求学，另使其他大部分的人以全部的时间精力去干活。前者是学生，后者是农工；前者用脑，后者用手；前者用心，后者劳力；前者是知识阶级，后者是劳动阶级；彼此划分，有如鸿沟，这是要把整个的人类分成两大壁垒的！作一图来表之如下：

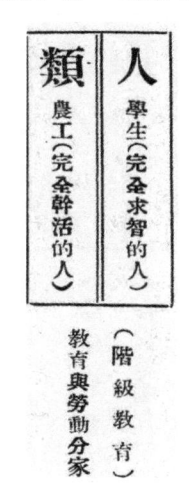

人類	
學生（完全求智的人）	農工（完全幹活的人）
（階級教育）	教育與勞動分家

今日的社会与学校的制度又是要使一个人的儿童时期以全部的精力时间来求学；使他的成年时期以全部精力时间去干活。这是要把整个的人生分成两大阶段的。儿童时间他完全求学的阶段，成年

时间是完全干活的阶段。另作一图，表示如下：

人 生	成年时期（完全干活）
	儿童时期（完全求智）
	（片段教育）教育与生活隔离

我们的学校，对于人类是要普及劳动，普及教育，不分阶级。图表如下：

人 类	人人干活
	人人求智
	（全民教育）教育与劳动合一

对于人生，是要活到老，做到老，亦即学到老，没有阶段。图表如下：

> 人生（圣人教育）
> 活到老 做到老 學到老
> 生活教育

大家知道：教育是人人生来通有的权利。大家知道：教育应是人生赓续不断的历程。大家知道：心与力不能分割，脑与手必须连贯，手的工作常须脑的活动的指导。及脑的活动亦常须有创造力量的手来校正来启悟。大家知道：吾人生活一天，即有一天的需要待满足，一天的难题待解答。从前的学识不能适应现在的需要；现在的学识亦不能必可适应日后的需要。人是事事须学，处处须学，时时须学的。讲到这里，我要请问大家：今日一般学校的干法是不是对呢？如说不对，今日我们自己办学，又该当怎样干？

下列有几个实际的问题，还请你试为解答：

问一：贺家庄乡农学校当初成立的时候，学生非常踊跃。后来一天天减少了。该校的试导员来问我："可有什么办法？"我问他："学生日渐减少的原因在那里？"他的说明是这样：本庄靠山，农人在冬日，多去推石头以助家计。推得一车石头到邹平城或其他乡庄去，可得洋约五角。每天自早到晚，快则可推三车，慢则两车，得洋一元五角或一元不等。全庄有车约六十辆，听说该庄在这时季，每天通有八九十元进庄的。因此，该庄家给人足，大家的生活都还过得好。推石头赚钱就是他们的一大宗收入。可是推石头的人，往往起得很早。同时，也须睡得很早。乡农学校的晚班，现在自下午六点半至九点半，一连三小时。在晚班受课的人，回去睡觉就是较晏了。推石头的人是不能这样睡晏的。睡晏就不能早起，不早起就不能一天推三车，多赚钱，有点妨害他们的生计。因此，推石头的人都渐渐不来上学了。你看，该怎办？

问二：成庄的农家，很多以做挂面为副业。成庄乡农学校成立了，有一家，他的儿子要上学，这儿子也是二十一岁的壮丁了。他是不识字。现在想学字，所以来入校。可是他的母亲极力反对咧。母亲的反对也是有理由。因为他的儿子来上学就没有时间在家包挂面。做挂面就是他们全家所赖以生活的。儿子的上学是妨害全家生计的！母亲以为儿子不懂事，想读书，是躲懒。儿子认为娘是太不爱他了，读书识字是好事，娘如爱我怎不许我早年上学呢？怎不许我如今上学呢？因此，母亲骂儿子，儿子怪母亲，最后那儿子竟要逃奔在外，不肯回家见娘了。乡农学校一时就成了他们母子间的祸根！这时候，试导员某又问我了："这里面，谁是比较有理呢？我们该怎样才能使之两全"？

问三：自去年冬至今年春，我是在郭庄乡农学校教学的。那校里设有高级部。高级部里有几个学生，常常是迟到或缺课。考究他们所以迟到缺课的原因都是由于他们家里有事忙。例如说石宗一全家只有两口子——老祖母和他自己，祖母是老了，全家事务都得由他自己一人料理的。有时候他要早起走十五里路去赶集，又折回五里到学校来听课。贺连诚也是个家主，他每天都得早起挑几担水，喂一回牛马，照料几个儿女的起居饮食，然后来上学。这样的学生，如有迟到或缺课，你忍心责备他们吗？还是设法鼓励他们呢？

问四：前后石门的乡农，背着柳条筐，手拿铁粪叉，成群结队地到学校来听讲。你想该怎样招待他们才是好？

这里，我应告诉读者；我们并无秘诀。我们只是有心要使我们的学校，一切设施，能给忙碌的乡农以求学的便利而已。一般的学校告大家说："有事者莫上学，上学者莫干事"。而我们则要大家："有事做事，无事上学。忙则治其粟米麻丝、暇则修其孝弟忠信"。一般的学校告学生说："好学生，按时到校！"而我们则告教师："好学校，因时敷教！"总而言之，一般的学校，要学生就教育，而我们的学校则要教育就学生。朋友！你想：教育能就学生，谁个乡农不能享有教育呢？

乡农学校的学生是谁呢？如前面所说，其中大部分是乡人不是市民；是农人不是工商；是成人不是儿童；是忙人不是游民。现在请进一步，再把这些学生加以分析，就可发现下列的事实：

（一）以年龄论，有十三四岁的童男女（因事实的需求，各校常设儿童班或少年班以教导他们），也有六七十岁的老农老圃，而大多数则为二十以上三十以下的壮健农人。

（二）以性别论，大部分是男人，但亦有女子。

（三）以程度论，有目不识丁的，有上私塾一年二年以至十余年的。有在小学肄业一二年或初小毕业，高小毕业的。有中学毕业生，亦有前清的秀才。

（四）以职业论，有放羊的，有推石的，有教书的，大部分则为种庄稼的农人。

（五）以家境论，是有贫富之分。

（六）以资禀论，亦有智愚之别。

还有他们的经验不同，他们的能量不一，他们的志趣与欲求亦参差不等。总之，我们的学生真可谓形形色色都有，种种类类皆齐。就因为这点缘故，乡农教育的内容就见庞广，乡农教育的工作就见烦难，亦因为这点缘故，乡农教育的事业就值得有志有识有才力的青年同志来使劲干啊！

二十一年十月二十八日，邹平。

乡农学校的课程编造

杨效春

"乡农学校"是一个新的名词，因为他是一件新的事情。乡农学校的意义是什么，它要教什么人，要做什么事，作者在拙著何谓乡农教育（见乡村建设旬刊第一卷第三十期乡农学校专号）文内已有所叙述，恕不在此细说。这里作者只求大家明白乡农学校是一件新的事情。

乡农学校的本身是没有前例的。他的课程是怎样，也是没有前例的。这些统是要我们自己来探寻，来创造，来从新编制。但是为一种新的学校，编制一个新的课程，谈何容易啊！该怎样创造呢？该怎样编制呢？头一步，我们得怎样下手呢？现在我们都是初次来在这人地生疏的乡农教育领域内探寻路程的。同时农民大众似乎在望着我们做他们的向导。我们不能坐着，也不能站着。立刻就要"开步走"，"向前行"，我们自己已经有了审慎考虑以后所采取的路向没有呢？

从人生教育的见地看来，乡农教育的课程即是乡农的生活，每个乡农，学习的历程该与他自己生活的历程一致的。现在我们来到乡间，与乡农共生活相教育，这个课程该怎样安排？这里面的生活程序，该怎样安排？当然这是个烦难的问题，并是个永久的问题，但它也是个马上紧待解答的问题！工作已在开始。那工作的计划程序和方针是得拿出来的。朋友！为了这件事你们所计划的，已经怎样呢？

　　这里，我有个粗疏的图案。这个图案确是只有点轮廓，异常粗疏的。但是我想它也许可以做我们大家在这新鲜的乡农教育领域内初次探险的时候一种参考或做一种暗示。

　　编造乡农学校的课程，我想，必须依据下列的原则：

　　一、要明白乡农生活的意义与价值。人是要生，也是要长。前者是要生命的延续，后者是要生命的扩张。乡农亦人，他们生活的本质也是要生要长与常人无殊。故乡农学校的教育设施必须利他们的生，不能害他们至死；必须引他们向上长，不能阻碍他们长进与发展。

　　二、要明白乡农教育的意义与目的。先知道乡农教育：是什么，为什么，而后可以编造乡农教育实施的方案是什么。没有目的，则一切工作，统是徒劳。有如"无的放矢"，纵或用尽平生气力，也难得一点可喜的效果。有了目的，则如蜂采蜜，万方飞去，百花丛里，都自有它的收获。故我们为乡农决定学科，选取教材，必先明白乡农教育的意义与目的。吾人要引万众共登彼岸，则所谓"彼岸"果为何地，我们自己不可不知道，也不可不使万众都知道。现在我们认定乡农教育的根本旨趣是"推动社会，组织乡村"。那末，它的实施方案该怎样？当然该与这种旨趣紧接起来的。

　　三、要明白教育与人生的关系。人生必须继续适应生活的环境，即必须继续改造自己的经验。教育是人生所必需。他在人生里进行，取人生的资料。用人生的方法，即以指导人生，满足人生，改进人生。教育与人生不能分离。因此乡农学校的教材教法必处处含有人性，涵有人味，我们要使农友们对于乡农学校的一切设施，都明了它的社会的关系，发生人性的感觉。

　　四、要明白人生的活动，如健康活动，职业活动，公民活动，精神活动，休闲活动等皆必须指导，而后他的活动，对人对己、对事对物，始能为聪明、有效、合理的适应。采取人类的经验，自然的资料，以为教材，其抉择去取，当视其能否正当的左右活动，感化行为为标准。

五、要明白人生的活动，分开说，虽有健康的、职业的、公民的、精神的、休闲的等活动底区别；实在呢，只是一个整全的人生活动而已。人只是一个人，人生只是一个人生，人生活动亦只是一个或一组的人生活动。故吾人编造课程当注意于引发乡农的整全活动，不宜使之支离灭裂成为车裂的教育。今日的学校，陈老师教图文，李老师教英语，赵老师教算术，贾老师教党义，刁老师教历史地理，周程张朱各位老师也各教他们自己擅长的学科。诸位老师在同一级学生面前教课，大家各教各的，不相为谋，不相联络。而且每个教师都觉得他自己所教的功课非常重要，都想极力引重学生的注意。各科内容，时有重复；教师意见，亦多冲突。于是学生之愚钝者如在五里雾中，莫知适从；其聪颖者亦觉山阴道上，应接不暇。结局是大家手忙脚乱，头昏眼花，行动不能一贯，心思不能专注，这就是车裂的教育。这种办法，在乡农学校里断断不可再拿来沿用的。

六、要明白各项活动因时因地因人因生活的需要，任何一项都可为我们一时教育活动的中心。但是时移了，地换了，或则被教育的人变了，我们教育活动的中心也就不能不随着推移。这便是说，我们的教育不能标出任何一项活动作为实施教育经久的中心。因为那样办，便会使教育与生活不相应，也会使被教育者的生长偏于那一个方向去。现在从事民众教育，或农民教育的朋友还有人在争论，或主张以生计教育为中心，或主张以公民教育为中心，或竟主张以休闲教育为中心。在我看，这种争论是大可不必的。教育必须与人生相呼应。人生不止体健，不止职业，不止休闲，不止精神，不止公民性，而这些又都是参互错综，如环无端，无有主从。大家认清了这一点，无谓的争辩，就会停止了。平教会在定县采行了十年工作计划，分为三期，第一期三年，主要实验工作为识字教育，第二期三年，主要实验工作为生计教育，第三期四年，主要工作为公民教育，惟卫生教育，则在此三期之中与各部主要工作连锁并重，同时进行（晏阳初：最近一年之定县平民教育）；江苏教育学院之各实验区亦各就中心事业分别，如政治教育之黄巷，生计教育之高长岸，休闲教育之崇安寺民众茶园，图书教育之江阴巷民众团，健康教育之实验卫生模范区，语文教育之惠山实验民众学校。在我看都是不甚合适的。

七、要明白同一活动，同一教材，均可以获得多种不同的教育效果，常人的见解总以为我们乡农学校的课程；历史地理是教人知识；造林凿井，是教人技术；精神陶炼是教人品评事物价值的鉴赏能力；就因为他们不晓得各种学科都有这数种的功用，每种学科都能达到许多不同的教育目标的缘故。请以与乡农组织林业合作社从事造林为例。在这事情里，我们可以教乡农知识，也可以教他们技术，还可以教他们品评事物的欣赏能力的。换句话说，这事情可以算做生计教育，亦可以算做公民教育，精神教育，健康教育，休闲教育的。

八、要明白人类经验、自然资料所具变化乡农行动的力量，大小各异。故吾人选取教材宜视其比较价值为何如，书籍万万卷，事物万万种，如果没有比较价值的观念，不分皂白地来教学，那末，我们的乡农教育岂不成了一种太繁琐、太无聊、太苦恼的事情吗？国学、史地、精神陶炼、自然科学、农业常识、乡村问题，都要列入乡农学校的课程。各科的分量多少该怎样？每科内容的取舍标准又怎样？这都是有待审慎考究的。

九、要明白教育所以教人不是教书，故教材之选择、组织与运用，概须以乡农生活的经验与需要为基础，不宜削足适屦，强勉进行，以致减杀其兴趣，阻抑其生机；换句话说，任何设施，皆当激刺乡农、引发乡农，使他们能以最高的努力反应，求获最好最大的生长与发展。

十、要明白乡农学校课程的出发点是乡农生活，不是书本文字，也不是办学者的高远理想。一切教学的计划凡与乡农的经验兴趣远隔者，我们都应当设法使他从乡农生活的切近处起首，逐渐引发至较远较高的目的。所谓"行远自迩，登高自卑"，就是这个道理。教育是生长，是一个历程。它里面的事情，无论是知识、是技能、是理想、是欣赏之力，统都是逐渐的发展与扩张起来的。它的进行决不能躐等，不能飞渡。它有如接木，必须与学生的生机（即学生的经验与兴趣）接得头起，才能生出新的嫩芽。否则好比插花瓶中，栽树石上，岂有生理！

十一、要明白乡农年龄不齐（我们当初规定的是十八岁以上四十五岁以下；实际则十二三岁的童年，七十八岁的老翁，都有来乡农学校就学的）、程度不同（以认字论，低者一字不识，高者则旧的有前清附生，新的有高小或初中毕业生）、智慧不等、志望不一，故教材内容须能伸缩，编制也须活动，以期适应各不相同的需要。

十二、要明白乡农教育不是小学教育。小学教育，是普通的教育，不是专门的教育。小学课程应具有适切一般社会生活的普通价值。其他关于男女的、专业的、社会的特殊事情是可以不必列入课程的。今日中国的乡农教育，一面须尽普通教育的职能，一面还须兼任专门教育的工作。举例说：教认字、教公民、常识，那是普通教育的事情；教农业改良、教合作、教自卫、教农村问题，又都是专门教育的工夫了。因此在乡农学校课程里，有小学所用的材料，有中学所用的材料，也有大学所用的材料。学生的程度是高高低低不齐，教材的内容，也深深浅浅不一。而且小学教育的对象是儿童，儿童不识文字，也缺少人生实际的经验。乡农教育的对象是成年农人，成年农人虽多不识文字，却是都有些人生的经验——好的或坏的。因此小学课程的内容不能不浅近，而乡农学校的课程则当有浅近的，亦有高深的。小学里比较地只须着意扩张儿童的经验，乡农学校里则一面须扩张乡农的经验，一面还得矫正他们所固有的坏经验。

十三、要明白乡农学校对于乡农的一生的问题，是无从一一预先解答的。十年二十年后的事情，我们是无从一一准备停当，教导他们的。因此我们在乡农的实际活动上必须注意引发乡农的生机（增进智识、激励精神、补益技能、发展组织，都着意在引发生机），不要仅仅注意增加他们的字汇。大家不要为了言语文字的缘故，用力太多，反把其他重要工作忘记了。换言之，乡农教育是要增进乡农个人的和团体的适应力，不是要乡农多读几本教科书，或多习几种学习的工具。乡农学校里应注意教师与学生，学生与学生，人生经验的交换，不可仅仅要乡农死板板的多识几个字，多记几句文章。

十四、要明白本国民族的特殊精神和文化是什么？设法引导乡农了解它、欣赏它，并使他们能够参加这种精神和文化的生活，使它发扬而光大。举例说：孝弟勤俭是我国民族固有的精神，也即是乡农教育应有的精神。孝弟使人与人能和气；勤俭使人与物能宰御。前者是要社会组织人本化，后者是要生计事业科学化，从事乡农教育的人决不能把这种民族的宝贵遗产，奉如敝屣的。

十五、要明白此地是什么地方，此时是什么时候。我们一面要尊重自己，尊重中华民族，做个健全的中国人；同时也须引导乡农在此时此地，在新时代大社会里做个健全的份子。

十六、要明白乡农及教育学校所在地的特殊环境，优点何在？缺点又何在？实际的困难何在？紧逼的需要又何在？凡一切教学活动、教材选取，皆须针对此种特殊环境，为最有效最合理的适应。比方，在多荒山的地方提倡造林，在多土匪的地方注意自卫就是。

十七、要明白乡农身心发展的详情，有何种长处应加培养？何种短处应加改正？并且研究培养它，或改正它，须用什么材料，取什么方法？克伯屈说得好："编制课程有两个要点：一是要了解学者固有的原始的或后获的兴趣；一是要了解如何能刺戟它、引导它、指示它，使能生长"。大家要乡农教育必须了解乡农。

十八、要明白乡农教育成绩的高下，当以培养本地人士自学自强自治自助的能力大小为尺度。故一切教学活动，吾人应自己处于顾问咨议般的实的地位。我们要引发他们自己动，推进他们自己动，样样事情都要他们自己做主动。不要由我们一推一动，再推再动，不推不动。这里，大家千万不要性急，不要以为乡农是绝对消极，永不发动的。我们知道：人的本性就是活动。健康的人没有不渴求机会，接受刺激，喜做种种活动的。而且我们必须注意，在乡村建设的长远工作中"用官不如用民，用民不如民自用"这句话，到如今，依旧是真理。

十九、要明白我们的教育是要教乡农做人中人，不是要教他们做人上人，亦不是要教他甘做人下人。我们要使乡农在他自己的社群里，能有共同合作的活动，并使每个人都作一部分的贡献，负一部分的责任。从此使得他们深切了解他自己便是这社群里共同生活的分子；并了解他自己是尊严的，他的朋友们也尽是尊严的。我们编造乡农学校的课程，必有悉心规划，引导乡农了解而且信奉自立立人、自达达人、自治治人、自助助人的崇高理想。我们要有贤明、健康的富裕乡农；也要有贤明、健康、富裕的乡村社会。如果我们的教育只能教学生独善其身，独强其身，独富其身，而不能与人为善，与人为强，与人为富；那宁算是我们的失败，不是成功！

二十、要明白乡农学校的课程，不宜但满足乡农一己暂时的需要，并应引导他，使他注意大众生活久远的价值。这种价值就是人类的现实生活所赖以维持，将来进步所资以促成的。

二十一、要明白乡农教育的范围不能囿于学校的围墙以内。举凡乡农生活所在的家庭、邻里、宗族、帮会以及其他社会组织，统是我们的教育活动的场所。多数乡人每年入校不过数月，每日就学不过数时，校内教育的力量，对于他们是极为微弱的；要有恒久而巨大的教育效力，大家不可不注意整个的乡村建设。而且在我们看来，乡村建设就是乡农教育，也才是乡农教育。乡农教育如果没有乡村建设，是没有内容，也没有目的的。我们的校地是整个学区，我们的师生是全体村民，我们的活动是要指导全区村民生活的进行与改善。

二十二、要明白乡农学校教材的组织，必须含有下列的三个要点：（一）是生动的疑难和问题，（二）是富于暗示的适切的实施计划，（三）是精要的概括的论断和说明。比方，土匪蜂起，大家不能安居乐业，生活上有大问题。这是第一点。匪来、逃避不是办法，欢迎亦非办法；请兵保护不是办法，听天由命亦非办法：然则该当怎样？思虑的结果，决计办团自卫。乡团如何组织？如何训练？款如何筹？枪如何备？这些统须参酌前人的经验，观摩他处的成法，以厘订适切我们自己应用的最好的计划。这是第二点。乡村自卫的基本理由是什么？办乡村自卫所应注意的要点该怎样？这里也须为扼要概括的说明。这就是第三点。当然，这样的教材组织，是要教师善为活用，不能呆板的。

二十三、要明白学校课程是活的。社会需要变，或学科本身变，皆足变更学校课程的内容。课程的变动不居实有必然的趋势。是以，我们编造乡农学校的课程须时时刻刻在试验与改造之中。教材当常为某一校或某一教师的新鲜的出产品。富有活力的教师，自当时时注意寻出教材不适当的处所而自行改正的。

二十四、要明白学校课程的改组，须以渐，不可骤；须继续逐项修订，不可遽然全部变更。这里，大家须得审慎考虑对于各项教材，每一小点的去留，皆应估量其价值，而定其对于全部课程与乡农需要的关系，切不可专骛新奇，随意更动，致乡农生活陷有虚浮迷乱的状态。

总之，乡农学校的课程，就是引导一乡农友圆满生活的历程。它以当地农友生活的资料为资料，问题为问题。它也即以当地农友生活的方法为入手的方法。它是乡农生活的经验继续扩张，积极改造的历程。它是引导乡农继续适应生活环境，改造生活环境的历程。它的机能是在"推动社会，组织乡村"；它的目的就在"培养乡农生活的力"。朋友！请您听取这一点；不然，您的教育设施也会与通常的学校教育一般，迷了途或竟是忘了本的！

二十一年双十节于山东邹平

乡农学校的学团编制

杨效春

"学级"是一般学校的教育辞典里通有名词。我们的学校对于学生的编制只有许多有定或无定的各种部，各种团，各种会，或各种组合，而不必有所谓"学级"。"学级"这名词在我们的教育辞典里是可以不用的。我们的学校没有什么一年级，二年级，三年级，也没有所谓低年级，中年级，高年级。因为我们的学校根本没有修业期限的规定，亦没有"始业"和"毕业"期间的限制。而且她是根本只准备给大家做事情，学本领，谋生活，不准备给任何人以资格与文凭。

我们的学校究竟该当怎样编制呢？这个问题的解答，依我想，大家该先注意下列的几件事：

第一是"谁教"？谁是乡农的导师？我想，除开乡村运动者为当然导师外，校长，校董，学校所在地的县长，区长，乡镇长，士绅乃至外来参观的人士，都可以做我们乡农的导师。乡农和乡农也尽可互相教学，互为导师的。

第二是"教谁"？这个在我们的学校里，严格的讲，该当是乡间忙活的成年农人。

可是目前各校因事业及事实上之需求，我们的教育对象已经是各校学区内的全体人士了。我们可以这样讲吧：乡农学校有狭义的学生，就是报名入农学的成年农人；还有广义的学生，就是校区内的全体人士，连县长，区长，乡镇长，校长，校董，及乡校运动者自身都在内。

　　第三是"为什么教"？直截了当的回答是"推动社会，组织乡村"。这便是说我们的教育主旨：从一面看是整个的人生再造；从另一面看就是整个的社会建设。

　　第四是"教什么"？简单的回答，就是要教关于乡村建设的各方面的事项。比方说：经济的建设，政治的建设，教育或文化的建设。

　　第五是"怎样教"？我们的答案是：教的法子要依据学的法子，学的法子要依据做的法子。事情怎样做，就怎样学；怎样学就怎样教。教与学都要以做为中心。

　　这样讲，乡农学校的学组，或学团宜如何编制，确是很难解答的问题了。我们大家来到乡间与成百成千乃至成万的乡人在一处，共生活，相教育，而我们又想以此种教育的力量推动，辅助并指导大家进行乡村建设的各项事业。这里面人与人，事与事，人与事的编配组合，当然是很烦难，又很繁杂。但是这里面并不是绝对没有办法的。现在请进一步和大家谈谈我们的学校在学团或学组的编制上可以采用的几种办法。

　　一、我们知道：教育是一个人生来便有的权利。乡间的女人与男人一样需要人生的教育。乡农家妇女要求入学，我们是没有理由拒绝的。我们知道：乡村社会的基本单位是家庭。而健全的家庭组织须有良好的男人也须有良好的女子。我们为求乡村社会的组织健全起见，亦不能不设法教育农家的妇女，而且经验告诉我们：乡间妇女并不是不喜欢求学的。北方乡间的风俗也不是绝对不许妇女入学的。我们初次在邹平各乡区试办乡农学校的时候，几乎每个学校的教室门外都有妇女要求旁听的。我们在郭庄，夏正元宵前后，那庄的妇人们还要求我们特别给她们几回讲演咧。郭庄坊子各校的妇女班开学的时候，统有许多女人来上学。贺家庄的妇女讲习会开会的晚上，也有不少的女人来听讲。因此我们的学团编制就学生的性别说，可以分设下列两股：

（甲）男子教育股

（乙）妇女教育股

乡间成年男女的教育，一般说，是可以分别设施的。例如男子学军操，女子学看护；男子学凿井，女子学养蚕；男子学改良农作，女子学养儿，烹调，缝纫等家事。即便如识字，卫生，机织等事虽属男女同可以学，统应当学；而我们为应乡村社会的习俗，概为分别教学，也比较妥当的。其在儿童部男女同学实较为便利。

二、我们校里学生的年龄，在招生的时候虽曾规定为十八岁以上四十五岁以下的壮健农人，可是除今年各处自卫班的学生年龄适如原有规定外，各校实有的学生的年龄是参差不齐，差别很大的。上次邹平各校的学生有十三四岁的童男，也有七八十岁的老翁，而且郭庄，成庄，贺家庄，鲁家泉，下娄庄，南石庄等处都添设儿童部，那里面是有五六岁的小孩的。原来我们的计划是单教壮丁，不教儿童。凡是儿童都盼望他们进小学去。可是事实，各处失学的儿童叩门而入，我们苟是"余勇可贾"或则"有法可想"，亦何忍听他们"乘兴而来，扫兴而去"？尤其出乎我们意料之外的，各处乡庄尽有许多"耄而好学"的老先生，天天要求随班听讲哩！教育是没有年龄限制的。乡村建设的事业也须得大大小小，老老少少的各式乡人来进行来维持，来继续推展。因此，我们的学生有老翁，有壮丁，有青年，有儿童。我们校里的编制也就可依学生的年龄的老少而分立以下各部：

（甲）儿童部如托儿所，儿童生活园，儿童健康比赛会等。

（乙）少年部如少年补习班，青年励志会等。

（丙）成年部如自卫班，凿井班，农余补习班等。

（丁）耆老部如特别班，耆老会等。

三、乡农学校的学生程度不齐。有目不识丁的，有略识之无的，亦有文理通顺，学识优良，已受完小学或中学教育的。普通的学校教育有限制，有止境，我们的教育无限制，无止境。目不识丁的农人来入学，我们固然是欢迎；假使程度已高，本领已好的大学生，博士，硕士，认为我们也有些地方可以教他而要来入学，我们力所能及，也还是欢迎的。因此，我们的编制，依学生程度的高下，就粗分为二部：

（甲）高级部暂定小学毕业程度之乡农入之。

（乙）普通部未完国民教育之乡人入之。

可是目前第二区民众学校普通部自卫班中的学生，还有上次郭庄民校高级部的学生咧。他在军事训练或乡村自卫组织的工作上要从头学起，我们就不能不如此办理的。

有的学校仅设普通部，有的学校则兼设高级普通两部。这均是规模较小，人数较少的学校适用的编制。若在规模宏大，学生众多，而程度更是参差不齐的学校，则宜有更为精细的分组。比方说，高级部甲组，高级部乙组，高级部丙组。普通部亦类此。这里请大家注意二事：（一）即所谓"高级部""普通部"并不是鸿沟为界，截然可划的。（二）即各部各组教育活动，有时候还是可以打并在一起，不必一一尽是分别或隔开进行的。例如二区民校新建校舍的时候，全校师生确是一同参加帮工的。而学校培植纪念林的时候，无论播种栽培或灌水，统是两部师生共同参与的。总之这两部有分开教学的时候，亦有合并工作的时候。

四、我们的学生来历不同：有全未受学的乡人；有曾经入学未完国民教育的学生；有曾受私塾教育两年三年乃至八年九年或会中"秀才"的士子；有已受新式教育，有志深造，无力升学的青年；有农夫，有商贩，有牧人，有石工，有塾师，有乡镇长，有小学教员。这里请大家注意：他们之中不仅有所学程度的不同，而且有所学事物的殊异。人的教育必须因材施教。我们的学校对于履历如此不同的学生，必欲一一尽其适当有效的教育职能，则此中编制可以分设下列各股：

（甲）基本教育股。是为完全失学的人设立的。

（乙）补习教育股。是为曾经入学而智能低浅的人，给以补充学识及技能的机会而设的。

（丙）改正教育股。是为曾受畸形教育的私塾生徒而设的。

（丁）高等教育股。是为农村好学不厌有志深造的人士设立的，如科学讲座，国学研究会，图书馆等。

　　五、我们的学生家境不同，执业不一，其各人闲暇时间之多寡也参差不齐，有能整天来校的；有能在每天之上午或下午来校的；亦有在一天之中仅能来校一点半点乃至一刻钟，且何时来校又不一定的。乡村社会没有像都市里工厂的汽筒，有一定的时间吹汽，叫大家上工或下工。乡间农人每天的生活是没有刻板规律的。有的农人，正业以外还有副业，农事以外还有"家事""公事"。他们一年到头，一天到晚，总是很忙，没有甚么闲暇的时间，但亦不是绝对没有闲暇的。这样忙活的乡农要进一般定式的学校上课求学是不可能的。可是我们大家都得明白：支持乡村社会生活乃至乡农学校的就是他们。而我们大家要想改良农业，增进生产，推动社会，组织乡村，做这种种工夫也就得向着他们瞄准的。这便是说：乡间忙活的乡农才是最需要教育，也是最值得教育的。因此，定式的教育要学生就学校，而我们的乡农教育则是以学校就学生。我们的学校，为就各种学生求学时间的便利，可以采用下列各种的编制：

　　（甲）全日制如农闲学级，自卫班初期训练。

　　（乙）半日制如少年补习班。

　　（丙）钟点制如早会，夜班。

　　（丁）不定时间制，随到随教，如问事处，问字处代笔处。

　　六、农家的生活是有季节性的。从事乡村建设，指导乡农生活的教育就得适应季节的推移而有因时制宜的设施。我们的教育，主要的事情，是要教人做事、不是要教人识字。在我们看来，做事与识字在人生教育上的地位做事是主，识字是助；做事第一，识字第二。因此我们主张某项事情应在什么时季做，即应在什么时季来教学。我们的编制即可因时季而不同：

　　（甲）春季学组——如造林运动，农业推广运动及蚕桑班。

　　（乙）夏季学组——如卫生运动及稻作班。

　　（丙）秋季学组——如农村合作运动（运销合作及合作仓库

等）及园艺班。

（丁）冬季学组——如识字运动，清乡运动及自卫班。

七、乡农学校的活动有宜在白天举行的，亦有宜在夜间举行的。是以我们的编制就日夜论，可以分为二种：

（甲）宜在白天的活动组合如儿童班，妇女班，运动会，全区校董会议，各区自卫班大检阅，特约农田的就地指导。

（乙）宜在夜间的活动组合如成年夜班，电影，幻灯，音乐会，明月会，巡逻打更。

八、乡农学校的工作有宜天天连续学习，不可间断的；亦有可以间天、间过或间一月一年举行一回，而勿须终年不断、连天举行的。是以我们的编制，因工作性质的需要连续与否可分为二：

（甲）连续时间性的活动组合，如识字班、珠算班、国术团等。大家最好是天天按时学习不宜中断。

（乙）间断时间性的活动组合，如造林运动、机织合作、运销合作及农品展览会等。集会或每周一次，或每月一次；或两月三月一次，或每年一次，不必长年之中，天天举行。

九、乡农学校的活动有为一般乡人所宜共同参加的；亦有为某时某地某部分人士所宜参加，而不必一般乡人全体参加的。前者在教育上为乡农社会尽其统一的作用；后者在教育上为乡农个人尽其鉴别的作用。因此，我们的编制以活动事项之差异，参加人士之不同，而分为普通的组合与特殊的组合两种：

（甲）普通的组合如卫生运动、公民运动救国运动、新年同乐会等。这些活动统是应当盼望学区以内的全体人士参加的。

（乙）特殊的组合如在匪区设自卫班，区内壮丁应加入受军事训练；在蚕区设蚕事班，区内妇女应加入学习；在山区设森林班，林业合作社之社员应加入学习；在棉区设棉作及棉花运销合作社，植棉之家应当加入；在城市附近之乡区设园艺班，有园地的农人应当加入。此种组合不必处处遍设，亦不必时时常设，更不必人人统是加入工作的。

十、乡农学校一面须有固定的地址，一面亦须有流动的设施。有固定的地址则我们的食宿、工作、休息，概有一定的场所，各处乡人要与我们集议接洽，或有所咨询，亦有一定的地点；而我们要以学校式教育训练后生或作较精细的统计、分析、研究等工夫都比较便利。有流动的设施，则我们的工作力量才能够推广，才能够深入民间，也才能够遍及全学区内的各村庄，而各项建设事业亦不致囿于一隅，乃至囿于校内的少数学生的教学事务。我们大家对于校内的学生是得好好教导的。但大家的眼光不宜仅仅注意校内学生的教导。大家必须记得，区立乡农学校是全区乡人所办，也为全区乡人而办，它的经费是全区乡人供给的。它的任务是在推动全区的各项建设事业。目前所谓"全区"，如邹平县例，每区可有六七十个庄村，三万至四万的人口；而每区乡校，普通仅有一座。这一座乡校只能设立在一庄，直接教导数十乃至数百的乡人。如果乡校导师（即乡村运动者）的眼光仅仅注意于学校以内少数学生的教学事务，那实在可以说他们是"知其一不知其二""见其小未见其大"的。我们的校内学生，在乡村建设事业上，对于我们是后继者，对于一般民众是宣传者，对于事业本身又是实行者。他们的教导是要紧的。可是全区乡村社会事业的推动、辅助和指导，是尤为要紧啊！因此，乡校导师一面须能尽心教导校内的学生，一面并能尽力策励全区的人士。乡农学校一面须有定着的组织，一面也须有流动的设施；这两件事在乡村建设全部事业上，得是相成相助，各有其用，而不可偏缺的。是以乡农学校的编制，又可分为固定的组合与流动的组合两种：

（甲）固定的组合，如少年补习班、合作社、医院、图书馆等。

（乙）流动的组合，如巡回文库、巡回医生，及各项专科巡回指导员（例如农事指导员、凿井指导员、机织指导员、合作组织指导员）等。

十一、乡农学校的教育就是人生的教育。它不像普通学校一般，教师和学生统只是在"书上见、心上想、口上说、纸上写"做工夫。乡农学校的师生要在"山上造林、地上种麦、机上织布、河上架桥"，做这种种实务工作的。它是以生活为教育，业务为教材，社会为学校，天地为教室。他的使命是整个乡村社会的改造。它的活动自然不能囿于学校教室以内了。事情宜在什么地方做，就宜在什么地方学，也就宜在什么地方教。它的教育是有宜在室内举行的，亦有宜在户外举行的；因此，它的编制依教育活动地点之所宜，亦可分二种：

（甲）室内的活动组合，如养蚕、机织、家事等。

（乙）户外的活动组合，如造林、凿井、凿泉、野操、耕种等。

十二、乡农学校的编制，依施教的方式不同，又可分为两种：

（甲）学校式的组合，如少年补习班。

（乙）社会式的组合，如林业合作社、运销、信用、消费等合作社，及各项运动等。

十三、乡农学校的活动有恒久或长期性质的，亦有临时或短期性质的。因为有的事情不做则已，一做必得继续进行一年二年乃至十年二十年才可奏效。有的事情本是偶然发生，不是常有的。事情来了不能不设法处理；时过境迁事情就完了，为那事情而有的组织，自即可以撤销。因此，我们的编制亦分设恒久的组合与临时的组合二种：

（甲）恒久的组合：林业公会、机织合作社等。

（乙）临时的组合：防疫委员会、战时妇孺救济会等。

末了，还有几句话要在这里说明：

第一、乡农学校的各种编制，都只为增进教育效率，不是为翻花样、闹玄虚、博取参观者的惊异。我们要求实效，不要求虚名。

第二、乡农学校的各种编制，都只是学校全部构造的一面。每种分组都须与全部构造为有机性的联络，不宜使之分裂或散乱。

第三、各校的编制应依各校的情境而定。各校处境不同，时间不同，或参与教学的人不同，其中编制都宜随之伸缩或变通。

第四、乡农导师必宜时刻注意使自己和众人，在此种编制中，有最善的努力，获最大的效果。换句话说，他须善于安排众人，安排众事，并安排自己的时间和精力。

第五、乡农学校的事业，可以有实而无名，不可有名而无实。有若于事业即可用乡农学校的名义去进行，不必另立许多名目，添置许多机关，以骛新奇、炫世俗。

乡农学校的活动

杨效春

乡农教育，从一面看，是整个的人生教育；从他面看，也就是整个的乡村建设。乡农学校的活动也就是人生教育的活动，也就是乡村建设的活动。

人生教育的活动，大别可分为六项：即健康教育、生计教育、公民教育、精神教育、休闲教育，及语文教育是。乡村建设的活动可分为三大方面：就是经济一面，政治一面，文化一面。在我们看来，这两件事——乡农学校的人生教育与乡村建设——实际就是一回事；是一而二，二而一的。它俩彼此不能分离，不能割开的。强为分开就会失去这回事自身原来的根本意义。我们的教育就是我们的建设，我们的建设也就是我们的教育。我们认为教育没有建设，是没有内容的；建设没有教育也没有生机。大家可以这样说吧：我们是在建设上实施教育，从教育里推动建设。试作一图来表明这回事的双重关系（见下页）：

这里，请大家注意表上：生计教育与经济建设间线，公民教育与政治建设间线，精神教育与文化建设间线，这三条线是实线；其他各项教育与各项建设间之线，统是虚线。这是表明目前我们的经济建设特别重视生计教育，政治建设特别重视公民教育，文化建设特别重视精神教育。

现在，请进一步依据人生教育的体系，说明我们的乡农学校各

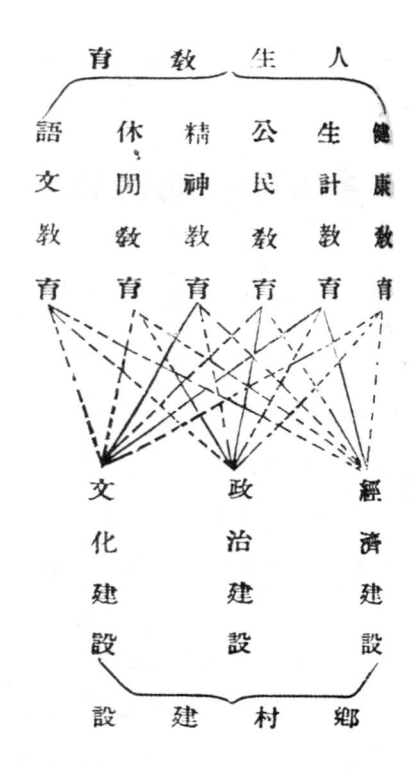

```
                    人 生 教 育
        ┌─────────────────────────┐
        健   生   公   精   休   語
        康   計   民   神   閒   文
        教   教   教   教   教   教
        育   育   育   育   育   育
                    │
              （交叉虛實線）
                    │
           文        政        經
           化        治        濟
           建        建        建
           設        設        設
        └─────────────────────────┘
                鄉 村 建 設
```

项活动的旨趣和方法：

（甲）健康教育活动，是以引导乡人注意个人及公共卫生（知识及习惯）同登寿康之域为主旨。它的活动方法可有下列各种：

1. 卫生运动：卫生比赛、防疫运动。
2. 健康比赛：体格检查、砂眼检查。
3. 模范家庭：家庭卫生检查。
4. 大扫除：改良厕所、整理垃圾堆、肃清道路及沟洫。
5. 放足运动。
6. 拒毒运动：用联信法禁种、禁售、禁吸。
7. 灭蝇灭蚊运动。
8. 国术团：山东乡间尚武之风未绝，稍加提倡，即可复振。吾人主张儒侠合一，于此等处，最宜注意。
9. 乡村医院。

10. 定期巡回发生：其日期可依各乡镇之赶集日期为准。

11. 定期卫生宣讲：如于立夏前后讲"夏季卫生"，仲春及仲秋讲"种痘，防天花"。主讲者为教师或医生，此种宣讲，亦可与卫生运动，防疫运动等联合举行。

12. 保婴会，儿童幸福会，婴儿健康比赛会：山东各乡镇重男轻女之风甚盛，对于婴女，每加虐杀，或贱视。吾人宜设法劝导，变更此种风习。

13. 健足团，旅行名胜古迹，或上山获取野兽。

14. 农间运动大会：竞走，跳高，跳远，角力，比拳，打靶，玩石锁，扛石担，龙虎门，推车赛快，长距离赛跑等。

（乙）生计教育，或称生产教育，或称职业教育。名称虽是不同，它们的意义，实际是大同小异的。我们叫它"生计教育"，因为这名词，比较能够涵盖我们在这方面的教育设施所有的意义。我们的生计教育与我们的经济建设实际是异名同实的一件事。它的活动是以提倡合作，推广科学农业，增进农村生产，改善农人生计为主旨。它的做法是：

1. 提倡各种合作社。现在邹平已有机织合作，造林合作，梁邹美棉合作，养蚕催青合作，烘茧售丝合作，看坡合作等组织。信用合作，就是附设在各项生产合作事业里面的。第二区民众学校新在规划缝纫合作，水利合作及仓库合作等。缝纫合作社一面是欲代销各机织合作社所织的布匹，一面是可代制各校师生的制服或各乡人民的便服。水利合作社的重要工作是（A）凿井（B）凿泉（C）浚治黛溪河杏花沟及其支流（D）开发浒山泊。仓库合作社是要调剂农村的粮食与金融。

2. 造林运动。邹平二区多山，自去年（民国二十一年）起已成立林业公会八处，今年新近又添四处。我们盼望沿山各庄遍立林业公会，未立者设法创立起来，已立者设法充实并扩大林场。"十年树木"，我们必使我们的同志足迹所至，原有的荒山一起长成森林！

3. 纺织运动。我们是想用这个运动，使乡村社会能够和都市争人口并争金融的平衡的。工厂制崛起以后，家庭工业毁坏了。结果便是农村人口的逃亡与农村金融的枯竭，农村的家庭一一破坏，乡村建设是无从做起来的。以合作的方式使农家固有的纺织事业健全起来，实在是我们的一种紧要工作。邹平现有机织合作社两处，成败参半，揆其失败者之原因，或因世界经济恐慌，外货倾销；或因社员对于合作意义尚未明白，不善经营之故。不能因此就说机织合作的事在农村是绝对难以成功的。

4. 农业良改。如猪种改良，鸡种改良，蚕种改良，棉种麦种改良，农具改良，土质改良等。

5. 农业推广。如推广波支猪种，寿光鸡种及梁邹美棉是。

6. 农事表登场。

7. 特约农家。本院在邹平推广梁邹美棉即先以产棉区域内民众学校之学生为特约农家，逐渐推及一般农人。

8. 农品展览会（详见乡村建设旬刊第一第二两届农品展览会两大专号）。

9. 农品或农具陈列室。

10. 农业补习班。

11. 农家副业指导所。

12. 农业或家庭工艺指导员。本院在邹平各乡区造林，凿井，机织，蚕桑，棉作诸事均有专员巡视指导。

13. 农村青年学艺所，如木工，金工，机织，缝纫，编席，编筐，制草帽，制磁瓦等。

14. 农业讲座。

15. 农业改进会。

（丙）公民教育亦可名为政治教育。它的活运是以引导乡人治理家庭，协和乡族，逐渐推广使能留意政治，爱护国家为主旨。我们的朋友曾有人主张乡农学校完全依据古来的乡约来办理。我以为乡约只是我们的公民教育之一面而不是全体；而且乡约只可以为我们的公民教育的基底，绝不能说我们的公民教育前途事业就尽于此。要乡人整理家庭，协和乡族是乡约之所事事，要他们留意政治，爱护国家就不是乡约所能为力了。我们的公民教育要乡人能够爱家庭爱乡里，还要乡人能够爱祖国爱民族，这是大家应当注意的。乡农学校公民教育的作法可以有下列的诸种设施：1. 家庭教育研究会，2. 家庭问题讨论会，3. 家事展览会，4. 息讼会（调解委员会），5. 联庄会（自卫训练），6. 消防会（救火会），7. 禁烟会，8. 禁赌运动，9. 修路委员会，10. 清乡运动，11. 国庆纪念会，12. 国耻纪念会，13. 御侮救国会，14. 公民教育运动，15. 政法研究会，16. 时事报告及讨论会，17. 史地教学。

（丁）精神教育亦可称为文化教育，以引发乡人自立立人、自达达人、自助助人、自治治人之志趣，发扬民族精神，促进世界文化为主旨。这里我们认取三个要点：第一，我们确认人类是有精神生活。我们以为人类因有精神生活，人生才有意义，教育才有意义，一切建设活动事业，亦才有意义。我们不是唯物论者。第二，我们确认中国民族依然是世界上一种优秀的民族。孝、弟、忠、恕、勤、俭，凡吾民族所固有的美德，依然有为其他民族所不及之处。而吾国乡间民俗的重理性、爱和平的精神，也不是逞强霸、尚争斗的东西洋人所能企及的，请大家不必因为我们一时军事或外交上的失败，就以为我们自己是劣败的民族，丧失民族的自信心。未来世界的改造与进步，有待吾中国民族的贡献的处所真是多着啊！第三，我们确认精神教育或精神修养的事，不是少数士绅或圣贤豪杰专有的奇迹，乃是平凡大众日常生活所必需的共同须有的事情。农人生活不只要吃饭活着，并要求明白他们自己所以活着的意义与价值。换句话说，他们也要求他们自己所以安身立命的道理的。这正如孔子所说："民无信不立"。我们的乡农学校十分重视精神教育，这是大家所不宜忽略的。精神教育的作法，我想可有：

1. 精神陶练，于早会或晚会行之最好。
2. 中华民族故事讲演。

3. 少年励志会，青年生活团。

4. 忠义社，急公好义，生死一致，借以开通风气，刷新乡俗。

5. 进德会。

6. 日新会，会员约定每人每日须作一定功课，无故一日不作者一日不食。

7. 风俗改良会，如婚丧中之陋习，废时耗财又不近情理者须相约革去。

8. 乡村礼俗研究会，古今中外之乡间礼俗有何不同？为何不同？并探究其得失利弊而兴革之。

9. 破除迷信运动。

10. 赈灾运动。

11. 河堤抢险工作，

12. 匪患期中之守望相助工作。

13. 国难期中之救国运动。

14. 战区人士之妇孺救济及伤兵医护工作。

（戊）休闲教育，亦称娱乐教育。人生需要休闲，需要娱乐，这是无待说明的。休闲娱乐，需要教育指导，庶可使之无弊害，或竟有裨益，这也是无待说明的。我在这里要请大家注意的是（一）乡间农人与都市人士一般需求适当的娱乐。（二）中国乡俗旧有季节如端午，中秋，重九，清明，在农民生活上有重大意义。农民每逢此种节期热烈参加各种活动，主要的作用是休闲娱乐，不是佞佛迷神。（三）乡农的休闲娱乐，亦往往需用时间与金钱，但我们不能因此就禁止他们的娱乐。都市人士的听戏，跳舞，看电影下至看赛狗，其废时耗钱比乡农一生所耗废的，普通论，当有过之无不及，全国上下，到如今是未闻加以禁阻的。（四）乡间的娱乐，取土产旧有的加以选择，改良，或补充，也尽可使得。它们是较能适合乡农之脾胃的。不一定要搬运洋把戏过来，才算是文明。乡农学校休闲教育的主旨是在引导乡人摒绝有害的娱乐习惯，运用正当的消遣方法，并培养他们能够活用休闲时间与众同乐的兴趣。它的作法是有：1. 农民同乐会。2. 新年团拜。3. 元宵玩灯。4. 清明踏青，放风筝。5. 端午赛船。6. 六月六大扫除，休沐。7. 七月七纳凉会，8. 中秋赏月。9. 重阳登高，观赏秋色。10. 双十国庆。11. 秋收后，演剧酬神（实际是酬忙劳多时的农人），并开农品展览会。12. 冬暇试枪习武。13. 除夕围炉，团聚。14. 音乐会，弹词，道情，昆曲，京戏。15. 游艺会，歌谣，双簧，戏剧，科学表演。16. 留声机。17. 电影，幻灯。18. 西洋镜。19. 谈心会。20. 中心茶园，说书，下棋，大鼓，谜语，笑话，台球，口技。

（己）语文教育，语言与文字的活动不是人生基本的活动，可是它们已经成为人生非常重要的工具，人类越见进步，文化越见繁杂，语言文字的教育也就越见重要。我们的乡农学校不是以教文字除文盲为主要的工作，可是我们为应农人生活之便利需要，亦不能不以语文教育为一种重要的工作。语文教育的主旨是在引导乡人了解普通语言，扩充常用字汇，并能运用语言文字，与人交换观念，便利日常社会生活。它的作法有：1. 农闲学级。2. 农人识字处，日揭新字若干，并为注音注解。3. 农人问字处。4. 代笔处。5. 壁报。6. 阅报室。7. 图书室。8. 流通图书处。9. 演说会。10. 谈话会。11. 辩论会。

末了，还请大家注意：

一、各项教育活动实际只是一件大事情的各方面活动。分开说是六项活动，实在只是一件事。而且这六项活动彼此之间不是截然界分的。举例说：拒毒运动自禁烟卫生之意义言，可视为健康教育；自戒绝恶习之意义言，可视为精神教育；自节省滥费之意义言，可视为生计教育；自国家名誉，国际地位之意义言，亦可视为公民教育。再如军事训练，自锻炼体格上讲，可视作健康教育；自团结自卫上讲，可视作精神教育或政治教育。其他活动类此。不必一一枚举。

二、各项活动的促兴，应先注意引发当地人士自觉其需要，要他们自己能够做主动。乡村教师可加以辅助或指导。但绝不可代庖！

三、促兴一种事业宜注意唤起乡农奉公好义之心，不宜轻用利害观念来引诱。缩衣节食以赈灾，躬冒矢石以御匪，全赖大家一团忠义之气之鼓荡。斤斤计较利害祸福的教师，只能教乡人有利兴福则相聚而争，见祸与害则各作鸟兽散，企图幸免而已。

四、凡事不能全是有利而无弊，亦不能全是有成而无败。乡农导师要促与一事，须先把其事之成败利弊，审虑一番；并以自己预见所及。一一据实告知乡农，如何是利？如何是弊？如何可成？如何将败？使乡农事先亦能通晓其事之成败利弊，而毅然赴之，不致中途偶有挫折，即垂头丧气，怨天尤人。造林、凿井、机织、垦荒诸事皆值得提倡。但大家提倡这些事情，一面宜大胆，一面也宜小心。乡村建设的事情不宜以欢喜之情，浮动之气，急功近利之念来干的。

五、各项设施须适应当地的环境：如邹平二区多山，宜于造林；三区多桑，宜于养蚕；六区产棉，宜于推广美棉；五区七区曾受匪患较深，宜于倡导联庄自卫。

六、各项设施须适合原有的社会组织：如在生计教育上，提倡合作、改良农具诸事，须与原有的产业组织相适合（大农具不适用于小农场）。在政治教育上，划分乡区、编制闾邻诸事，须与原有的社群组织相适合（冤家不可强使对面，有高山大河为间隔的乡镇不宜强并为一区）。在健康教育上，提倡卫生、养成习惯诸事，亦须与原有的生活情况相适合（画饼不能充饥，说衣不能御寒，与饥寒交迫的人讲衣食的卫生，易使听者视为迂阔之谈）。在休闲教育上，勉强要乡农废止旧有的节日，代以例假或寒暑假；废止旧有的玩龙门虎、锣鼓、高腔等廉价的无害的娱乐习惯，代以新式的电影、跳舞、赛马、赛狗等高贵的稀罕的消遣方法。也只是表示作此主张者之太不识乡俗，不近人情而已。

七、各项设施须适合农人生活的需要。农人要防旱，故教以凿泉凿井；要防涝，故教以筑堤浚河；要借款生产，故教以信用合作；要种好庄稼，故教以农业改良；要防匪防贼，故教以团结自卫；要安居乐业，过太平日子，故教以留意政治，爱护国家。农人要什么，我们就教什么。我们的所教必须与农人的所要紧接起来。我们的教育是须与农人生活的韵节和谐的。

八、推进各项活动宜注意与其他社会机关取联络。如与当地医院或良好医生联络，推进健康教育；与农场、农学院或农民银行联络推进生计教育；与县政府区乡公所联络，推进公民教育；与民众教育馆、图书馆联络推进语文教育等是。乡村建设的事不能包办，包办必办不了，也办不好。

九、乡农学校的活动，不是囿于学校园墙以内。学校须尽社会指导的作用。志在乡村建设的导师在乡办学，决不会关着校门，不问世事的。

十、最后，大家应切记在心，常常提醒自己。乡农学校之在乡村社会，不只是一座学校，而且似一座区公所或乡公所；它不只是一个教育的组织，而且是政治的并经济的组织；它不只干教育的事，也干政治的事、经济的事。

二十二年三月十五，晓庄六周岁纪念日。

乡农学校的教育法——教学做合一

杨效春

乡农学校活动里所宜采用的教育法不是教授法，也不是教学法，乃是生活法。生活法就是教学做合一。

什么叫做生活法？生活法就是人怎样生活就怎样教育。教育从生活出发，就在生活里进行：取生活为资料，以生活为课程；并即以生活的合理向上为目的的教育方法。

什么叫做教学做合一？教学做合一的简单解释，是事情怎样做就怎样学，怎样学就怎样教。教的法子根据学的法子，学的法子根据做的法子。教师不能空教，须在做上教；学生不能空学，须在做上学。教与学都以做为起点，并皆以做为中心。

为什么我们的学校须用生活法？为什么我们的教育活动须是教学做合一？这里我该当向大家陈说我们所以如是主张的理由：

一、我们知道：专家的教授不能启发众人向前探索的思想，不能激动学生继续学习的兴趣。言者津津，听者藐藐，乃是一般小学、中学和民众学校班上通有的现象。因为所谓"教授"：教师只管教，不管学生学不学；也就不管学生能不能学，愿不愿学的。教授的班上是容易看见教师讲授的活动，不容易看见学生学习的活动。学生在这样的班上是没有自由，没有责任的。

二、我们知道：书本的教学只能给人书本的知识；善于讲话的教师只能教成许多善于讲话的学生。学校里的教学，如果大家仅在书本文字或口头言语上用功夫,结果统会空疏无用,迂腐不切事情的。不论大家所采用的教育法是道尔顿制,是文纳特卡制,或是设讨教学法,假如大家心目中还是以讲读书本为主,其结果对于乡农生活,仍归空疏无用,则是一样的。

三、我们知道:成功的练习才是最好的学习。无论儿童或成人,要有所学习必须有所练习。一种行为曾经练习的。遇相当机会就能发生或愿发生类此的行为。曾经骑马的人见马就想骑,也就能骑。曾经军事训练的人见匪就想自卫,也就能自卫。曾经训练木工的人,见家具坏了,就想自行修理,也就能自行修理。我们要教乡农,或凿井,或造林,或养蚕,或机织,或组织各项合作事业,皆须有实际练习的机会。如此教才算真教,如此学才算真学。

四、我们知道:行与知的关系,在本原上,是"先行后知",不是"先知后行":是"行为知之始"不是"知为行之始"。王阳明先生曾说:"知是行之始,行是知之成"。他这个话,照我们看是不对的。大家都是知道:尝而后知味,嗅而后知气,闻而后知声,视而后知色,"物格而后知致"这便是证明"行而后知"的道理。大家也都知道:未有农事学,已有人干耕稼的事;未有教育学,已有人干教养的事;未有政治学,已有人干管理众人的事;未有经济学,已有人干生产,消费及分配的事;未有工程学,已有人干造桥梁,建楼台的事;如此类例,不胜枚举,这便是证明"不知亦可行"的道理。不行不知,即行即知,因此,我们要教乡农知,先教他们行;既教他们行,也就教他们知了。以行求知、以知助行;行之不已,知亦不已。如是乡农所学:知为真知,行是真行,行知合一,知行相长。他们的学识才能深彻透入他们的日常生活与行为。

五、我们知道:知有三种,就是亲知,闻知与说知(思虑而得之知)。但闻知,说知的根基是亲知。没有亲知做基础则余外种种之知,犹如树无根,楼无基,总是幻树蜃楼,不是实在的。例如,闻知马者不真知马;说知日者不真知日。秦皇认鹿为马,瞽者以盘为日，何以故？是由于他们没有马或日之亲知故。又如"深掘，浅栽；结实扎，松松盖"，这是种树的歌诀。对于曾经种树或正在种树的农人说明这个歌诀的意义，他们就会了解的。若对生长都市，未经种树的青年解说这个歌诀，他们纵能说得、念得、背诵得乃至默写得这歌诀，他们对这歌诀的意义总不会完全明白，深切了解的。何以故？因为那些农人有种树的亲知，而这些青年没有故。

六、我们知道：人生教育的学习，就是要求学者学习适应未知的变化的实际生活的情境，不是要求他们学习古今已定的答案，这便是说人生教育是要教人会思想，不是要教人会记诵。记诵书本，咬文嚼字，堆积脑中的识，每每阻碍其人思想的进行，正如堆积地上的垃圾，妨害土地的使用为耕植或建筑一般。大家要使用土地必须扫除垃圾；同理，要使用脑想，也得肃清记诵的繁琐，无用的学识才行。大家平日常见所谓书呆子，迂夫子与腐儒等等，试问他们之所以"呆"所以"迂"与所以"腐"的原因在那里？就是因为他们深中了书本教育的毒！教他们会记诵而不会思想，能博览古籍而不识世务的缘故。

七、我们知道：思想的起点是行动。行动生疑问，疑问生思想。没有行动，就没有疑问，也就没有思想的。瓦特如果不是自己在烧水，对于水沸冲起壶盖，就不生疑问，就不会发明蒸汽机。而且思想发生以后，大家就得去观察，去设臆，去试验，去证实，去求其解决。而此"观察""设臆""试验""实证""解决"等事，处处都须有行动。我们可以说：没有行动的想是梦想，是幻想，是玄想，是空想。

八、我们知道：古代甚至现今的学术界中发生问题，往往用辩论的方法或专家的权威来解决它。实则真能解决问题的只有实验世界，一切发明一切进步都是由实验来的。太阳体内有没有斑点？一轻一重的两个球，从高处下落是不是同时着地？伽利略的实验已经代替亚里斯多德大著的权威与古来无数俗士的呶呶争辩。

九、我们知道：人生不可不学，但为学不必用书，更不必读书。伏羲、轩辕、唐尧、虞舜、夏禹、契、弃之时无书可读，他们亦皆未曾读书，然而他们都是我们古代的圣贤。伊尹、傅说、刘邦、项羽、李世民、赵匡胤、朱元璋之徒皆非状元，亦非博士，然而他们都是气盖群雄，才冠一世的人杰。大家说："不学无术"。我则说："书生亦无术"。从那里！就是在乡间，我亦常见博闻强记的学者统成明哲保身的乡愿，而不识文字但知人事的乡镇长，能为乡人排难解纷为国家奉公守法的，偏是所在多有。你看，我们的乡农学校对于学生，是要培养他们成为那样的学者呢？还是成为这样的乡镇长呢？（如果他们有一天会被举为乡镇长的时候。）

十、我们知道：学校与社会不能分离，教育与生活必须符一。乡农学校必须成为乡间农人真实生活的场所，如是则学校对于乡农才能尽其指导人生的责任；对于乡村才能尽其推动社会的作用。教育生活化才能化生活；学校社会化才能化社会。总之，学校教育与社会生活，愈是接近，愈为佳妙；愈是分离，就愈会失掉教育的意义和价值！

讲到这里，想必大家可以明白，我们的学校为什么要用生活法？为什么要采取教学做合一的教育法？现在请进一步和大家谈谈：我们对于这种教育，在乡农学校的活动里是如何实施？或宜如何实施？

首先从人这面说。参与乡农学校活动的人，一是地方人士公举的校董，二是校董会聘请的校长，三是乡村运动者——即导师，四是学区内的各乡镇长，五是日常入校的学生，六是学区内的一般乡农。乡村运动者不仅教学生，教乡农，而且他须时刻注意，利用机会转变校董校长及乡镇长的态度与思想。同时他自身亦随时随地向校董校长乡镇长乃至学生及一般乡农有所咨询，有所请教的。我们主张以己之长，补人之短；因己之短，学人之长。自己会的，拿来教人；自己不会的，就向人请教。因为我们知道：导师不是全知全能的上帝，绝不能专去教人而不向人学。乡村人士，无论老幼男女各人都有他自己的经验，自己的本领，即他自己特有的长处，如关于农事常识，乡村礼俗，民间歌谣，以及地方经济，文化，组织，民情，事变等事都是乡村运动者所宜随是关心，须向乡间人士请教的。我们认为乡村社会生活的导师是乡村运动者，乡村运动者的导师是乡村人士。好的乡村运动者就是最肯——而且最能向乡村人士多所学取的人。这便是说：说我们的学校里没有专管教授的教师，亦没有专事学问的学生。我们与乡人是互相教，互相学。记起上一回，曾经和大家谈"我们与乡农共生活，相教育"就是这个意思。

其次从行政组织这面说，因为我们的学校，不仅有普通学校所有的教务事务等事情，而且有类似普通学校所有的推广事业，扩充教育等事情。这里所谓"类似"，不是"就是"！普通的学校对于社会活动，往往认为可有可无，可以干，亦可以不干。而我们的学校对于社会活动是非常重视的，除特殊情形外是非干不可的。不干即丧失或亏损她自身创立的意义。乡农学校的根本意义是"推动社会，组织乡村"。简单的讲就是要干社会活动。因此，我们的学校，在行政组织上有学务课和事务课；而此学务课所理的学务，事务课所理的事务，不仅为校内的学务与事务，并有校外的学务与事务。如有必要，我们于学务事务两课之外可另设社会课。总之乡农学校的导师不仅须干校内教学的事情，并且须干社会指导的事情。

再次从教育活动的时间这面讲。我们的学校每天的活动是怎样？每周的活动（在乡间，你要不用星期而代以与乡事机关重要的二十四节日，在我看是很可以的）是怎样？每月或全年的活动又是怎样？自然呀，我们的办法和施行班级教学的一般学校，大大不同。我们是教人，不是教书；是教事，不是教字；是以生活为课程，不是以课本为课程。我们的学校可以废去一般学校照例通有而且异常重视的每周上课时间表。代替它的是校内外团体或个人的种种工作的计划。这些计划就规订（不是规定）我们大家日常生活及工作的时间之支配与使用。我们大家，无论团体或个人，对于自身的工作和生活，一年须有一年的计划，一月须有一月的计划，一周一日也均须有其计划。兹略加说明如次！

（甲）我们团体的工作计划

一、全学区乡村建设的计划（全年的，及每月的，工作计划）

二、某某庄建设计划（全年的，及每月的，工作计划）

三、某种社会的工作计划（同前）

四、乡校各部课的工作计划（同前）

（乙）我们个人的工作或生活计划

一、各校董的生活计划（全年的，每月，每周，及每日的）

二、校长的生活计划（同前）

三、各乡镇长的生活计划（同前）

四、各导师的生活计划（同前）

五、各学生的生活计划（同前）

六、各会社组成人员的生活计划（同前）

各人的事各人自己做，大家的事大家合力做，一庄一乡的事，就由一庄一乡的人共同设法下手做。这里面，团体与团体，团体与个人，个人与个人，分工合作统是必要的。因此，这些工作，或生活计划就成必要了。假使没有这些计划，大家的生活就会前后杂乱，左右龃龉的。因为我们所注目的是生活，是事情，我个就得参酌事情该在什么时候做，就在什么时候学，也就在什么时候教。如种树做学教，宜在清明前后，蚕事做学教，宜在养蚕时期，自卫做学教，如时无匪警，宜在农暇之日。显然的，我们的学校不能像一般学校样，有甚么暑假，寒假，春假，例假了。人生的活动是没有间断的；指导人生的学校是没有假期的。在乡村，干乡农教育或民众教育的人，如不为养病，是不会想及往西山，往青岛或北戴河游暑消夏的。大家须知：说农忙时间，学校停课，乡村教师就没有事情可做的人，不是懒惰汉，便是书呆子！

又次，从教育活动的地处这面讲。我们的学校可以没教室，我们的教育活动的场所，是不限定在学校围墙以内的。事情当在那儿做，就在那儿学，也就在那儿教。例如游泳须在水里游，就在水里学，也就在水里教；造林须在山上造，就在山上学，也就在山上教；耕地须在园野耕，就在园野学，也就在园野教；烹调食物须在厨房做，就在厨房学，也就在厨房教。宇宙之中，六合之内，随处是人生，亦随处是人生教育的场所。我已经屡次向大家说了："我们的学校须以天地为教室"。为什么到如今，大家还是终年四季，老躲在斗室里，强迫学生，咬文嚼字，丢开人生活路不干呢！

最后，从我们教育活动里所用的材料（教材）这面来说。前面说过："我们的教育取生活为资料，依生活为课程"。这便显示：我们的学校所用的材料是生活，是人事，是种种建设活动的自身，绝不是书本文字为欲处理人事，我们是得认识文字。绝不能因为认识文字，竟是牺牲人事，丢开不理的。我们要用书，但不要读书。"用书"与"读书"不同。用书是人为主，书为工具；读书则书为主，而人反为书所奴役了。我们要造林。所以要用中国造林学、我们要凿井，所以要用凿井浅说，我们要自卫，所以要用农村自卫研究。而我们在从事造林、凿井，或自卫等等工作的时候，绝不是单用这种种书本就可成事的。造林还得有锄锹；凿井还得用铁锥；自卫还得用刀，枪炮，弹及碉楼。做什么事情用什么工具。书是一种工具；人生须做；其所须用的工具除书以外还是多着啊！

现在，且举邹平第二区民众学校造林运动为例，来说明我们的学校，在教学做上进行某一个单元的实际情形：

造林的人。是民众学校的校董，校长，导师，学生和各林业合作社的社员。

组织韩家坊总校，青阳镇分校，均有导师一人常川在外与各乡镇人士接洽，充实旧有的林场或新辟林场。扣至今日止，我知道该区的林业合作社：

旧有的，即自去年乡农学校倡导成立的凡五处：

1. 南马山林业合作社。南石家庄等处乡农组织之，林场在南马山。

2. 印台山林业合作社。抱印庄等处乡农组织之，林场散为五处，均在印台山。

3. 石鲁林业合作社。鲁家泉，西石庄乡农组织之，林场在会仙山东面。

4. 凤凰山林业合作社。韩家坊乡农数人组织之，林场在凤凰山。

5. 韩家坊林业合作社。韩家坊乡长领导组织之，林场在坊子东南。

今年新设的凡九处：

6. 乡农教育纪念林。二区总校师生组织之，林场在凤凰山。

7. 青阳镇分校同学会纪念林。分校同学会与董家庄乡农组织之。林场在董家庄左近憩谷。

8. 雕窝庄林业合作社。西窝陀乡农组织之，地点盘龙山。

9. 范文正公纪念林。由范文正公祠理事领导组织之，林场在簧堂岭。

10. 青龙山林业合作社。由韩家坊乡长领导组织之。林场在青龙山北首。

11. 贺家庄林业合作社。由伏三贺家庄乡农组织之。林场在姜家洞左近兴隆山。

12. 义和林家合作社。由碑楼庄郭庄乡农组织之。林场在相公山。

13. 大李家庄林业合作社。由大李家庄乡长领导组织之，林场在青龙山东面。

14. 醴泉寺林业合作社。由西韦庄乡人组织之。林场在醴泉寺。

造林运动的时期，最活跃的是今年三月起。实际的酝酿和组织，是从去年十一月间就已开始的。那时候就已有人提倡在旧有林场播种橡子，和杏子；在没有林业合作的村庄，添起组织来。在乡农学校的班上，导师也随时唤起学生对于造林事业的兴趣和注意。每逢乡镇长集合的处所，我们也时常提出"荒山造林""家家种树"的主张，要求大家的同情和赞助。到今天二区的山东山西，山南山北，各村庄里"造林！""种树！"的呼声已经是轰动一时了。但事情的开端，并不是从今天始！现在造林的事情正在进行着，亦不是说到了今天就可停止了。树种的采集，树苗的养育，树林的保护，以及造林以后各庄马牛羊放牧的如何安排，将来由此造林运动引起的事情还是很多的。不过就一般情形论，造林运动最活跃的时期该是每年三月里。

造林的地处，即我们造林教学做活动的场所，当然就是荒山旷谷了。植树节里（不应当只是一天，更不应当只是上山走一趟，摄了一影就完事的一刹那时光）学校的教师和学生，大家放下笔杆，拿起铁锹，离去教室，走上田坡，如是掘土，如是挑水，如是剪枝，如是安根，如是分工合作，做的在这里，学的在这里，教的亦是在这里。一株又一株，一天又一天，慢慢的种起树来，造起林来。你以为指导人生的教育不应当如是吗？

造林教学做所用的资料是锄头，铁锹，扁担，水桶，树苗和林场。当然，这时候，我们亦要用书本——《中国造林学》（梁劼恒先生著），《识字明理乙集》（作者编，内有关于造林的课），《造林合作歌》及《种树歌》（均作者试编以应一时急需的）等。可是大家千万别要忘记：造林教学做决不能单用书本就可济事的。

这几天，二区乡校在进行造林运动。她的高级部在造林；少年班在造林；即便联庄会会员训练班于军事训练的功课以外也是在造林。而且她的结业学生亦都约期集合。来辟两处纪念林。——总校同学在凤凰山创立乡农教育纪念林，分校同学在董家庄创立同学纪念林。大家想必知道我们乡校的功课有国学、史地、精神陶练、自然研究，及农村问题等门类，这几天，二区乡校的各门功课，可以说都是以造林为中心。你看：

国学：《用中国造林学》（摘要讲阅）。

学会《造林合作歌》。

学会《种树歌》。

每日工作日记。

精神陶练：在造林工作里指明尽己之谓"忠"，行而宜之之为"义"，以及"合作""互助""劳动神圣""社会服务""开辟精神""有志竟成"等观念，并培养其工作的兴趣态度。

自然研究：树的生长。

树的种类及鉴别。

土壤的研究。

本区山谷最宜种那几种树？

史地：世界的森林和各国林业。

东北的林场。

从中国海关报告上谈林业。

农村问题：二区的山，为什么老是荒着？

造林有什么困难？如何解决？

造林在农村经济上有何利何害？

造林与放牧的冲突如何解决？

造林为什么须合作？

林业合作社怎样组织？

我们要创造富的社会，在造林运动里宜如何实施？

他们的导师，前面说过，总有一人常川在外巡视，指导并鼓励各庄林业合作社工作的进行。其余的导师就领着学生上山去种树，大家工作疲乏的时候就在山头围坐石上，讲故事、问自然，作时事报告，精神谈话，或则引吭高歌，与高山流水大地之声相应和，兹录《造林合作歌》及《种树歌》两首歌词如后，因为这是我们的学生即乡农，一般都轻易会唱了：

邹平的二区是适于造林的处所，每年的三月是宜于种树的时期，这时期，这处所，我们的学校就干造林的运动，我们的师生就做造林的工作。大家试想这样的教育比之一般学校按时上课，照旧讲读的办法究竟有些什么不同呢？

我们的学校所以试行教学做合一的教育法，理由已经说明了。

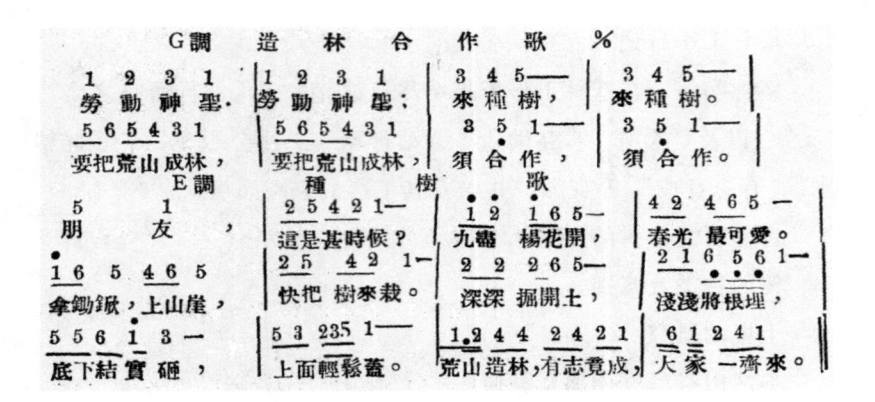

如何实施的大概情形，也经举例说明了。末后愿在这里，郑重向大家声明：教学做合一是一种有力的利器。用了它，可以：

一、打破书本的教育，建设人本的教育！

二、打破洋化的教育，建设中国的教育！

三、打破阶级的教育，建设全民的教育！

四、打破片段的教育，建设全人的教育！

五、打破泥古的教育，建设革新的教育！

六、打破空谈的教育，建设实干的教育！

七、打破玄想的教育，建设科学的教育！

八、打破人上人的教育，建设人中人的教育！

大家对于这等话语。如有不甚明白之处，请参阅拙作"我们的教育"一文，恕不在此再加细说了。

二十二年三月二十八日视察二区民校造林以后

乡农教育服务指导大纲

杨效春

为山东乡村建设研究院训练部第一届行将结业的学生写

一、旨趣

实验乡村民众教育，推进乡村建设。

二、目标

（一）对于一般民众以提倡民族固有精神，契合民众心理，获得信仰，扫除猜疑，共图乡村生活之向上改进为目标，（二）对于当地自然领袖，以使其晓然有悟乡村建设之意义，变更其消极心理，肯与负责，俾乡村建设之生机渐启为目标（三）对于教育设施以考察乡村社会实况，民众生活需要，规订方案，认真实验，随时求乡村建设学理及技能之修正进步为目标。

三、组织

（一）设校董会，校董由当地热心公益，乡望素孚之人士任之。其人数多寡及产生方法，视各地情形而定。校董会之职责如次：（甲）推选常务校董，（乙）选聘校长，（丙）通过预算决算，（丁）建议本校重大兴革事项，（戊）统率各乡镇人民促成乡村建设，（二）设常务校董一人或二人，其职责为：（甲）代表校董会，执行校董会决议案件，（乙）办理本校总务事宜。（三）设校长一人，由校董会选聘，主持全校学务。（四）导师若干人，由校长聘请，协助校长，分任各项学务。其组织系统如下表：

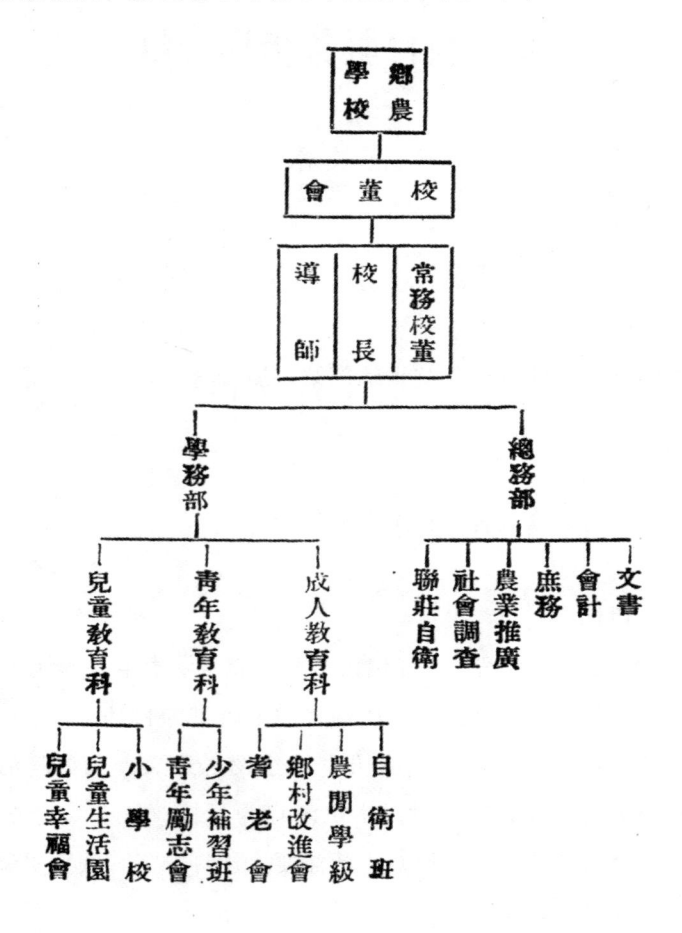

```
                    鄉農
                    學校
                     |
                   校董會
                     |
        ┌────────────┼────────────┐
       導師         校長        常務校董
                     |
        ┌────────────┴────────────┐
       學務部                    總務部
        |                         |
   ┌────┼────┐           ┌────┬───┬───┬───┬───┐
  兒童  青年  成人       聯莊 農業 社會 庶 會 文
  教育  教育  教育       自衛 推廣 調查 務 計 書
   科   科   科
   |    |    |
 ┌─┼─┐ ┌┼─┐ ┌┼─┬─┐
兒 兒 小 青 少 鄉 農 耆 自
童 童 學 年 年 村 閒 老 衛
幸 生 校 勵 補 改 學 會 班
福 活    志 習 進 級
會 園    會 班 會
```

四、教育设施

　　吾人应外察社会需要，内审本校人力财力，奋吾人最大之努力，细心与忍耐，联络各方人士，进行下列诸般设施：

　　（甲）关于语文教育者可用农间学级，农民问字处，农民阅报处，农民演讲会，及识字运动等设施。总以引导乡人，能使用语文，交换经验，增进知识为主旨。

　　（乙）关于精神教育者可用精神陶练，励志会，进德会，风俗改良会等设施，总以引发乡人自立立人，自达达人，自助助人，自治治人之高尚志趣为主旨。

（丙）关于生计教育者可用农业推广，农品展览会，造林、凿井、合作事业等设施，总以提倡合作，推广科学农业，增进农业生产，改善乡人生计为主旨。

（丁）关于公民教育者可用家庭改良设计会，农村改进会，国庆纪念，国耻纪念，史地教学，时事报告，及公民教育运动周等设施。总以引导乡人整理家庭，协和乡族，关心政治，爱护国家为主旨。

（戊）关于健康教育者可用国术团，军事训练，少年义勇队，卫生展览会，清洁运动，拒毒运动，放足运动等设施。总以引导乡人注意个人及公共卫生，共登寿康之域为主旨。

（己）关于休闲教育者可用农民同乐会，明月会，音乐会，少年旅行团，谈心会，游艺会等设施。总以引导乡人能善用闲暇，与众同乐，摒绝一切有害之娱乐习惯为主旨。（说明）此等设施，统不过是举例而已，各校对此，不必一一举办。各校对于此等设施应办几件，能办几件，须视各该校实际情形而定，大家不宜巧立许多机关名目，致工作散漫，内容空虚，而作用不显。

五、学级编制

乡农学校学级之编制，因其教育对象，精言之，是乡间的成年农民；粗言之，是乡间的全体人民；学者年龄不齐，程度不等，智慧不同，志趣不一，又以个人职业，贫富及家庭境况之差别，故其学级编制至为繁复困难。且乡农就学，往往流动不居；而吾人敷教，亦无拘泥"通常学校的格式"之必要。故各学各校之编制学级，宜活动可变通，而无取于划一与呆板。兹举若干编制之方式如次，惟希大家之善于活用而已。

（甲）就学生之性别而论，可分：一、男子部，二、女子部。

（乙）就学生之程度而论，可分：一、普通部，二、高级部，或分为六段或十段，称第一段，第二段……第十段。

（丙）就学生之年龄而论，可分：一、儿童部，如小学校，托儿所，儿童生活园等属之；二、青年部，如少年补习班，青年农艺竞进团等属之；三、成年部，如农间学级，国术会，乡村改进会等属之；四、老年部，如耆老会，特别班等属之。

（丁）就敷教之地点而论，可分：一、室内教学；二、露天教学；三、巡回教学。

（戊）就教学之时间而论，可分：一、全日制；二、间日制；三、半日制；四、钟点制。

（己）就开学之季节而论，可分：一、通常学校；二、春季学校；三、夏季学校；四、秋季学校；五、冬季学校。

（庚）就日夜而论，可分：一、日班；二、夜班。

（辛）就学习之科目而论，可分：一、普通班；二、麦作班；三、蚕桑班；四、畜牧班；五、森林班；六、园艺班；七、其他。

（壬）就学习之方法而论，可分：一、讲授学校；二、函授学校；三、劳作学校。

六、课程

乡农学校之课程可分恒常的及特殊的两类。恒常的课程所以启发精神，补充常智常能如精神陶练，国语文，史地，党义，歌乐，国术等。特殊的课程所以按照当地的问题而谋其适当解决，如凿井，造林，蚕桑，自卫，合作等。总之，教育所以教人不是教书。故乡农学校教材之选择，组织与运用，一面须以乡农生活之经验与需要为基础；一面则以乡农生活所在之环境实况为背景。

七、教育方法

须根据"教学做合一"之原则，运用"大单元设计"之中心教材，注意于导师与乡农，乡农与乡农，彼此经验之接触与影响；而非注重在书本文字之授受。故其教育活动，无论为讲演，为问答，为讨论，为视察，为实验，为研究，为实习工作，要当本此方向进行，不宜零乱及模糊。

八、筹办步骤

（一）选取敷教区域。

（二）拟订办学计划。

（三）接洽当地人士，说明吾人办学旨趣，以亲切，坦白，热诚而不急进之态度，征询其意见，并恳其同情与赞助。

（四）组织校董会。

（五）分配办事人员工作及组织。

（六）与校董会商定初期敷教区域及学校地点。

（七）筹划经费。

（八）编制预算。大家在此须注意：（1）出入相抵，勿相差过巨（2）预算与事业计划相呼应（3）生活费，事业费等之支配适当。兹拟标准如下：薪工50%事业费30%办公费15%预备费5%。

（九）修葺校舍。

（十）购置或借用校具及教学用品。

（十一）编制课程及教材。

（十二）招生。其方法可酌用下列各种：（1）由校董劝导（2）托当地父老及明达事理者劝导（3）由校董或当地父老邀集乡农集合宣讲劝学（4）亲自挨户劝学（5）请已报名，或已入学学生辗转劝说（6）张贴招生广告，或其他宣传品（7）由各小学教师及学生宣传各家长及左右邻人。

（十三）开学

（十四）拟订第一年度第一学期办事历。

（十五）向本院及地方长官报告学校成立经过情形，学校概况及学生名册，并请予指导备案。

九、实验

乡农教育（即乡村民众教育）为一种新事业，标准缺乏，成法殊少，故其一切设施皆在试验创造之中。且以其学生分子复杂，事业范围广泛，而其成败利钝又与乡村建设之推广，影响至为密切。故吾人于此，实不能不随时注意实验，以求其工作合理，敏捷与进步。实验项目，举其紧要者如次：

1. 关于乡农教育之组织及行政。
2. 关于乡农教育之材料与方法。
3. 关于乡农教育乡村建设之联合进行方法。
4. 关于普及一区或一县乡农教育之方法。
5. 关于乡农教育与小学教育之联合进行问题。
6. 关于乡农教育上之艺友问题。
7. 关于乡农精神教育。
8. 关于乡农语文教育。
9. 关于乡农生计教育。
10. 关于乡农政治教育。
11. 关于乡农健康教育。
12. 关于乡农休闲教育。

十、联络

我们的事，在一面看是乡农教育；在另一面看就是整个的乡村建设。这事情的关系方面很多，很需要社会上方方面面许许多多的人士的合作，而后作得有成效，我们对于乡村教育，乡村建设都不能包办。包办决办不了，决办不好，我们要有大的力量，成就大的事业，必须要有大的联合。因此我们必须切实注意：

（一）与当地父老联络，变化他们的消极心理，尊重他们的老成经验，共图乡村事业之推展。

（二）与当地小学教师联络，共谋乡村教育之普及与改进。

（三）与当地农人联络，使吾人之农业学识与农人之农业经验携手，共谋农业之改进。

（四）与当地人士之有所专长者联络，如甲长于国术，乙长于园艺，丙长于烹调，丁长于缝织，乡农学校即可特约甲为国术指导员，乙为园艺指导员，丙为烹调指导员，丁为缝织指导员。

（五）与附近农学院或农事试验场联络而为其农业推广之传达及介绍机关。

（六）与附近银行及金融机关联络，以举办合作事业，救济乡村经济。

（七）与附近大学或其他学术机关联络，举办本乡社会调查，学术讲演，教育测验等事。

（八）与医院或其他卫生机关联络，改良乡村卫生。

（九）与道路及交通机关联络，便利农产之运输，及消息之灵通。

（十）与附近图书馆联络，以便乡农借阅。

（十一）与附近苗圃或林场联络，以利造林运动。

（十二）与本县民众教育机关联络，共策全县民众教育之协作进行。

（十三）与本院联络，使母校与结业同学常通消息，达声气，期本院的教育事业，结业同学之工作均能增加效率，减少错误。

（十四）与各县各乡服务同学联络，交换办学经验及方法，并相鼓励督促，共图全般乡村建设之日新。

十一、注意要项

（一）办事要有计划，要有步骤，并要有组织。

（二）用钱要清白，并要恰当。清白是不舞弊，恰当是不滥费。我们要用最少的金钱办最好的教育；第一要不舞弊，第二还要不浪费。

（三）乡间父老或一般农人如怀疑你或反对你的时候，你要反省，要忍耐。不可忿怒，亦不可灰心。你自省有错的地方改掉它；自省不错的地方坚持着。但仍然镇默着慢慢求大家的了解。

（四）你要做事，不宜懒惰，亦不宜急躁。

（五）你莫怀疑同你日夕相处的朋友，他是和你同作一件事情的，你纵有天大的本领，不能把一切乡村建设的事业由你一人办好。你要与朋友合作，要信任朋友，要并深信他确有他的长处为你所不及。

（六）你莫轻视乡农。纵然他是愚蠢，顽固，或者蛮横。乡农都是我们的朋友，不是我们的仇敌。

（七）乡农能学，乡农教师亦能学。你不要因为自己做了教师，便放弃了人生学习的权利。

（八）你教乡农要从乡农的实际生活出发，不要从书本文字出发。你是在教人，不是在教书。

（九）你要教乡农做"人中人"，不要教他们做"人上人"，亦不要教他们甘做"人下人"。

（十）你要引发乡农自学，自强，自治，自助，自己往上长的能力和志趣。

（十一）你要培养乡农自立立人，自达达人，自治治人，自助助人的高尚理想。如果我们只能教乡农独善其身，独强其身，独富其身，而不能教他们与人为善，与人为强，与人为富，那宁算是我们教育的失败，不是成功。

（十二）你知道："教学做合一"是最好的教育法。在你所办的学校里，试试看。

（十三）你须知道：生活就是教育。吾人生活的历程。就是教育的历程。人的教育是在生活之中进行，不是在生活以外办理。

（十四）你须知道：社会即学校。人生处处都是教育的场所。教育的场所不是囿于学校围墙以内。

（十五）你须知道：学校是社会所有，社会所办，也为社会而办。乡农学校办在乡村社会之中，同时，它就做乡村社会改造之中心。

（十六）劳作与教育合一的生活才是吾人合理的生活。我们不要教乡村之中，一部分人专有教育，不干劳作；另教其他的人专干劳作,没有教育。

(十七)你许知道:乡农教育与乡村建设是一不是二。

(十八)你许知道:乡农教育是科学,也是艺术。

(十九)你要爱乡农,要爱教育,要爱中国民族,这样你便认识乡村建设之意义,也便认识人生之意义。

(二十)世界与人生都是向前进步。你不要站住。你如站住,你手下的事情也会站住。继续创造,继续革新,是人生的真处也即是教育的真处。

(二十一)"淡泊明志,宁静致远"你要以乡村建设为终身事业,便须有此种精神。

(二十二)化民成俗,救国救世,都要从乡村建设干起!

(二十三)孝弟勤俭是中国民族固有的精神,也就是乡村建设应有的精神。孝弟则人与人能和气,勤俭则人于物能宰御。

(二十四)教育乡农,建设乡村,是我们对于同胞,对于中国,对于人类的一种高尚义务。

(二十五)什么是困难,用你的心和手打破它!

贺家村村学工作回顾谈

白飞石

我到贺家村学工作有一年多。回想起来，真是惭愧！今将过去工作情形简略写出，希望读者诸君不客气的指教！

当我奉命同石佑义君赴乡工作时，我们的服务地点便派定为第一乡贺家村。该村风景颇佳，那芬芳的园圃，山鸟的歌喉，与绿杨的婆娑弄姿，溪流的潺湲弹奏，自然界的声色，直使人陶醉。而万松山的苍松翠柏，古刹钟声，更使人有飘然出尘之想。吾置身其中，仿佛如在画图里。

该村的山水如此。而人物亦有足述：原先的初级小学教师贺庆霖雨三君为本村人，四十一岁，担任小学教师已二十余年，对小学教育自是有经验的；他品学优良，教出的学生彬彬有礼，后来他对于贺家村学的工作真能给我们帮助。村理事李德新毓芳君则是一位热心社会事业的二十六岁的青年，他作事很有毅力。学长李执亭允武君是一位乡望素孚的五十二岁的长者，邹平西关广利储蓄社经理就是他，贺家村里各种纠纷他是一言可决的。学董李宅三允俊君五十三岁，曾充庄长数年，为人乐善好施，素为村民所信仰。姜书庵鸿图君七十七岁，年高德劭，亦为村民所敬重。贺文德君三十一岁，虽文字粗通，而是深明大义的热血青年；他曾受研究院前办乡农学校高级部之训练，对于院方之主张，是能清楚认识的，此外的两位学董即便是雨三、德新二君了。

  我们到的那天，村理事将我们领到一房子内，我们便设床挂帐，埋锅造饭。一切安排好了，村中领袖，男女老幼多聚拢来，屋内挤得满满，对我们表示一种热烈的欢迎；我们很是感慰。翌日即开一学务会议，商讨进行事宜。因正在农忙，小学也要放假，一时无法进行；我们也就借此休闲几天。不久石君因病返院，那时只剩一孤独的我，生活殊感单调，每日自炊三餐之暇，便遨游林间垅上，与村夫野老，牧儿农妇，攀谈起来；这样渐渐的与村人熟识了，彼此发生了情感，精神感到一种说不出的愉快。而在此时常的谈闲天中，村人也渐能略略明白村学的意义。

  现在依次述说我们的工作。

举办调查

  我们要举办各种事业，就须明白当地社会情况，故我们第一步先举行该村人口调查。得德新君的赞助，我们亲自挨户询问，结果尚能称得详细确实。由我们的调查知道贺家村共一百六十八户、人口为八百二十人，并姜洞二十八户，人口为一百四十五人。全村合计一百九十六户，男女老幼合计九百六十五人。人人可说皆有职业，虽十几岁的男女幼童亦有相当工作。村民勤朴，春夏耕织；而秋冬农暇则以打石头为副业，每日有数十辆小车运送石子于城镇出售，合计本村每日平均好时有七八十元收入，即差也有三四十元（此项调查统计表式以篇幅关系只得从略）。

  人口调查完了，即举办人事登记。各种人事登记册簿，交于本村学儿童部优秀长大学生试行掌理。全体学生则负调查报告的责任。办理以来，凡本村死亡出生等事在十二小时内定能登记，各种表册尚不致虚设。

成立村学

　　九月中旬，人口调查结束。秋假也就过去。村学方得正式成立。改组原初级小学为儿童部，学生五十四人分二班三级，由贺雨三先生任主任，有助教一人，我亦担任一部功课。

　　贺村虽系一偏僻山村，而人民殊不固陋。改组小学后，由学务会议决定成立妇女部；妇女报名者，异常踊跃，竟达二十人之多，实是难得。当时房子校具均成问题，村理事为解决此问题找木匠造教桌凳十套，将小东屋三间，用报纸裱糊作为教室，一切简陋，除桌凳黑板外，无他教具。妇女部虽云成立，而教材很成问题，总不能天天讲解识字明理，没法我们只好采集描写乡村生活的歌谣童话数十篇，自己编造了几篇，凑成了一本小册子，由德新君借来油印机印出。又添设家事科，授妇女以实际生活的各项知能。

　　十一月初成年部成立，共学生一百二十人；此中，有八十的老翁，有壮丁，有失学的儿童。壮年学生每天是要推石头补助家计的，直到夕阳西下才回家吃饭；但他们虽是这样劳苦，而求知的兴趣并不少减，每晚饭后还跑来听两小时的功课才去睡觉。他们有时在推着车子，口里还哼着书中的歌调，村老郭禀先生八十多岁了，每晚却是他来的最早、去的最晚，谁都不能不佩服他。

　　成年部成立，教员只有我和贺君，实在忙不过来。正苦没法，忽来了一位热心社会事业的李毓芬先生；李先生字大新，四十一岁，为本村人，他是山东商业专门的毕业生，曾任邹平劝业所长等职。他生性是清傲的，深感到社会的无救，毅然愿尽义务为我们担任成年部大部分功课；他之苦口婆心、风雨无阻的精神，深使我们佩服感激。

　　成年部的课程，暂定为时事、农家副业、常识与识字。并为引起学生兴趣，采各种忠孝节义的历史故事，如岳武穆传等。梁漱溟先生编的乡村学须知也是主要的教材。

但村学各部虽已成立，而仍有不少的问题。即以妇女部说，实际上是有女无妇，学生多系十五岁以下之女孩子，而家务纷繁的成年妇女，则不能来。可是这最重要的家庭主妇，大多数的成年女子，是不可摈弃于门墙之外的；她们难道不需要教育，没有求知兴趣吗？于是我们就在学务会议时，提出讨论，大家认为有成立大众妇女谈话会的必要。时间决定为每星期日晚七时至九时。

十一月底，大众妇女谈话会开始。将全村划分为五个谈话区，每过一区，均系借用民家住宅；因为顾及妇女的怕动及害羞，故乃实行"将教育送上门"的分区办法。教材采用《烈女传》及《家庭周刊》上之各种家庭常识等。由谈话教其认字，结果颇佳。初讲时每处只十余人，后每处平均可到八十人。设有一处停讲，她们便跑向别一区去听。多数人还要求我们增加讲的时间；可是我们实在没法允许，心很不安。然于此可见只要引起她们的兴趣，适应她们的环境，她们不是不要教育的。

本学儿童部，原为村立初小改组的。过去毕业学生很多，经过调查，升学者只一人，余大半则茅塞不开，回复到一字不识的地步了。原因是本村多为小本经营的自耕农，全家终年劳动，才得一饱，在这经济窘困的家庭，儿童那能赴外求学，于是只好在家参与田野劳动，久之所受教育也就荒完了。我们想假如再不设法，将来儿童部学生，仍要蹈初小覆辙；于是由学务会议议决设立高级部。——本来按村学组织说，是不容设高级的，乡学便是全乡的高级部；然因乡学离本村十数里，一般乡人为生计所困，绝不能出村求学，所以虽不合于村学组织，而按事实需要，便筹画设立了（后与杨效春梁漱溟两先生商酌，说要改为青年补习班）。

高级部的开办费，由李子英先生捐助大洋二百元，购办各种用具及设备。

一切安排就绪，我们便开始招生，报名者五十余人，均为本村籍。课程方面，除采用现行高小课本外，则注意生计技术，着重生产教育，预备将来他们作为改进本村之原动力；故举凡村中一切事务，均要他们参加见习。

养蚕的时候到了，妇女部学生自动要求养蚕。我们本拟采本院农场的优良品种；但因去得晚，农场已分配完毕，只得用本村土种。共养三苇箔。小学生早起迟眠，抬蚕采桑，月余的劳苦，共得茧二十余斤；得来的代价尚不薄，他们极为高兴。不过，病蚕太多，后当改良。

暑天到了，在摩登的学校内多行放假；我们是无暑假的。但天气确是热得不堪，我们便将儿童搬到了丛柏荫翠的松山上，实行林间学校的办法；煞是有趣！在一百零七度的酷热下，我们不惟不感丝毫热意，并且增进了我们不少的自然常识，——农作物病虫害的防除，果树虫害的治疗，给我们相当的经验。而一切功课仍是照常进行，这样毫无苦痛的，把暑天度过去了。

夏天的成年部与大众妇女谈话，在室内真无法举行；我们改变办法，将全村分设五个村学学众教学处，——在平时村民聚集谈天处，每晚凉爽时讲两小时。平均每处不下六十人，教材采夏日常识、时事等，学众兴趣也是浓厚。直到放秋假始行停止。

社会活动

创办图书馆

村学儿童部的教学太呆板了，学生终日只与课本拼命，一点课外读物也没有。然在经济枯窘的乡村，小孩子能上学就算不错，哪来闲钱买书呢？于是领着学生想了一个穷办法，组织一个学生攒钱会，——是妇女儿童两部合办的。两个月，攒了京钱四十吊，我们便订了一份小朋友。学生高兴极了，我们得到了这一点新的养料；于是更引起他们的一种动机；有一学生说："老师！我们组织个学生图书馆吧！"但我们一册书没有，一个钱没有，怎敢起这妄想呢！当时我不敢作答，一笑置之。

然而"组织图书馆"这事在我脑子里，像生了根的一般常常呆想："学生需要图书馆，乡村需要图书馆，怎样组织图书馆？"后来终于被我想出一个穷办法来。我想要成立图书馆，只有实行向外乞讨的法子；假如能得到外人的赞助，图书馆的幻想，是不难实现的。经过了我们几次的讨论，便由学生推举筹备员五人，发出捐启。捐启发出后，首先得到梁漱溟先生大洋十元的捐助，继之杨效春、王柄程、王献唐、徐树人、陈亚三、熊秀山、常子中……诸先生的惠施，或钱或书。这次共捐到大洋三十五元五角，书籍八十六部。结果算是很佳。我们有了这三十余元，更得儿童书局七折的优待，购到了数十部儿童读物；以三元的代价，用洋火箱，钉起一架小书橱；我们幻想的图书馆在二十三年一月十五日，便成立了。

我们图书馆的名称初尚不定，梁漱溟先生为此事表示说："学生图书馆范围太狭，村学的物件应公开到全体民众，图书馆的名称，应定为贺家村村学图书馆……"于是图书馆的名称便这样确定下来。

我们为充实图书馆再发第二次募捐启事。自发出后，得到各处大批图书杂志寄来；捐助者的这种热诚，使我们二十四分感谢！结果成功了下面这个简单分类的村学图书馆：

1. 总类：藏书八十三种
2. 史地：藏书四十种
3. 文艺：藏书八十种
4. 常识：藏书六十九种
5. 儿童：藏书五十五种
6. 报纸：日报二种、周报五种、月报二种
7. 杂志：四十六种

风俗善导

一天晚饭后，我选择了一册《爱的教育》在读。忽从正南传来一阵锣鼓声，雨三德新二君来说："飞石！我们去看肘鼓戏去！这是本地风光，来邹平的不可不看一看。"我为好奇心冲动，随他

们走入了戏场。呵！人真不少，而年青的妇女占了个绝对大多数。看那演员的妆扮，淫荡极了，满口唱的淫词猥语，我们不禁掩耳跑出。后闻士人说，此为本县流行的戏剧，新年时各村均演唱。我们就觉得此种伤风败俗的东西，若不加禁止，邹平朴厚的良风，将破坏无余。

所以于十月四日学董闾长联席会议席上，我便提出本村禁演肘鼓戏案。大家认为如肘鼓戏类之不良风俗正多，如缠足、早婚、烟赌等，均须查禁。于是有成立"风习改进会"之提议；当即一致赞同。兹将贺家村风习改进会章程录于下：

第一条定名——本会定名为"邹平县第一乡贺家村风习改进会"。

第二条宗旨——本会以改进本村风习，提高村民道德，养成国家健全公民为宗旨。

第三条会员——凡居住本村之公正村民，不论性别年龄，均为本会会员。会员须接受本会之一切指导，遵守本会章程。

第四条组织——本会直属于本村村学；以村学全体学董及学长教员并本村各闾长为当然委员外，由村学聘请本村德望素著者若干人为委员，组织执行委员会。由全体委员公推一人至三人为常务委员，负责执行会务，并按照需要情形，分设健康娱乐等股，即以委员分任之。

第五条会务——本会于下列事项付执行委员会讨论后，交常务委员执行之。

（一）关于会员健康者，如禁早婚、戒缠足、成立国术社等事项。

（二）关于会员不良嗜好之禁绝，如烟酒嫖赌等事项。

（三）提倡会员之正当娱乐，如组织俱乐部等事项。

（四）调查会员之行为事项。

（五）会员之奖励与惩处事项。

（六）公布执行委员会之一切改进案，令会员遵守事项。

（七）执行村学交办事项。

（八）会员之提请事项。

（九）其他关于本村之一切风习改进事项。

第六条会期——会员大会无定期；按事实需要由执行委员会议决临时召集之。执行委员会，每月最少开会二次；遇有重要事件，得召集临时会解决之。

第七条惩处——凡本会会员行为不正有怪风习者，由执行委员会与以忠告或由常务委员加以切实劝导，否则呈请村学加以相当惩处。

第八条奖励——会员行为有特别高尚足为风范者，由本会呈请村学给以名誉奖励。而旧有恶习，经本会劝导改过向上者，亦予表扬。

第九条附则——（一）本章程如有未尽事宜，得由执行委员会呈请村学修正之。

（二）本章程自村学核准、乡学备案后施行。风习改进会成立，第一次委员会即便决议：

1. 查禁肘鼓戏，本村绝对不准演唱；并请村学转呈县政府通令全县，一律禁止，以穆风俗。

2. 本村二十岁以下妇女禁止缠足。

3. 元旦表演新剧三日以示庆祝而娱乐乡民。

从此三案执行，均见圆满。

现且让我来说新年演剧。新年演剧一事，学生实是异常踊跃。剧本选定，即由儿童部学生成年部学生担任表演。并由学生征集化妆品。村民李星五李子英二先生捐助大洋二十元，购置布景布等用品。演出时轰动一时，附近二十里内各村人士，来参观者络绎于途，观众男女老幼每日平均约一千五百人，于表演新剧外，并讲演国家大势，与村学要义，听众咸为动容。三天完了，并有多数人要求续演者。该次演剧与民众以深刻印象，至今剧中人物事实仍为村民谈话资料。余由此深信戏剧在教育中之价值效果。

不客气的说本村人，向来多是嗜赌的，麻雀、牌九不断发现。村理事德新君认为于本村名誉有关，在学务会议提出禁赌案，并由德新君亲自抓了一场赌具；虽未处罚，而一般赌友认为是丢了脸，相约永不赌博，如犯者自动受罚。现在贺家村是一文钱的赌局都寻不到了。

一天早晨我刚起床，村民王清山来说："南河滩出了大王了"。我怀疑的跑了去，可怜村人已聚集不少，并有持香者。而所谓的大王，乃是一条小毒蛇。我和雨三君同村人讲释，迷信的村人那里肯信。我便将这条毒蛇装到瓶里，用酒精漫起：这可不得了，村人多恐慌了说,："先生将大王醉死，非下十八场大雨淹了俺村不可"。说也凑巧，多日不雨的天气，在我拿着毒蛇的第三日，却雷电交加，雨如倾盆的下了起来。村人的话果应验了，这时我真受窘：幸而本学有动物图解，我便拿着挂图，携着毒蛇瓶子，两相比较，用了两天功夫，才讲明白，而天也晴了，村中大王大王的嚷声也息止了。在中国的乡村内，要破除迷信，真是谈何容易！

卫生工作

乡村卫生本来是谈不到的：天花横行，癞疥猖獗。即以我们儿童部的学生论，大半是满头癞疮。我们见到这种情形，大家商议着买了几打牛痘苗，先自校内学生种起，继施种于一般儿童，后来成人也种了起来，一共施种四百余人。当酷暑时，乡间每每时疫横行；本村学为预防计，购办各种时疫救急药水十数打，村人有罹时疫急疵者，可无偿的前来取服。这样就很救济了些人。于此可见乡村医疗卫生之切迫需要；深愿致力乡村事业的同志们注意此事。

纪律训练与集团活动

本村自村学成立后，妇女部与儿童部学生曾举行多次社会活动，如赴外村游行宣传放足，检查本村放足；参加植树运动，提倡国术游行宣传；她他们都是兴高采烈，认真去做。于社会方面也曾举行过不少的团体活动；全村男女老幼都去参加。初举行时不免男女混杂，拥挤扰攘，谈不到秩序两字，俟后逐渐安静；但仍是不能秩然有序，而次数多了渐渐行了。在李星五先生追悼会时，村人到者不下数千，竟不用说自动的男女分立，自始至终无一人高声谈话；可见人全是一种习惯，渐次自能养成。乡村人并不是不能养成团体习惯，纪律行动；而是无人领导他们，走向新习惯的路罢了！

在开"五三"国耻纪念会时，小孩子多有慷慨激昂的演说，妇女部的学生都哭了，乡村儿童，爱国的热诚并不亚于都市儿童。我们要培植国家的生力，千万不要忽视了这些乡村孩子。村女牧儿，才是将来真正的救国者！

经济建设与合作

在成年部上课时我们曾讲种植美棉的利益及方法，到植棉期，农友们多跃跃欲试，我们便到农场买来美国脱字棉种数百斤分售农家，总计本年（二十三年）本村共植棉五十八亩半，在这素未植棉而耕地不足的山村，能骤植五十余亩，实是难得。各植棉农家为便于运销计，由县政府指导组织美棉运销合作分社，推李子英先生为社长进行一切。本村系山地，种植果树素很起劲。县政府的植树令一下，更引起他们的兴奋。结果成绩很佳。总计本村共植树二千五百株，松柏与山果居大多数。并由村民自动的集议订立保护规约七条：兹录于后——

贺家村村民保护林木规约

（1）凡属本村林木，不论公有私有，均在保护之列。

（2）凡本村村民皆负保护之义务。

（3）新植区内禁止放牧牲畜及打柴放火等妨害林木生长行为。

（4）凡毁损幼小林木一枝者罚洋五元，一棵者罚洋二十元，多则类推。成树按其值，十倍罚之。

（5）如见毁损匿而不报者，与毁损者同罚之。

（6）所罚之款以三成为报告者奖金，三成为植树基金，四成为本村教育基金。

（7）本规约自公布之日起，大家遵行之。

乡人是诚实的，他们自己订立这个保护规约，大家确是遵行着。有违犯者他们绝不讲情面而按章处罚的。如该村郭张两位之事是。

本村各类合作社，组织成立的确已不少；而真正发生作用的。只有庄仓和林业两合作社。其他的棉业和消费两合作社还在初步阶级。棉业合作社于去年组织成立，种棉的有十三家，今年尚有增加，消费合作社，我们正在研究一种不受损失的办法；我们想改变一般消费合作社的购买销售办法，而按各村民的需要物品和数量先行登记，然后买来按登记的品类数量分配与村民。这样办是可减少合作社本身的损失；不过究竟通不通，很希望专家指导。

社会教育中心——达德园

我们组织一园子，园址是大新先生尽义务拿出来的。我们在这个园子里安排下的有图书馆，阅览室，新剧社，音乐队，体育场等；预备安置的为国术团，合作货厂等。由梁漱溟先生题名为达德园，采"智、仁、勇三者，天下之达德"之意。

达德园内：（一）阅览室有动物挂图一组，植物挂图一组，生理卫生挂图一组，天文挂图一组，日本侵略挂图一组，地理系统挂图一组，身家盛衰图一张，世界发明图五张，地球仪一个，中国历史挂图一组，历代皇帝系统图一组；其他报章杂志，周刊，月刊等四十余种。（二）新剧社、音乐队，二者系在一室。各种物品，如乐器类有四根弦一，九节长箫二，大大胡一，月琴一，笛子四，碰钟一，风琴一，大正琴一，坐鼓一，板鼓一，胡琴一板一，铃碗二，大锣一，铣锣二，大钹、中钹、小钹各二对。化妆类有长髯口三，新式胡四，发辫二，男女衣十套，新式布景挂幕等，棋类有象棋一，围棋一，军棋一，其他，抬球器全套。（三）体育场有篮球器全套，单杠一，跳高架一，滑板一，轩轾板一，皮球十。（四）国术团有小战刀二，大战刀二，花枪三，小鬼头刀一，剑二，单刀七，铁鞭一，关刀二，杆子二，铠链一。

以上体育场，阅览室，图书馆，皆已开放。音乐队共有队员三十余人，老少皆有；他们自定的练习时间，是每日中午和晚上。这些队员，多是推石头的壮农和勤苦的老农，他们借着音乐以恢复疲劳，享乐人生。国术团是我们自卫的武力，以我们成年部一百二十个学众所组成。

贺家村之特点及我们相与之情

在这一年，来本学参观的人可说是多了；很使我们惭愧！实在我们一点成绩没有，一点可看的东西没有；村子的破烂是和别村无异，学里的设备尚不如普通初小，我想来本学参观的是没有一个不失望的。可是本村真正的好处，实在不是一眼可见的，更不是短时间能知道的，他确有一般村子所没有的特长。这种特长是什么？便是全村无意见，首事与村民，首事与首事村民与村民，全是事事公开讨论，公开报告，各种事情皆取决于会议；有时学务会议决议的事，为慎重起见，还拿到村民大会去讨论。开会时有时辩论很烈，但一经有了结果，大家均服从，而绝无一毫私见。故本村事业，赖此得有顺利的进展。

现在且说我们中间的相与之情——阴历新年——仍按照乡村习俗放假，我便决定回家（峄县）去看一看；而来劝留者，络绎不绝，他们是怕我不回来哟！我就向他们解释，并不是一去不回的。我本是决定十二月十七日动身，十六晚上，大男小女，挤满了天井，屋里也坐得密密的，他们都说："老师明年早些来！"并替我整理这，包扎那，他们的热诚，真使我十二分的感谢。夜十二时后，经我婉言催促，他们才离开。我刚倒在床上，外面又砸门了；

那时天才二时，开门看。原来是妇女部的学生刘长秀和她六十岁的老爷爷。接着妇女部，儿童部、成年部，及成年妇女老太太们都来了；他们是天还没有明，专意起来送我的，那天真的小学生，多两眼饱含泪珠，我心里也莫明其妙的难过。

晨六时德新将我的行李放到车上，他决意送我到周村，我们出发了，贺家村的男女朋友，五六百人整队送我里余，小孩子多挥泪了，经我再三的辞谢，他们直看着我上了车子才回去。唉！他们对我的热情，是真的，绝不是虚假的，使我十二分的惭愧，自问对他们是一点益处都没有，他们竟而这样的对我，于此可见乡人的厚道了。

阴历二月初十回来时，他们欢迎的热诚，仍不减于送别时；这真增加我不少的勇气，更坚定了我服务乡村的心志，我始终的说："乡村人是好的！"乡村内才可以见到真正的"人心"！

结　　语

上边是过去一年来，办的一些杂乱事情，实在谈不到什么工作成绩。至于将来的工作进行，我们已决定了一个大方向，——即是要走向组织的路。下一年多作合作事业，充实现有事项；竭力使这个新的组织发生作用。

位家庄村学工作之自白

陈康甫

位家庄村学之成立始于民国二十二年七月，隶于第六乡学。我则于是年十月受命为位家村学教员，至彼工作。本人于奉命之前，自觉年轻资浅，经验短鲜，能力不足，实担负不起推动乡村，改进社会之责；常自警惕。然既已受命往矣，姑勉尽绵薄，一趋一蹴，挣扎年余；今春三月复奉县令调迁七乡，计及在彼工作，历时十六月。在此十六月中所作何事？运用何方？乡村是否较前有进？自己究竟有无获益？不可不有一报告。然扪心自问，实汗颜无地！今为此篇，贡于贤达读者之前，祈有以教正焉！

我们下乡是干什么，不消说得；其如何干确系当前第一问题，而即需解决者。中国社会基于乡村，乡村社会重心握于乡村各有力份子。我们要组织乡村，改进社会其对象当为乡村各有力份子与一般居民。而近时的乡村经国中数十年政治文化之转动，逼得衰颓，逼得崩溃；复以乡村居民，痛见具有某种运动色彩者，高唱什么口号，结果则大吃其亏；自以对外来的潮流运动，不是怀疑惊惧，消极的抵制，就是积极的起来抗拒。今我们去到乡间，自然难免他人所遭遇的命运；而能不同样的被驱逐拒绝或消极的抵制耶？形势如此，我们究应如何求与之融洽通气，深入其中，打动他的心愿，鼓舞他的志气，抓住社会的核心，而运用之、组织之、扩大之，则当未雨绸缪。乡村居民对外来者多疑惧厌拒，此乃有因而然；如我们能存心至诚，坦荡恳挚，怀深长久远之好意，抱坚决果毅之意志，处事敬，与人忠，言语行动审慎检点，处处从忠诚善意出发，事事以至诚求之，人人以至诚动之，则工作未有不能进行而日起有功也，我下乡之初，既自痛力量薄弱，学识浅陋，难以取信于人，使人之从我；而乡村情形复如彼，则欲从我身上发挥作用，领导乡民，自为戛戛其难。但我相信上述道理：苟精诚一到，金石为开；遂决本斯旨，工作下去。自思吾果能如此，虽不能为乡运助，亦不至为乡运前途生阻，为乡运团体中一大罪人。日后位家村学之有点点进展，许或由于我自己这一愚拙的态度。

现于未讲工作之先，稍稍说说该村学之社会环境：位家庄坐落县城东北距城十五里小店——乡学所在地——之南，居户二百〇七，人口一千一百五十六人，丁银二百六十两，计占有土地三十九顷，平均约每家占有土地十五亩许（官亩）。除百亩稍赢一二家，及仅有土地一二亩者二三家外，占有土地三十亩至四十亩之户为最多。农为主业，工商副之。出外营商者，约六十人，年计收入三四千元。工业，织带者十余家，为收入较多者，亦可年收二千余元；其他如弹棉压花织辫线……等，实无法计算。大致此村在六乡为比较富裕之村，村众生活亦相差不远，无绝对贫苦，更无纯粹佃农。男六百二十七人，成人不识字者只百二十人，读书十年以上者三十七人，三年至五年者较多。其余妇女五百二十九人，全部失学。至于社会各份子，平正实在者尚占多数，游猾讹诈之徒，亦在多有，嗜毒品或犯卖者则绝迹，而赌博犹炽。其游滑讹诈份子，在此社会中犹有作恶之力，直接紊乱社会，促社会不安，乃无可讳言者；而平正实在者，则充满好私恶公重利忘义之精神：想此或为一般情形，单责之一村庄，诚不免失于狭隘严刻。而散漫无紧，至父子不相助，诚有令人惊疑者。

依上述情形而为之分析研究，知位家庄病象不出三点：（1）邪力尚盛，（2）村民无公心，（3）社会散漫。而第二项之所谓无公心，据我观察其原因系由于：（甲）过去政治之失信。（乙）近时邪气之高张，邪气高张，忠厚长者与夫贤良之士自被驱迫退隐，不问村事。政治失信，人民自然疑惧赵趄消极躲避。而邪气高张，痞棍横行，又实由于政治之失轨辙，无复法律秩序、公共权力；若村政主持得人，亦可扶正抑邪，杜绝坏人为非作恶之机会，开发其改过迁善之动念。坏人自新，好人当更上进，则善良长者自会出头说话矣。至于社会散漫，则为根本问题，不仅限于位家村落，而为我乡运最注意而想办法者。我乡运工作之着眼点即在促乡村社会进于组织，形成自治团体。——上面位家庄之三种病象其第一第二两项乃问题派生之问题，似不成为真的问题。而症结问题则在社会之散漫；但此问题之解决，强之既不能，急之又不可，须平心静气慢而稳的前进。故根据我对该村社会形势的观察，与社会问题的分析，则该村村学工作路线，自然摆在面前；吾人工作前去，必然落到下面方法：

（1）策村学入轨——此可名之曰促乡村领袖就范。现在的乡学村学，为实验县之新行政组织，其含义亦新，而为乡村领袖及乡村居民所未前闻者。村学领袖之产生则又系半出于前办公人员，较公正而热心公务者之各前自治组织之乡长，或再前保甲组织之庄长，或现在村立小学之管理员；他们骤为安上一个新名色，换上一套新外衣，自身虽为学长或学董，但心中仍存有前乡长庄长管理员之态度气势，意味。名正质非，其无心用力，或用力枉费可知；其肯用力者则或权限不明，相侵相犯而更乱。据此一意，非促领袖就范不可；而促之方，实不好谈及。盖以各人背景不同，性质不同，习惯不同，造诣亦不同。固亦有相机利导之各零碎方法；不过从各不同中，尚可找出一共同必需之点：

a. 从社会现时环境指点之，引动之，鼓舞之，由悲愍而奋发；

b. 从当前事实上领导之，纠正之，纳之入轨。

现在我来略一谈谈位家庄村学领袖：

▲学长：王茂申，字燕容，年近六旬，为一年高德隆之长者；性格纯厚，笃孝克友。其弟静海，早年游荡屡败家产，幸乃兄费尽

无限心血，一面劝诲，一面分产；虽耗财分苦，卒克教弟成材，乡人益以钦重。静海既经乃兄劝悟，痛悔前非，对一切利于人者，尽力以成之，虽有大的牺牲亦所不顾，以此名誉惭复，信仰渐著，今则一切问题皆委之彼，邻里争执，片言即折；更能虚心向上，从善如流，对一切事皆不怀成见，一以众人之意见为归，彼仅从中贡献意见，俾大家心气相通。故村学之能顺利进展，领袖之能合作，村民之能与村学一致，此二公之力量居多。

▲村理事李守经，字景山。为一敦厚质朴之农民；亦粗晓文字，在本村素极热心公益，颇得人望。居县政府与民众之中，确能尽传达意思作用；本村学之能稍见成效，此公亦殊占重要。

▲学董：村学之组织，除常务学董——理事——外，尚有学董二人至四人勷助理事，位家庄乃村庄之较大者，事务较繁，特由县府委任四人为学董，即李振安、夏尔平、张志伦、王茂学是也。斯四人年各五十余，为人尚属纯正，办公亦热，经验素具。上有一村理事领导提挈，旁有学长指正监督，位家主持始是得人。固不敢曰能措置裕如，然勉强可由此进取矣。

▲间邻长：间邻长在自治组织上为最基础之组织，在功能上亦最易发挥作用之组织也。间邻长之在各间邻也，所辖区域仅限于邻之右左前后，邻之各家庭状况，各家庭各份子之性质行为，洞悉于衷。且间邻长多为各族信仰素立，众望所归之族长，间邻之各份子属于子弟者多。以族长身份，行使其族长之权威，勉以向上，导之归正，既不费力，又无反感，熙熙穆穆诚非难事。间邻长之于村学组织中，地位实关重要。然必须与学董会连系，发生密切关系；如学董会善于运用，善于领导，一动而全体皆动，则何事难做，何事不成。村学组织中尚保留间邻长者不为无见，但位家庄居户二百余，组为九间，四十五邻，间邻各长，年老颓废者有之，年轻气壮，可称精悍者亦有之；余特别注意及之，使其发挥作用使其与学董发生连系。

（2）增大村学助力——单就促领袖就范说，如肯作会作，在组织之纵的方面可以倡而有应，自信可以开出村学向前途径。然此不过倡而有应而已。在横的方面是否能通行无阻，尚是问题；亦正待用力的地方。如上面所说，我们的村学是新的组织。固然乡村领袖可代表乡村，我们能有力引动之；而民众部分若不明了我们村学的意义，不承认我们的办法，单由领袖向前走去，不能不有问题。再则我们应注意者：现在领袖乃新聘委者，即使接受我们的影响，彼之行动尚不能无退缩疑惧成分；其有动念不纯，动力不强者自在意想中。于此应一面把住领袖不容其懈，二则从旁找出助力。有助力以助其事功之成、之易成、之速，促进其办公之兴趣，增大其办公热。待其兴趣浓厚，热肠弥坚时，大胆放手，彼即稍涉艰苦，亦不致退挫不前。吾人不愿村学发生作用则已，欲其发生作用非找到助力不可；不愿领袖办事则已，欲其办事非找到助力助其成不可。究竟助力何处去找，谁为助力，只要肯用心、肯去找，必然找到，且必然找到合乎我们条件之助力；不过对助力之期望，不要太高，期望太高。失望随之。若把期望减低到最低限度，纵助力不成为助力而却不为我们阻力，即是间接助我们也。

在位家庄村学所找之助力即为乡老谈话会。其选择乡老之条件为：

　　a 年老尚有德，能为一部人所信仰者；

　　b 平实公正，尚肯致力于社会者。

其聚合方法，每两星期由学长请到村学聚会一次，学董参加。开学董会时请乡老列席，并请发表谈话，平常则请彼等向村众作宣传解释工夫；盖彼等乃事外人，对村众说话更有力也。

（3）扩大教育机会——在村学里必如此才能发挥其作用，而村学愈发挥作用，教育机会愈需放大；两者相生相长相助相成。位家庄村学因初办关系仅限于：一、成人部。位家庄村学成人部学生五十六人，十五岁以上，七十岁以下者均有，课程只时事、精神讲话、识字、珠算四类。二、民众露天识字处。谈及民众识字，当时我曾说过："今天在位家庄来说话，识字运动是不好作；因为感觉识字需要者，已识过几个字，或者他觉着知道东西已经不少；不识字者，乃不感觉识字需要。似此情形，如何再作识字运动？今天我们作识字运动，诚不通之运动。"当时几经商议，几经讨论，以借机会对大众说明村学是什么为宗旨，至于识字再看各人兴趣，再则是借此作开教育大门的钥匙，借此引起村众愿到学校来之动念，鼓起愿意到村学来之决意，期于村众对村学不怀疑、不反对，将阻力化为助力而已。因这种工作，讲话的时间多了；识字不过在讲完话时，把一段缩短至最少几个字，写在黑板上，与他们解释，再由学校写成片子，发给他们，由他们自习。

以上，所谈乃是二十二年十月至二十三年六月之情况，七月至二十四年一月的事，当再续谈。现将此大半年之工作，作一检讨如次。

在过去大半年中，其工作方针，活动方法，大体上固不能谓无；然鲜能在一阶段于较有可能性之工作，拟定一进度计划去完成。故费时多而收效少。这是自己亦无可讳言者。事实上予我一最大教训，自思自省，无任感愧。兹分言之——

1. 社会教学之收效太少　（a）成人部：成人部之设定，前已说过，为乡运工作中最重要而最必须之工作；但教材运用本能妥当，程度较高者未得满足，程度稍低者则势同嚼蜡，更益以自己无较好之教学技术，学者实乏求学兴趣；彼到此不到，此来彼不来因此学校对彼等无相当之认识与了解，在彼等对学校亦无相当之亲密与信心，表面上虽似有师生关系，而事实上恰不是此回事。（b）民众露天识字处：村学创办伊始，成人部招生较难。村众无振奋精神，或羞涩本能特强，不愿应招。今设此识字处，引其入学乃第一意；更蓄意传播村学意义及办法，引发其入学兴趣，鼓起其向前动力，使之参加成人部而得一较大教育机会，激发其心愿，育成其为能动份子，为村学助。此在无形中固有相当影响，而究无确实效果。听众东往西行，甲去乙来，每日到场人数，固有统计，但来者为谁尚多不熟，因如此之流动，感情无法连络，更难培以道义上之信心；而蹈于一般所谓大茶园式之民众教育。

2. 策村学入轨　原来之假定，一般村众无相当社会意识，乏共同意志，更少团体行动，故确难找出一种或一部分力量，为我们指挥运用。乡村领袖则为众意所归，至少必为一部分人推戴，可以代表一部分；彼等若一就范，全村之三五领袖一合手，是不啻三五部分村众合手，三五部分力量合成一个力量，抓住此一个力量，指挥之，运用之则何事难成、何谋不遂、乡村建设何患乎无功？再乡村领袖，为村政之主持者，全村之好与坏，大半操于领袖之手，斯时也若其分际不得：而用力必乱；所以村学第一步，非促领袖就范不可。是以余在此处曾用相当功夫。至结果也，所获只各领袖知用力之所在，进一步肯用力如前言第二意之不乱而已。至对领袖具有若何力量之期望，事实上告我是一种幻想。

3. 增大村学之助力　此之所指为本村乡老会之组织。余之初意，乡村领袖为众意所归，众望所期而乡村领袖又产生于乡村中公正乡老；他们在一乡村中，年相若，性相近，同声相应，同气相求，我们村学若得乡村公正乡老之承认，直接可以帮助村学行动，间接又能防止其他阻力；领袖行动于前，乡老助援于后，斯可事半功倍。但事实上之获得，只在消极方面之不为阻力，进而予他人以影响或暗示，积极方面之振作奋发，有若何要求，供给若何意见，助成我们以何事何业实未得到。

总结过去大半年工作之检讨，其所得不过"领袖就范""村学无阻力"而已。再敷陈其他恐不免于夸饰。当然，此中问题，不出两方面：一、村中散漫无纪，互不关切，——青年子弟不与老辈发生确切关系；二、自己的方法不够，精诚不够。是以二十三年七月以后，我底方针就有变动——

培植学董会力量：学董会之力量缺乏，是工作不能顺利进行的根本问题；非根本建树起来，则一切工作没有办法。至于我的培植学董会力量的方法，则是吸收有力青年与组织的运用；

吸收有力青年——在过去一年中，所谓增大村学动力，工夫完全用在老年身上，我们的活动、我们的宗旨，得到他们的承认，间接减去阻力，这未始非帮助我们。然彼等究为老年人，以生理关系，无多大能力以帮助我们。固不能不转而属望于青年壮年。乡村青年壮年之知识正待开益，精神正待有所寄托，力量正待有所发放，我们应该启迪之，吸收之，运用之，以进行乡运工作。我乃将前之期望乡村领袖要求在前，乡老助成在后者，今转而变为青年壮年要求在前，领袖乡老助成在后；庶如此顺序走去，则此村社会改进或能日起有功。

组织运用——我们的乡运工作，好如俗说："引仙人过桥"。现在的乡村领袖正待我们引他。今培植他们的力量，仍然以运用他们自己力量以培植之为第一原则应绝对避免"人存政举人亡政息"之病。

今再来检讨此半年来的工作：

甲、有力青年之吸入——当本村学初作是项工作也，第一步仅注意已受训练之壮丁身上；以其曾受过相当时日之训练，对乡建大意，至少有些微印象，对实验县定有相当信心，对于号令工作当少怀疑，吸收之较为容易。且彼之义务与责任实有与村学合作之必要。此乃其必须使之加入村学而共同活动，由村学指挥运用之。其经常活动方式则为分组谈话会，将本村学依全村地之所宜分青年份子组织成之团体为四大组，每组以所在地学董为领袖，其间邻长及联庄会会员为组员；除有特别事故外，每组于每一星期内轮流到村学谈话一次，以连络感情及交换本村改进意见。其谈话有意义须提出讨论者，则提出于学董会讨论之。平日村学内各教员，则预备谈话材料，或提引问题，并备备忘录，记其谈话，以供学务会议之参考。村学学长理事，除有特别事故外，须逐日参加。

乙、继续扩大教育机会——（a）儿童部：本村学龄儿童，除在校就学之男女儿童七十余人外，尚有男童二七人，女童五十三人，因家境困苦或重男轻女之各种关系未得入学。几经商讨乃采用类似小先生制之办法，以扩大儿童教育。但为时短。未见较好结果。(b) 成人部：此半年来的工作，几完全以培植学董会力量为原则，成人部之入学学生固要为有志求学，应招而来者；但为培植学董会力量计，乃以各学董介绍为原则，而介绍更以各学董自度其用力最易之学众，该学众复为时间所许可能常来者为条件。如此办去，结果竟超过预期，得文理通顺、书写尚佳者二十余人，程度稍低或不识字者四十余人，共计七十余人。我们按其程度，分高级、普通二部，举班长以维持秩序，编为几组使其互相约束督勉，以免误时缺席废学等情事之发生。此固为教学管理上之必要；而促其发生相互关系，养成守纪律、爱团体、重领袖之习性，其意义更属深远。去冬邻村演戏将近一月，成人部未受多大影响，未始非此之功。村众之向学心诚，求进志切，亦可借此窥见一斑。

结语

现在村学领袖，如理事学董等，内有闾邻长之协辅，外有乡老训练员成人部之助力，和合一团，有倡有应；在领袖身上，作事不费力，故兴趣益浓，胆气较壮。办理年余，时有参观者赐教，我每对之歉说："此处实无若何可以看得见的所谓成绩之类，值得大家玩索的东西"。知之者则说："这里乡村领袖有事集合，无事聚谈，谈到乡中应兴应革事项就去进行；这是极不容易的事情"。这或许不是过分谬许的话，而颇可自信的一点。此外须提到的：六乡烟赌之风甚炽，每逢演戏会期，民众或吸或赌，迹近公开。位家庄领袖人等对此痛恨切骨，明禁暗劝，尽全力使之绝迹。今可担保的说一句："位家庄烟已禁绝，不过仍有二三瞎根耳"。此外如村中门气一节，除有特别情形外，则很少涉讼。

现再根据过去经验略说几句——

（1）大家莫说无人替解决问题：在我们背后还有一个有力的县政府和研究院！要是如果系另一个空间，就要显出自己无本领，无毅力以担得起这乡运大担。我今天奉告我们乡运同仁，只要肯隐忍一霎，再向前追逐一步，总有解决方法排在前面的。

（2）希望教育政治二种力量合用：这话说的不知道对否，不过在过去的感觉是这样。譬如在行政方面要乡村办一件事，乡村或者当耳旁风，或者怀疑，或者惊怕，总是不能痛痛快快办到；就是用政治力量，逼他作到，至少不免失于硬性，惹得怨声载道再说负教育责任者，要提倡一件事，就是他知道需要、该办，也是不肯办理，任你说破嘴皮，总是要惹他一个多事的评论。我想二者若能合用，必定事半而功倍，至少无功亦无弊。

菏泽实验县宝镇乡乡农学校

王湘岑

上　篇

一、宝镇乡概况

宝镇乡位于菏泽县之东北部，东界巨野，西邻鄄城，南接本县之永绥乡，北联本县之永河乡，北联本县之永河乡，西南更与新成乡相衔接。全乡共地七百四十五顷十七亩；凡七十八村，四千三百十一户，二万一千六百零二口。这自然是一个约数，而非确数。居民普遍是自耕农，土地大致还算肥沃；惟连年以来，虫灾水患，迭出不穷，因而民生凋敝，达于极点！溯自民国六年至于今日，在此十七年里面，共上黄水六次涝水三次，蝗虫三次；有如下表

灾别	年别
黄水	民六，民十，民十二，民十五，民十八，民二十二。
涝水	民七，民十四，民二十。
蝗虫	民十六，民十七，民二十一。

你想这样的天灾连绵，农村经济怎能不破产，民生问题又怎能不日趋严重呢？所以本乡除东南一小部分庄村，因田地较高，未受水灾，经济稍为充裕外；其余各村，都是困窘异常！一般民众的生活，均在水平线以下，一至其地，真是疮痍满目，荒凉不堪！试思

以强悍著称之民众，在此种生活情况之下，又如何能禁其不铤而走险呢？本乡土匪之多，此为其最大原因。

本乡风气极为蔽塞，教育亦极不发达。全乡之中，有完全小学一处（后并归乡农学校成为小学部），村立小学八处，除两三处设备较为完善外，其余都是简陋不堪。这自然不能怪他，因为大多数的民众，饭都没的吃，衣都没的穿，又怎能有余力使其子弟上学，有余钱来设备学校呢？况本乡纯为农业社会，交通既不便利，生产技术又极简陋，他们也实在感觉不到有读书识字之需要。由此说来，教育不发达，乃当然的现象，这是丝毫不足怪异的。

二、本校之组织

本校之组织，系依据"菏泽实验县乡农学校组织大纲"规定的。兹分述于后。

（一）学董会 成立学董会的正当手续，是由学区内的乡长推选五人至九人组织之。不过在实验的初期（三年以内），因种种的关系，推选学董，颇感困难，所以是田县长用咨询的方法，就地方人士里面择学业德行堪为师表或在乡任事素孚众望者来聘任的。本校学董共有九人：计为郭润生，刘俭斋，李含音，马世华，李子明，郭竹铭，刘中三，郭干臣，刘凰仪，诸先生。学董会设常务学董一人，也是由县长于咨询地方人士之下来指定的。至于组织学董会的意思，是想借以辅导乡农学校之进行，而促兴地方之事业的。他的职务：第一是商榷学区内一切改进计划，以供校长之采用；第二是议决常务学董所不能解决之重大事项；第三是执行县长或校长委托学区内之改进计划。

（二）校长 校长主持全校校务，并秉承县长处理本乡区内一切社会改进事宜。校长的选聘，在实验的初期，也是由县长咨询地方人士聘任的。

（三）教务处 及总务处本校校长以下，设教务总务两处各设主任一人。教务主任商承校长办理校内外一切学务事宜。总务主任商承校长办理校内外一切行政事宜。总务主任以下设事务员一人，商承总务主任办理一切事务。

（四）普通部　普通部是训练一般农民的：就乡村现实生活，引发其自立互助之精神，培植其增加生产改进组织之能力，以期养成健全之公民；并按事实之需要，随时随地招收不同之班次。但本校现下举办者，只一自卫训练班。自卫训练班设军事主任（即班主任）一人，军事教练一人，教员一人。

（五）小学部　本校小学部共有高级一班，初级三班。小学部设部主任一人，高级教员一人，初级教员二人。

附实镇乡乡农学校组织系统表——

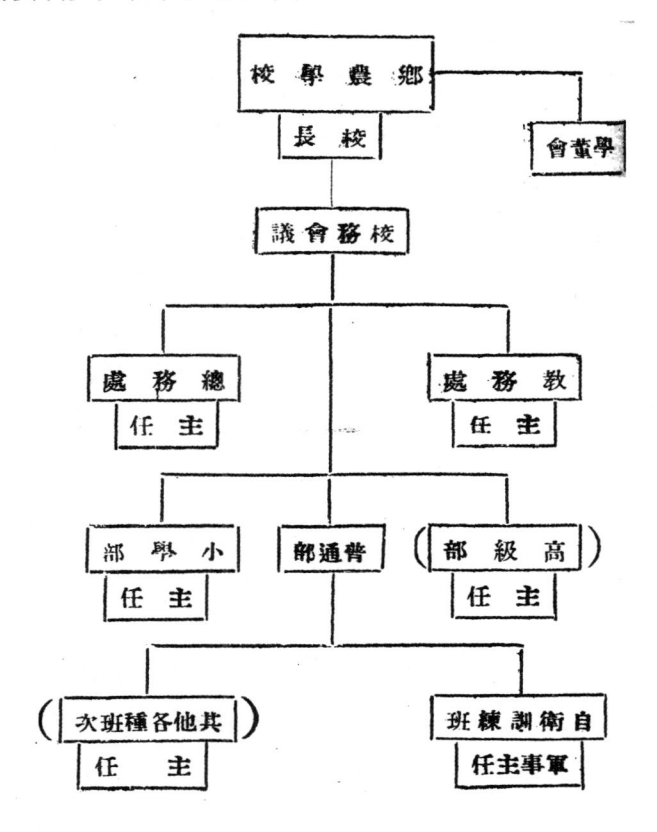

```
                    乡农学校
                      │
                     校长──────学董会
                      │
                    校务会议
                      │
          ┌───────────┴───────────┐
        总务处                   教务处
        主任                     主任
          │
    ┌─────┼─────────┐
  小学部  普通部   （高级部）
  主任             主任
          │
    ┌─────┴─────┐
 其他各种班次   自卫训练班
   主任         军事主任
```

（注）本校高级部正在筹备中，尚未成立；普通部亦只有一自卫训练班，其他各种班次，均未及举办；然所以列入组织系统者，

示其全也。惟因其尚未办起，故以括弧括之。

三、筹备之经过

在去年六月十五日，菏泽实验县举行实施开幕典礼。十七日本校同人公推总务主任陈秀五、军事主任许守清、事务孙慧泉，三位同学下乡去筹备。不过这里就有点问题了：因为从前政府方面所举行的新法新政，不惟不能解决乡村的问题，结果反加重了民众的负担；因此引起了一般民众对于所谓新法新政不敢相信的心理。我们的实验县，是一种新的制度之实验；我们的乡农学校，也是"政教富卫"合一的新组织；在他们未能真实明了其意义以前，对于这种办法，当然是不敢相信，当然是要怀疑的。所以我们的同学初到乡村之后，不惟一般民众要用疑惧的眼光来看，就是所谓较有知识的人们，也是怀疑莫定，观望不前。但我们初次得到下乡同学在电话上报告这种困难以后，便立刻决定一个办法，就是要先去拜访他们，去解释一切，说明一切。十九日开乡长学董联席会议（宝镇乡区内包括七个小乡每乡都有正副乡长），讨论自卫训练班出人出枪的办法，我亦自城内趋往参加，结果还算很好。于此第二个问题又出来了，原来我们乡农学校的校址，是在一个贫困荒凉的集镇——都司集——上，校舍即在该村之北头，系一处倾圮破烂之营房。宝镇乡系以前第七区内的一部分，七区的区公所，原就设立于该处，并养有区兵十余名。不过当我们同学下乡筹备的时候，原有的区兵，就已竟解散了。可巧那时正是青纱帐起，土匪蠢蠢欲动的时候。你想几个赤手空拳的书生，住在一个僻陋荒凉治安毫无保障的集镇上，这是多么危险的事情啊！假使土匪故意摇乱，将筹备的同学全数架去，这对于我们乡村运动的工作上，又是一个如何的打击啊！所以在这种严重情势之下，我们决定一方面将城内规定好的同学，全数招来；一方面向城内联庄总会，及其他有关系的庄村，借了七枝钢枪：于是我们在白天则分途工作，如拜访乡长学董，及筹备其他各种情事；一到晚上，就荷枪实弹，分班警卫。这样的战战兢兢，急急忙忙，才算将这危险的时期平安渡过。二十八日自卫训练班的学生，便肩着行李，带了枪支，纷纷来校。七月一日行开学典礼。以后就正式上班，实行训练了。

四、自卫班之编制与功课

本校共分两部：一小学部，一自卫训练班（普通部）。小学部系以前之县立第四小学并归于本校者，内有高级一班，初级二班，共有学生九十余人。关于这部的事情，多半是一仍旧贯，无甚变动；现在所要叙述的，是偏于自卫训练班方面的。本校自卫的学生，每期六十人，都是从各村送来的。他们的年龄，是从十八岁到三十岁；他们的程度，是从不识字到初中毕业——这里不用说没受过教育的是占最多数，受过教育的是占最少数了——关于他们的编制，是全部学生共分五班，每班设正副班长各一人；不过上识字班的时候，因为程度的不齐，还须另行分组。在本校的过去，大概是分为三组：即程度较好文理通顺者为一组；稍受教育粗识文字者为一组；未受教育目不识丁者为一组。这三组除第一组系另选教材外，其余二组都是用的农民千字课。至于功课，除去识字以外，则尚有精神陶炼、军事训练、珠算、音乐，四门。精神陶炼是教以立身为人处家庭处社会的道理，课本是本校编的自卫训练班问答，军事训练是教以自卫的知识，并训练其自卫的技能，珠算是教以日常应用的算法，音乐的教学是借以舒畅其心气，振作其精神，并以陶淑其性情的。

五、自卫班训练之目标与方法

本校对于自卫训练班学生训练之目标有四：一、发扬其特殊之精神；二、教他明白立身为人处家庭处社会的道理；三、养成其有秩序有纪律的团体生活之习惯；四、教他有自卫的知识和技能。兹分述于后：

（一）发扬其特殊之精神　自卫训练班的学生，完全是一般成年的农民，完全是从乡间来的。但乡村农民有一种特殊的精神，我们却不可不注意；这特殊的精神是什么呢？就是"孝弟勤俭忍苦耐劳"。我们训练学生，应当教他知道这点特殊的精神，是一般农民的美德；是一般农民的长处；教他对于这点不惟要爱护保持，并且要发扬光大。因此对于他们的服装，一律限用国货；并不准购穿洋袜，亦所以防其奢华之渐，而欲保持其固有之美德也。

（二）教他明白立身为人处家庭处社会的道理　既生而为人就应当明白为人的道理，不过因中国教育之不普及，一般民众对于为人之道，往往茫然无知；这实是一件很可怜的事情！我们对于自卫训练班的学生，固然想教他多识几个字，多学点自卫的技术；但尤其重要的，是想教他对于立身为人处家庭处社会的道理方面，能有一种认识，有一种了解。现在可以从自卫训练班问答里面择要录出几条来：

问　你们在学校里要学成一个什么样的人？

答　要学成一个良好的农民。

问　怎样才算是一个良好的农民？

答　能明白立身为人的道理，能尽自己应尽的责任。

问　你们自己立身为人应当怎样？

答　应当先改自己不良的习惯，先去自己不好的嗜好。

问　改除不良的习惯和不好的嗜好以后，进一步应当怎样？

答　应当存心光明正大。言语真实不欺，行事忠厚诚朴，待人恭而有礼。

问　你们在家对于父母应当怎样？

答　应当孝顺。

问　对于长上应该怎样？

答　应当恭敬。

问　对于兄弟姊妹应当怎样？

答　应当友爱。

问　对于媳妇应当怎样？

答　应当教她孝父母，和妯娌，敬兄长，爱子侄。

问　对于小孩应当怎样。

答　应富慈爱抚养，使受教育。

问　对于宗族邻里应当怎样？

答　应当亲爱和气互相帮助。

问　对于亲戚朋友应当怎样？

答　应当亲睦信实。

问　你们结业回家以后，是作自了汉呢？还是为社会上进责任呢？

答　不作自了汉，要为社会上尽责任。

问　怎样进法呢？

答　先整理自己的庄村，然后再帮助别人整理其他的庄村。

问　怎样去整理自己的庄村呢？

答　应当先改良村中的风俗。

问　怎样去改良村中的风俗？

答　第一应当提倡八德屏绝八恶。

问　什么是八德？

答　八德就是孝弟忠信礼义廉耻。

问　什么是八恶？

答　八恶就是吃喝嫖赌吸穿懒斗。

问　第二应当怎样？

答　第二应当立定村规约，使大家德业相助，过失相规，礼俗相交，患难相恤。

从以上所录的几条里面，也可以看出我们训练的目标之一般了。

（三）养成其有秩序有纪律的团体生活之习惯　中国社会，散漫疏离，患于无组织。然欲进于组织，非先使社会上之各个份子具有团体生活之习惯不可。所谓团体生活之习惯，最重要的，就是要有秩序，有纪律。故有秩序有纪律的团体生活习惯之养成，在组织乡村方面，实为切要之图。我们既从事于乡村运动，最大的使命，也就是去组织乡村；因此对于自卫班学生团体生活习惯之训练，不能不特别加以注意。

（四）教他有自卫的知识和技能　本县之所以成立自卫训练班，为欲使一般民众自身之力量能以维持地方之治安。那么，顾名思义，我们对于学生自卫知识和技能的训练，不能不十分重视了。本班军事训练钟点特别之多，即以此故。

以上所述，为本校对于自卫训练班学生训练之目标。然分言之则有四，总言之则为想训练成一个有用的良好的农民。

训练与教学是有密切的关系的，譬如立身为人处家庭处社会的道理，须在精神陶炼班上去讲；自卫的知识和技能，亦须在军事训练班上去教。其他如珠算之教学，正所以训练其算账之技术；音乐之教学，正所以陶炼其良好之性情；是训练皆于教学中行之。不过教学虽皆含有训练之作用，但除教学以外，则仍有训练之工夫在，此点不可不注意也。兹将本校教学以外之训练方法，略述如后：

（一）共同生活　"以身教者从，以言教者讼"；这两句话凡是从事于教育的人都应当记在心里。我们深信：惟有自己敦品励行、才能引发学生向上的心志；惟有自己吃苦耐劳，才能培起学生勤奋的精神；惟有自己整齐严肃，才能养成学生规律的习惯。总一句话说，就是惟有自己能以身作则，然后才能收潜移默化之效。职此之故，我们在生活方面，是与学生同起居，共饮食，同操作，共甘苦的。就是个人行为方面，亦时常的注意检点，绝不敢放肆苟且。故此等处，虽不敢说就能做到以身作则，但在我们心理方面，确乎是向着这一点努力的。

（二）实际的指导　我们训练学生，不单在口耳之间，而尤注重实际生活之指导；例如每日之饮食起居，上下课堂，以及庭院之扫除，内务之整理，我们都要予以切实之注意与指导，俾他们能渐渐的养成一种良好之习惯。至于巡夜放哨出发剿匪时候的指导，尤为要紧；盖此时能指导得法，不惟学生可以免去危险，并且借此还可以得到一种真实的知识，和真实的技能之训练也。

（三）提撕与警觉　本校精神陶炼课本，是用的自卫训练班问答；讲解说明固然是在课堂里面，但睡前饭后，亦时常的要提出几条来问。这种办法，意思是在提撕他们，教他们常常的记在心里，不要忘了。至于日常生活方面有不合适的地方，亦往往在晚会提出，俾大家得到一点警觉，而知所注意。

（四）谈话　谈话可分为两种：一分组谈话，二个别谈话。分组谈话，是集合五人或六人，于室内或校外举行之。谈话时应注意每个学生之性情、资质、家庭、习惯；同时并相机予以启发规劝或诱导。个别谈话，是遇着某一个学生有特殊情形的时候，方才来用。例如某生犯了过错，不便在大众之下来指斥，就用个别谈话的方法去纠正，去劝导。又如某生出了困难问题，但这问题是属于他个人而并非属于全体的，这样也就用个别谈话的方法去研究，去解决。总之谈话在训练里面是一个很好的方法，是最容易收效的。缘在谈话的时候，彼此感情既易融洽，心气亦易相通，因而所谈的话，学生亦极容易接受，极容易听从。所以用谈话的方式去训练学生，是比上班讲演都有效的。

六、开学后注意的几项事

（一）严整学校的纪律　本校房舍，旧系营房，历来住军队，办局子，都是在这个地方。不过据地方的人说，他们的纪律是不甚讲究的，随便出入，毫无秩序，有的歪戴着帽子跐拉着鞋，有的披着衣服提着鸟笼，随便在街头巷口上遛遛逛逛。一般民众虽然是讨厌，虽然是不高兴，可也只是敢怒而不敢言。我们是作乡村运动的，是处处要与民众打成一片的。既然要与民众打成一片，就得处处给他们一种好印象，最低的限度，也不能叫他讨厌我们。以前驻扎的军队，既有以上所说不好的现象，那我们就非先矫正不可。所以在本校自卫训练班的规定，无论班长学生，一律不准随意出校；即有事时，亦须向师长请假、领取出门证；事情完后，即须回校销假，更不得在街上任意逗留。因此本校自卫训练班虽然连班长有七十余人之多，平常在街上是看不见的，这为的在一班民众正当徘徊观望疑惧莫释的时候，首先要给他们一个好的印象。

（二）拆除民众与学校间之墙壁　我们的乡农学校开学以后，不时的接到乡间民众之呈文，后经详细调查之结果，才知道是以前的旧例。在区公所的时代，他们调解事件，是要有根据的，就是乡间起了纠纷，须先向区公所上一呈文，然后他们才根据呈文给你调解。乡村民众，大多数是不识字的，至于执笔为文，那更说不上了。所以这种写呈文的事情，就不能不假手于代书。因此在都司集上，就出了一个专以代书为业的人。至于写呈文的条例，是每一张呈文三千大钱，酒饭鸦片费在外；大约写一张呈字，总须一块多钱。这真是乡村民众的多费了！这种事情如果延长下去，也真是民众与学校间的一道墙壁。我们为拆除这道墙壁起见，所以就立刻通知各乡乡长庄长，嗣后各乡里间，如果发生了纠纷的事情，即可由庄长乡长就近调解；若乡长庄长不能解决，而后即可由该当事人直接来校申述，并不须要任何手续。这样一来，学校里虽多添了一点麻烦，而民众却感到了无穷的方便。

（三）对于都司集之整理　凡是一个历史悠久的集镇，他的居民多半是习气很深，都司集自然也不能例外。据说都司集在以前是一个商业很繁盛的市场，到后来，因为水灾匪患的关系，才一天一天的衰败下来；直至今日，已成了一个僻陋穷困荒凉不堪的处所！可是一般居民的习气，好像也因此而愈加深重！例如卖面饭的人，遇见客多的时候，可以随时长价；街上的滑皮，对于卖小东西的——如秫秸鸡子瓜果之类——可以随便要钱（本地谓之掇摸行）。其他如鸦片馆赌局，在学校未成立以前，也是很盛很盛！以致闹的集不成集，愈趋愈坏！都司集既成了乡农学校的根据地，我们还能任其这样的向下沉沦么？所以一方面对于烟赌掇摸行严行禁止；一方面召集集头庄长请他们转告各商家，嗣后须一律公平交易，不得任意抬价或骗人。除此以外，对于本集不务正业之游民，亦时常的加以忠告或责劝。

（四）第一个声明　乡村民众最怕的是要钱，这也实在因为他们太穷苦了！事情无论多么好，一说到要钱，那算不成啦；我们作乡村运动的人，要首先明了此点，不要一下乡就触其禁忌，以致感情隔阂，到处棘手。所以我们到都司集后的第一个声明，就是在一年之内，无论如何，不因为学校与民众加重一文的负担。因此我们的校舍完全是因陋就简，并未叫地方上建筑半间的房屋。就是旧房之修治与整理，也是开学后我们和学生共同来作的。

（五）村立小学之视察　本乡小学，除去小学部以外，共有八处。设备大都很简单。不过小学在我们的乡村运动中，是处在一个极重要的地位上。他可以传达乡农学校的意思给民众；他可以教训儿童将来成为乡村社会的中坚分子；他可以领导一般民众去作乡村建设的工作：总一句话说，就是他可以作推进乡村的一个中心。不过现在的一般村立小学，因种种的限制，办得实在太不完善了。可是我们如果想改良他，就非先明了其真实情形不可。我们一到乡间之所以要急亟视察各村立小学者，其意盖作于此。

七、第一步的计划与工作

以上所说"开学后注意的几件事"，是太零碎了；可是我们并不是没有一点计划。不过这种计划，须待学生稍有训练后，才能开始进行罢了。现在将我们第一步的计划写在下面：

（一）肃清土匪　曹州是著名的多匪之区，而宝镇乡之在曹州，尤几为土匪发源之地；这并不是宝镇乡或曹州的人生而就有土匪的性质，实在因为他们的生活是过于困难，所以不知不觉的就逼上梁山了；溯自清末以至于民国十七年，其间或大乱或小乱，几乎是没有一年平定的；并且当匪乱最厉害的时候，乡间民众几逃避一空，大部分的田地，都鞠为茂草，当时一般民众的痛苦，可想而知了！民国十七年以后，地方上虽稍为平靖一点，可是一到青纱帐起的时候，土匪即又乘机而起，抢夺掳掠，无所不为！都司集原系自郓城赴曹州之大道，不过因匪乱的关系，一到五六月间，来往的行人，不是西绕候集，就是东绕安兴，至于正道的都司集，是没有人敢从那里走的。由此种现象看来，这个地方治安的问题，是何等严重啊！

"急则治其标，缓则治其本"，社会上的事情，大都如此；治匪一事，自亦不能例外。在土匪猖獗的时候，既不容我们从根本上想办法，则对于已有的土匪，自不能不出防剿之一途。不过我们为避免危险起见，在学生未受相当之训练以前，是不敢叫他们出发的。就是受了相当的训练之后，出发的时候，也有我们的主意。这种主意是什么呢？就是"明哄""暗截"。何谓"明哄"？"明哄"就是听说土匪在某一个地方，我们就光明正大的带着学生去哄逐，这样土匪自然要闻信远飏，不敢逗留了。何谓"暗截"？"暗截"就是先查明土匪常常要走的路径，预先埋伏好学生。待其经过时而加以袭击，这样土匪也自然是心惊胆怯而不敢轻于入境了。我们这种办法，并不是胆小，也不是示弱，实在因为土匪之在青纱帐中，有如鱼之在水，是最不好对付的。这"明哄""暗截"的策略，在我们看来，实在是一个最安全而又颇有效的办法。况且我们防御土匪，并不是要与土匪拼命，实在的目的，还是为的要维持地方上的治安。

以上所说的对付土匪之办法，我们认为是不够的；此外还须勤出发，勤放哨，多置耳目，严密防范，给土匪以无可乘之机，如此其庶几治安可保，而抢架之祸可免了。不过单靠学校的力量还是不足，最重要的就是要把一般民众组织起来，指导着他们自己打更，自己守夜，自己能守望相助，这才是一个根本的办法。

一下手对付土匪的办法，大概是如此。不过这也只是一个初步的办法，及至青纱帐落，野无障蔽的时候，对于仍行潜藏或活动的土匪，自然是毫不客气的而加以缉捕了。

（二）肃清毒品　我们为肃清土匪起见，对于与土匪有联带关系之毒品赌博，不能不严行注意。本乡盛行之毒品为鸦片，至于金丹白面等，虽然不能说没有，可是为数很少很少。鸦片馆多设在集镇里面，乡村间亦间或有之。但凡与鸦片馆接近之人，不是无业的流氓（将来的土匪），就是土匪。查本乡共有四个集镇——即都司集，任堂，周楼，马垓——而毒品之流行，亦以此四处为最甚。都司集当我们初到的时候，还有三个鸦片馆，据说买卖还都不错。不过我们来到以后，对于本集之卖者吸者，就下了一个很严厉的忠告，限期改业及断绝，以后并不时的施以清查或检验。这样一来，都司集的鸦片馆是没有了，吸食的也渐渐的断绝了。其间纵仍有暗地偷吸的，也是秘密深藏，而不为我们所闻知了。至对于其他庄村的烟馆或吸食鸦片的人。也是先予以忠告，而后施以清查。其怙恶不悛，屡戒不听者，抓获之后，则送交县政府，依法施以相当的惩戒！

（三）严禁赌博　赌博之风，在本乡以前也是很盛的。每当废历年节以后，博局遍于各村。尤其是在一个庄村有会有戏的时候，博棚连互，恒达十余处。本乡的赌具为纸牌、色子、马子、牌九、及宝等等；其中尤以马将、牌九、及宝的输赢为最大。赌局及烟馆同为制造土匪的场所，我们既然想肃清土匪，对此制造土匪的赌局，自然不能不严加取缔！在普通局子及区公所禁赌之办法，是抓获赌博鬼以后，要按其地亩之多寡而科以罚金的。我们的实验县为避免嫌疑及防止弊端起见，无论什么事情，是一律不准罚款的；但我们对于处罚赌博鬼又有甚么办法呢？我们的办法就是在起初抓获赌博鬼的时候，即重责以戒尺；不过后来感觉这种办法不甚合适，于是就变成罚他们出苦力了。

以上所说的三件事情——肃清土匪，肃清毒品，严禁赌博——预备在四个月内完成，这就是我们第一步的计划。

八、黄河决口后的种种工作

（一）防堵的工作　在我们乡农学校开学不到六个星期的时候，而骇人听闻的黄河决口的消息，自县政府传来了！我们得到这项消息之后，便立刻召集民众，在陶公河的北岸，作一种防堵的工作。恰巧这时正是高粱成熟，农民忙于收获的时候，任你怎样的催逼，怎样的劝告，他们是不肯去的；就是去了，也是要乘机逃回，而不肯实地在那里工作的。因此催了一整夜整天，集合也不过有二百多人，这时我们心里真是着急！真是纳闷！后来规定了一个办法：就是各庄村按地出人，每五十亩地出夫一名，限期点验；乡长庄长亦须一律到堰监工，届时点验人数如有不齐者，即处罚其庄长（也就是处罚其全村），这样一办，各村的人数算是出齐了（共约一千三百余人）。此外又按堤工的难易，将段划好，将工分开，这件事情算是有了头绪了。

陶公河在本校南十六里。我所担负的这段工程，是西起萧庄，东至李桥，约十二里，不过因连年的水患，冲毁之处颇多，工程浩大，修治殊为不易！但除尽心力而为之外，实亦无他法可想。在这几天里面，因为监工的事情，我们全体师生都要轮流出发的。每一次出发是两位同事，二十个学生，头一天早晨出去，第二天早晨回来。在这一天一夜里面，是不能睡觉的。饭是由学校里送，不过只有馍馍而没有汤水。渴了的时候，那就只有找点水喝，或买西瓜吃了。又因彼此距离太远之故，吃饭的时间很难分配的妥适，因此常常有半天得不到饭吃的。可是学生总算很好，无论怎样吃苦，怎样受罪，始终没有说出一句不愿干的话来。记得有一次夜里雷电交作，大雨如注，只下得平地里水深一二尺，这次出发的同学真算受罪了，全体的衣服都被淋湿了！当他们第二天早晨从泥水里回校的时候，我看见他们那种狼狈的状况，伤心的几乎要落下泪来，可是他们仍然很欢喜的说："不要紧的！不要紧的！"——我们在那时赤日当空炎威正盛的野地里，这样的渡过了四五天；可是我们的力量白费了，我们的工作无效了，正当我们指导着民众加紧工作的时候，无情的黄水已从上一段漫过来了。

（二）救护的工作　黄水来了，防堵的工作无效了。第二步的工作当然就是救护了！按此次黄水之大，灾情之重，为近百年来所未有。本乡除第七乡及第六乡之一小部分外，其余的庄村，尽被淹没，其中受灾最重的，为孔楼、周花园、从庄、郭堂、李庄、李连文庄、七陇庙、葛庄、黄庄等二十余村。房舍倒塌，财物冲没，景象之惨，几令人目不忍睹，耳不忍闻！且当黄水初到之时，因水势太急，一般民众多不及躲避，水来之后，又因没有船筏，更不能遽然脱险，因此一般难民有的蹲坐于屋顶树巅，有的困卧于冈陵坟头，饿寒困顿，延颈待援！这时我们便雇了几只小船，满载着馒头，到被灾的各村去施放；同时并将无家可归的难民，引渡到一个安全的地方。

（三）举办灾民收容所　在被灾的各村，鳏寡孤独赤贫无靠的，是每一村都有的。这一类的困苦颠连无告之难胞，如果不给他们生法，不给他们一种救济，那他们非流为道旁殣沟中瘠不可！因此我们便秉承县政府之意志而举办灾民收容所。本乡的灾民收容所，论理应设在都司集，不过因当时过路不通，购买柴粮极感困难，因此不得不暂设于船郭庄。在该处共收难民二百余人，其中老的、少的、男的、女的，都有。对于他们的安排，是男的住在一块，女的及小孩住在一块。他们住的房舍，是旧有的一座大庙，黑暗潮湿，极不适用；然除此以外，则更找不到一个较合适的房子。他们是有编制的，轮流造饭，值日清洁，男的挑水，女的烧火；我们所派的几个人，在那里也只是作一个监管指导而已。乡间的老太太及妇女们是最勤苦的，虽然在这种颠沛流离的时候，是仍然忘不掉他们的纺花车。在船郭庄时代的收容所内，这样的纺花车就有二十多辆。白天是不用说了，就是夜里也无时不听见他们纺纱的声音。

我们的同人及学生分住在两下里（即都司集及船郭庄），精神方面颇觉散漫，即对于事情上也感觉着有点照顾不来，因此便决将船郭庄的一部分学生调回；同时亦将灾民收容所迁移于都司（这时大部分的水已下去）。收容所迁到都司以后，灾民又一天一天的增加起来——原因系宝镇乡西部各村的难民，以离船郭庄较远，故当时未去，至此始请求加入——最后的结果，竟增加到三百九十八人。这时他们的生活和安排，除去住的房子变了以外，其余的情形，都和在船郭庄的时候差不多。这样下去，一直到今年一月始行解散。解散的时候，每一个难民，都发给一张粮票。持此粮票，每月可以向水灾赈济会领赈洋五角（由乡农学校代发），并且一直领到今年五月里。

（四）水中剿匪　每一次上水，就有土匪的扰动，这几乎成了一个定例。当去年黄水初到的时候，就风传某某土匪已在某处出现，某某土匪已暗地回家活动，不到几天的工夫，全乡里面几乎是风声鹤唳。草木皆兵！有的说土匪在这里传人，有的说土匪在那里合码，谣传纷纷，大有祸乱将临，不可终日之势！乡间稍为殷实之家，更因此而纷纷逃迁，一般民众恐慌之情，也由此可想而知了。记得有一次夜里，忽然有一乡民到第七乡去报告（这时我们在第七乡住着），说土匪三十余人正在周楼合码，我们得到这个报告之后，第二天早晨，便带领着学生及第七乡的民团，坐着小船分途去剿；不过到了之后，是一无所遇。据后来听说，当时土匪是有的，不过不如报告之多，但已闻讯早走了。其实那时土匪假若不走，我们是非吃亏不可的，因为他们是在庄里，我们是在船上，他们是得地势的，我们是毫无隐藏的，如何能行呢？所以当时虽然是详审密虑，乔装而进（在正面进剿的学生是乔装的），究竟是危险的很啊！自此以后，我们是时时到水地里出发的，起初还可以坐船，到后来水浅的时候，就完全是涉水踏泥了。有时学生出发回来，脚上常常的带着伤口。但我们在这时也曾经抓到了三个土匪。

（五）调查的工作　上水之后，只调查这件事情，已经耗费了我们不少的时间。计前后调查的，有速报表，被水灾况调查表，粮户调查表，水灾灾户实况调查表。这种调查，都是我们自己领着学生涉着水踏着泥去作的。在现下不开通的中国乡村社会里面，去作调查的工作，是一件最困难不过的事情。费了许多心力，花了许多时间，结果所得到的仍然是一个不确实的数目。在此期间，除去以上所说的调查以外，还帮助着中央查放处，及各地的慈善团体——如华北慈善联合会上海济生会——作了些查放赈款和赈衣的工作。

（六）办理灾童学校　灾童学校系秉承县政府之意志而办的。在灾民收容所取消以后，凡在学龄期之儿童而不能独立自谋生活者，全数留下，以作灾童学校之学生。灾校之组织，设主任一人，教员二人，主任由乡农学校校长兼任，教员则系以前办理灾民收容所之同学。全校学生共六十人，其伙食费是每月每人按照一元二角，由水灾赈济会拨发的。关于学生之编制，是全体学生共分为三队，每队设正副队长各一人，队分为三班，每班设班长一人。队长负全队之责任，班长负全班之责任。这种编制似乎有类于军队，其实我们的意思，是完全想养成他们有组织有纪律的团体生活的习惯也。兹为容易明了起见，表示如下：

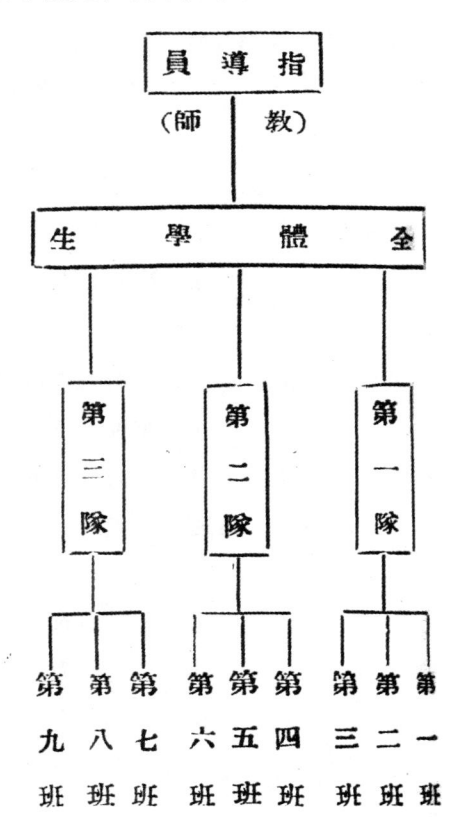

```
            指導員
           （教師）
              |
           全體學生
              |
      ┌───────┼───────┐
     第三隊   第二隊   第一隊
      |       |       |
    ┌─┼─┐   ┌─┼─┐   ┌─┼─┐
   第 第 第 第 第 第 第 第 第
   九 八 七 六 五 四 三 二 一
   班 班 班 班 班 班 班 班 班
```

关于学生活动方面，全取一种自动的方式。即如炊食一事，就是全由他们自己轮流来作——自己挑水，自己造饭，自己管理——其他如清洁卫生等事，也都是由每日的值日生负完全责任的。教师不过处在一个指导的地位，有时加以指导而已。至于教学方面，则取一种分组的办法；因为各个儿童的来路不一，有的在家已读过书，有的多少识几个字，更有的一字不识；为教学便利起见，不得不将若干程度相等的儿童编成一组。他们的课程，有固定的和活动的两种：固定的为识字，（山东乡村建设研究院出版的识字明理）唱游，故事，算术，体操；活动的就是将随时遇到的问题（关于日常生活各方面的），编成教材去教授他们。上课的地点，有时在教室，有时在野外或树林内。他们因为遭遇的困难，机会的难得，确乎很能知道自爱自勉，彼此之间亦颇能互相约束，互相夹持，于此我们深深的感觉到儿童自治能力之伟大，所以灾童学校成立的时间，虽然只有短短的五个月（自一月至五月），但他表现出来的成绩，确是出乎我们意料之外的。

九、清乡及民众夜校

（一）清乡　我们第一步的计划，因为上水的关系，未能完全达到目的。水下去了，地里的麦子都已播种，民众的心理较前已安定了许多。这时民生的问题更严重了！我们为完成以前的计划及预防土匪的乘机煽动，故不能不有清乡之举动。这里之所谓清乡，并不是我们要带领着学生到各庄村去清，因为那种办法是最笨的，最没有效果的。我们此次的清乡，是完全加重庄长的责任，教他对于他的庄村，不能不负责。其办法：第一、先召开庄长会议，说明此次清乡之意义。第二、命各庄长具结，凡村中有土匪浪人烟馆赌局者，皆须一律填明。第三、凡村中有不正当行为及不良嗜好之无业游民，该村庄长应当先行规劝；无效时，再密报于学校。第四、如村中有土匪浪人烟馆赌局，庄长具结时，既未填明，而又不向学校报告者，嗣经查出后，庄长应自负完全之责任。这种办法，虽不彻底，然较不办则强的多了。

（二）民众夜校　鲁西一带，完全是一个农业社会，一般农民除去农事以外，亦别无其他的副业。其故，一到农隙的时候，一般农民简直是一点事情没有。敬姜论劳逸说："逸则淫，淫则忘善，忘善则恶心生。"孟子也说："逸居而无教，则近于禽兽。"人最怕的就是饱食终日，无所事事；因为在这种精神流荡而没有归宿的时候，很容易走到一个下流的路上去。本乡冬季赌博之盛，及其他不正当的行为发现之多，即其明证。我们对于这种情形，又有什么补救的办法呢？提倡副业吧，本乡没有合适的副业可以提倡。既不能提倡副业，就不能不另行生法。于此便想出两种办法来，即：一提倡国术，二提倡民众夜校。在去年冬季，对于国术之提倡，虽曾有一度之努力，但其结果是几等于零。至于民众夜校方面，则尚有可得而言者。总计去冬本乡所成之民众夜校共有二十九处（原为三十一处，后来取消了两处），学生总数为七百八十一人。

民众夜校成立之手续，是凡想成立民众夜校的庄村，对于房舍器具，须先有相当之设备，而后再将教员姓名学生名单，报告于乡农学校，由乡农学校转请县政府备案，其后即由县政府每月发给一块钱的灯油费。至于书籍（识字明理）是由乡农学校来发的。民众夜校的学生，大多数是不识字的成年农民，但亦间有读过几年书，认识几个字的。民众夜校的教师，有的是村立小学教员兼着，有的是自卫训练班毕业的学生，更有的是高级小学毕业或初中肄业生。他们都是白尽义务的。我们对于民众夜校之视察，是与放哨查路同时并举的，因为本乡环境之险恶，暮夜出发，即须有戒备，故虽为视察夜校，亦须随带学生（自卫训练班的学生）枪支以自卫。既带有学生枪支，则一方面固可以视察夜校，一方面亦可以放哨查路矣。民众夜校之期限，定为四个月为一段，其时间系自废历九月至正月（除去年假），在上完这四个月以后，即可告一段落（去年因水之关系，其开学及停止之时间略有变更）。

民众夜校大概之情形，已如上述。但这样的学校，在一个短时期里面，很好的效果，当然是说不上。不过至少在消极方面，可以减少社会一点不良的行为；积极的方面可以使入学的一般成年农民，多识几个字，多明白一点道理，这是我们可以相信的。

十、清除街道及雪后扫路

（一）清除街道　都司集因为是一个集镇，所以街上特别污秽些。夏秋的时候，垃圾和西瓜皮，到处都是，以致臭气腾播，蝇飞蒸蒸，病菌潜伏，危险实大！尤其是集后，败韭菜烂葱，狼藉道旁，既妨害于卫生，又有碍于观瞻；可是如果你不负责清除，街上的人他永远是不知道清理的。其实这种清除街道注意公共卫生的事情，也是我们应当负责去作的，所以我们便率领着学生，不时的大事扫除，以作清洁之运动。但几个月以后，我们感觉着这种办法，有点不合适，于是重新规定了一个办法，就是每逢废历五、十的日子（都司集是二、四、七、九集）由学校里负责扫除；其余的时日，则由街上居民，共同清理。盖欲借此以养成其清洁之习惯也。

（二）雪后扫路　事情有费力极少，而众人可得到极大之方便的，如雪后扫路是。大雪之后，人皆无事，村中壮年，各执器具，将通行的大道，打扫干净，这所费的也不过是一举手一投足之劳，就能与自己和路人以无穷之方便。不过以前一般民众，对于这些事情，漫不注意，无人负责，致今日出雪消，泥泞载涂，路人既苦于难行，自己亦大不方便！吾师单巢岩先生前在都司居住时，即数言此事，并嘱当力矫民众以往消极懒散之陋俗，无论如何，下雪以后，应当将各大道加以扫除。我们便把这个话深深的记在心里，其后遇见乡长，或庄长开会的时候，便将此意告诉他们，并与他们规定一个办法，就是：（1）下雪之后，无论是县道，镇道，或村道，三日以内，一律都须打扫通透。（2）打扫办法，是凡与所打扫之路有关系的庄村，这个庄向那边打扫，那个庄向这边打扫，二村相会于适中地点。（3）乡农学校负盛督查验之责任。因为事前有一种宣传，有一种预备，所以下雪之后，果然三天的工夫，就将全乡的大路打扫通透了！

　　都司集在以往的习惯，下雪之后，街上的雪，不惟不向外移置，而家中的雪，亦堆积于街心。以致街内积雪数尺，大车就几乎不能行走，尤其是到年集的时候，赶集的人，非在泥水里去踏不可，虽苦之而亦无可如何也！去冬"雪后扫路的办法规定了一后，家中的雪不惟不准堆向街心，即街上的雪，亦须推移于坑内。街上干净，一如平日，居民及赶集的人，无不称便。

十一、组织农村互助社

　　本县自去秋被水以后，多蒙中央，省政府，省赈务会，及各慈善团体，施放赈衣赈款，灾民方得免于转死沟壑之惨！然得救的，也只是些鳏寡孤独，贫穷无靠的难胞，至于少有资产之小户农家，概未能稍沾余泽，然房子倒了没钱去盖，耕牛卖了没钱去买，粮食没了没钱去籴，甚而想作一点小的生意本钱亦无处去借，一家老少，啼饥号寒，凄风苦雨，时刻难度，这真是所谓"虽孝男不能养其亲，慈母不能保其子"了！天地间最伤心最可怜的事情，还有甚于此的么？因此县政府同山东乡村建设研究院商请华洋义赈会、民生银行及中国银行，来菏泽办理农民贷款，以救济十亩地以上之小户农民。本乡与新成平陵同划为中国银行的放款区域。其贷款办法，系由乡间先组织农村互助社，组织好了以后，先呈报于乡农学校，由乡农学校及中国银行负责的人审查合格以后，即由乡农学校发给认可状一纸，然后再按中国银行规定的农村互助社贷款章程，请求贷款。本乡此次农村互助社之组织，系择庄上有热心办公认真负责的领袖来办的。互助社原是一种预备合作社的性质，可是起初一般社员是不大明了的，他们只知道是一种轻利的贷款，至于甚么叫作互助社，他们根本是不晓得的。不过后来经再三的解释与说明，他们才大概的明了一点。互助社社员，对于所贷之款项，均负连保之责任，因此经济上的关系，无形之中引起了团体的意识，相爱的情感，遇事自然大家互相扶助，不致再有以前漠不相关的毛病了。且此次中国银行之放款，因钱数之规定，对于各乡互助社之组织，也不能不有一种限制。因此凡热心负责，作事勤敏的，都得成立；表面敷衍因循、苟且迟缓者，多抱向隅。于此也给一般民众一个很大的教训：就是作事如果能努力认真，迅速敏捷，一定有相当的代价；否则非归于失败不可。至于本乡此次组织的农村互助社，共有十九个，社员共四百四十一人，贷款的总数共九千七百七十三元。兹将农村互助社章程录后——

菏泽实验县宝镇乡○○庄农村互助社章程

一、定名：菏泽实验县宝镇乡○○庄互助社（同一庄村有两个以上之互助社时以第一第二分别冠名）。

二、社址：本社设于宝镇乡○○○庄门牌○○○号。

三、宗旨：本社以互相扶助之精神共谋本社社员农事之恢复及改进，以达自给自救为目的。

四、社员资格：以具备下列三项为合格：（一）年在二十岁以上，世居本庄，身为家主，不分性别；（二）品性纯良，安分种田，素有信用而无烟赌等不良嗜好者；（三）自有田产十亩以上者。

五、责任：本社社员均负连保责任。

六、组织：本社社员至多不得过六十人，至少不得少于十人，每一社员代表一户。

七、职员：甲、本社设社长副社长书记各一人，由社员大会互选。社长经管本社社务，对外代表本社；副社长辅助社长处理社务。社长不能执行职务时，代理社长职务；书记办理文书兼会计等事。

乙、本社设监事会，由社员大会互选三人至五人组织之。监事会对于本社事务有建议及监察之权，对于社内外争执有调解之责。

丙、本社职员均为义务职。

八、成立及认可：本社成立会于本乡乡农学校指导下行之，于本乡乡农学校备案领取第○○○号认可证。

九、开会：本社至少于分配贷款之前后及收取本息之前后，各开会二次讨论社务。

十、本社章程经社长宣读，全体社员同意，签名于后：

姓名	年岁	住址门牌	签押	备注

十二、第二步的计划

（一）造林　"大水后，种柳树"，这是乡间的一句俗话；但由这句俗话里面，已充分的表现出来大水后之应当提倡造林了。本乡最当造林的地方有二：一、赵王河两岸，——自孔楼至船郭庄共十二里；二、汽车路两旁，——自阎路至西徐庄十五里，又自都司至郭水坑六里，共二十一里。其中尤以赵王河两岸之隙地为多。在去年的以前，地方人对于造林一事，亦曾有数度之提倡，除却都司集以外，均以欠缺组织，保护无方，所植之树，不为刍荛所折毁，即为宵小所盗拔，至能蔚然成材者，固百无一二也！因此一般民众对于植树，简直视为畏途，致有坐视其隙地之废弃而不肯作十年风云之想；此种情形，实堪浩叹！我们一到都司的时候，对于造林一项，即已十分注意，故一当黄水退落之后，即积极的提倡宣传，指导一般民众去组织林业公会。除拟定简章及保护条例外，并声明本校将来对于保护方面，负完全之责任。因此一般民众颇受鼓动。最后的结果，居然成立了五个林业公会。

各林业公会之简章及保护条例。亦大同而小异。今将第二林业公会之简章及保护条例抄录于后，借窥一斑。

菏泽实验县宝镇乡第二林业公会简章

第一条　本会定名为"菏泽实验县宝镇乡第二林业公会"。

第二条　本会以实施造林，并保护原有之树株，以促进林业发展为宗旨。

第三条　凡属武庄，马庄，吴楼，前徐庄，西徐庄，七陇庙，葛庄，黄庄，东林庄之成年农民，愿加入本会并遵章缴纳会金者，皆得为本会会员。

第四条　凡本会会员，对于本会造林所需之款项，均有均担之义务。

第五条　凡本会会员，对于本会均有提出议案及平分收益之权利。

第六条　本会会金，每股暂定为一元，于入会时缴纳。但一会员缴纳两元者，得算为两股，再多者以此类推。

第七条　本会设正会长一人，副会长一人，会计三人，干事七人；正副会长总理全会之一切事务，会计则管理本会之出入账目，干事则辅助会长办理会内之各种事宜。

第八条　本会正副会长会计干事皆由大会选举之，任期三年；但连选得连任。

第九条　凡本会会员，无论入股多少，均只有一票选举权。

第十条　本会设干部会议，由本会正副会长会计干事组织之。每半年开会一次，时间定为废历二月初五，八月初五。但遇有必要时，得由会长召集临时会议，以解决各种问题。

第十一条　本会每年开会员大会一次，于废历二月初十日举行之，商议本会一切进行事宜。但于必要时，经干部会议之通过，得由会长召集临时会议。

第十二条　本会之收益，每年清算一次，于会员大会中宣布之。以十分之四归于地主，十分之四按股均分与会员；其余十分之二，则储作本会之基金。

第十三条　凡本会会员，对于本会所植之树木，均有保护之责任；其保护之条例另订之。

第十四条　本会会址暂设于马庄。

第十五条　本简章如有未尽事宜，得由会员大会之通过，呈准乡农学校转请县政府修正之。

第十六条　本简章经会员大会通过，呈请乡农学校转呈县政府备案后施行。

菏泽实验县宝镇乡第二林业公会保护条例

第一条　本条例根据简章第十三条规定之。

第二条　凡本会所植之树株，得依据各村之远近，分段保护之。

第三条　凡划归某村之段落，该村会员及地主，对于该段之树株，负有完全保护之责任。

第四条　某一段树株，如被偷窃，或损坏时，该村会员及地主，即负赔偿之责任。

第五条　凡本会会员地主抓获偷窃或损坏树株者，即报告会长执送乡农学校法办之。

第六条　本条例如有未尽事宜，得由会员大会通过，呈请乡农学校转请县政府修正之。

第七条　本条例自呈准乡农学校转请县政府备案后施行。

各林业公会造林之区域：第一公会为都司集南附近之汽车路及村堰周围之壕边；第二公会为自都司至西徐庄及武庄至郭水坑之汽车道两旁；第三分会为自周庄至阎路之汽车道两旁；第四公会为自桥张庄至尹楼以东之赵王河两岸；第五公会为尹双河前尹庄祝屯吴庄各村周围之隙地。此次造林运动，不惟各林业公会踊跃将事，即其他一般民众亦兴奋异常。赵王河两岸，因已为附近村民所植满，即各乡村之宅前屋后，坑边道旁，亦无不有新植之苗在。总计今春本乡所植之树株，在林业公会方面为八千四百零五株，在非林业公会方面（即全乡七十余村之民众自行种植者）约为三万六千五百余株；共约四万四千九百余株。水后地湿，树极易活，行将见十年之后，定能风云在望也！

种树非难，而保护为难。在以前一般民众之所以不肯种植，并不是不知道种树的益处，实在是因为种了树无法去保护，故都不肯去干了。于此我们可以看出在提倡造林中的第一个问题，就是保护的问题。如果保护的问题，无法解决，则造林运动，实永远的提倡不起来；我们对于此点，一下手就认为是提倡造林成功或失败的一个重大的关键，故于今春造林开始的时候，即一方面拟定保护条例，指导各林业公会去作保护的工作，一方面由乡农学校布告民众，对于旧有或新植之树株，严行保护，并如有能抓获偷窃或损坏者，即可得一元以上十元以下之奖金。同时并派学生不时的到各地去巡查。起初还很好，各处所植的树株，都没有发生偷窃或损坏的事情。后来有一天夜里，第五林业公会的树，忽然被拔去三十余株；我们得到这种报告之后，马上便分派学生到附近各村去搜查，费了两天的工夫，搜查了三十多个庄村，结果毫无影响。但我们这种大举搜查的办法，并不是一定的要找出真赃实犯，其实是想借此示一示威，叫一般宵小知道我们对于这种的事情，是不轻于放过的；经过了这番举动之后，各地的树株，果没有再发生被偷的情形。

不过在这里应当附带说明的，就是本校第二届自卫班毕业的学生尹汉云李士勇二人今春努力造林情形。尹汉云以前系高级小学毕业，为人干练通达，居常以排难解纷为心，因是极为乡人所称道。今年二月从自卫班结业回家以后，即努力于造林运动之提倡；本乡第五林业公会之成立，即完全出于彼及李士勇二人之力。李士勇旧曾当过几天兵，性颇懒散，并好赌博，他的妻子若稍加劝阻，辄即受其殴辱！但自从受了四个月的训练以后，他的性情大大的改变了。每天黎明即起，起后就背着粪筐到各处去拾粪，博是不赌了，但他不惟自己不赌博，并且还禁止别人去赌博。以前对于他的妻子是不大体恤的，后来替她烧锅，替她磨面，竟一反从前之所为。就是今春提倡造林，他真是下力极了：在树株初种的两月里面，他时常的于夜里荷枪实弹，到各地去巡视；并且有的时候常一夜起视两三次。他这种吃苦耐劳为公家牺牲之精神，又是多么可爱啊！

二、筹办高级部　近几年来，中国乡村社会之破坏，可谓已达于极点，以言经济，则凋敝枯窘；以言教育，则腐败不堪；以言秩序，则紊乱纷扰；以言风俗，则虚诈苟偷！在这种乡村社会极度破坏的严重情形之下，而谈乡村建设，乡村改进，真不是一件容易的事情。我常想现在中国的社会，如果想叫他有一点办法，有一点转变，或者说是有一点改进，非先把社会上比较有志气、有知识、有头脑，有肝胆的青年，及在社会上肯吃苦、肯下力、敢负责，敢担当的好人，联合起来，组织起来，激发其天良，鼓舞其兴趣，使他成为改进社会的中坚分子，教他负起乡村建设的全部责任不可。这也就是我们乡农学校所以要成立高级部的意思了。乡农学校的高级部，比其他任何部分——小学部普通部——都重要。缘小学部训练的是一般儿童，这虽是一个极根本的工作，但对于改进现下社会的局面上，是没有多大帮助的；普通部训练的是一般民众——即现在的自卫训练班——这对于解决一个问题上，固然是一个急需而又最有效的办法，但以言推动整个的乡村社会那还是不行的。惟有高级部他所训练的是社会上一般优秀的青年、中坚的分子，他们受罢训练以后，可以成为乡村服务的人才，可以成为一般民众的领袖，可以领导一般民众作乡村建设的工作；这样说来，高级部的意义是何等重大啊！高级部的成立又是何等的重要啊！所以我们常常的感觉到实验县如果想着真有办法，非待乡农学校的高级部办起来不可。

上面的话，是说我们对于乡农学校高级部的看法，也可以说是我们所以要筹办高级部的意思。不过一说到筹办方面，困难的问题就来了。

（1）办高级部须有相当之地址，这种地址如何找法？

（2）办高级部须有相当之房舍，这种房舍如何盖法？并且建筑费应向何处去筹？

（3）办高级部须有相当之设备——如桌凳床张图书之类——这种设备费又应当从何处去筹？

（4）我们在去年开学时，第一个声明里面便已经声明："在一年之内，无论如何不因为学校与民众加重一文的负担。"如果筹办高级部，除去不加重民众负担以外，是不是还于其他的筹款办法？

这种种问题，时常的萦回于脑际，但总不能得一个圆满之解决；所以虽当我们一下乡的时候，就有筹办高级部的意思，但苦于各种问题之没有办法，因而不得不暂时搁起。并且当时感觉着恐怕在第一年里头，是没有实现之希望的。——可是事情的变化，是常出乎人意料之外的，我们努力不到半年的功夫，就渐渐的得到一般民众的同情，渐渐的得到一般人士的相信。大水之后，宝珠口村立小学的垣墙是被冲倒了；有一天，张温甫李子明两先生来校，商议宝珠口小学垣墙修理的事情，后来又谈到他们想把宝珠口之庙产，全交给乡农学校来管理。宝珠口小学的校址，是很宽阔的，原来的垣墙是很高大的；据说当时修筑的时候，曾经花到三百多块钱，现在如果来重修，至少恐亦需二百多块钱。不过在经验上告诉我们，修理大的垣墙，不如建筑房子；盖所费虽多，而其实较为适用也。当将此意告于张李两先生，其后并将筹办高级部之素怀，亦尽情吐露，当时并表示地方人如果能担负建筑的责任，我们的高级部就可以在那里去办。不料张先生及李先生竟欣然承诺。于是我们所渴望成立的高级部，就开始进行筹备了。

筹备高级部，当然不能违反我们第一个声明的原则，就是不加重民众的负担。那么，高级部的建筑费，究竟怎样去筹呢？后经再三之商讨，结果第一是出卖庙树，第二募捐，第三筹划附近之破庙。——庙中有杨树三株，小柏树二十余株，共卖大洋二百元。募捐之结果，除由本校同仁捐洋四十元外，复由各方募集二百六十余元，共得洋三百余元（此外尚有未收回之损启）。宝珠口小学前面，有破戏楼一座，已倾圮不堪，势将倒塌；校后乌龙寺有山门一座，佛殿三间，去年上水已冲毁其半，共筹得砖瓦五万余，木料若干。其他材料之购置及经营，因张温甫先生任职巨野一区，不克在家，完全由李子明先生一人负责。当今春建筑开始的时候，除将教室及其他房舍包做于工人外，其他拆庙扒砖，运料筑墙，完全是由乡农学校的学生及附近村庄的民众共同来作的；其中尤以宝珠口、尹楼、乔张庄、纸房、郭糖坊五庄，出的力为最大，作的工为最多。计此次建筑成的有教室六间，自修室及寝室十八间，炮台三座，院墙二十余丈，共费大洋九百余元；除去以前所筹得大洋四百九十余元外，尚空大洋四百余元，今尚无着也。

此次建筑，鸠工庀材，始终董理其事者，为李子明先生。且以看护木材之故，往往于风寒露冷之夜，独宿于庭院之外，致令风气内侵，凝发而为恶疮；后虽平复无恙，然其身心之劳瘁，亦可谓甚矣！

高级部房舍，今春新建二十四间，初级小学旧有十六间，共计四十间。办一班高级部及两班初级小学，已绰绰然有余裕。设备方面，县政府已允拨五百元作开办费。以三百元设备器具，二百元购置图书。今木器已向城内定做，不日即可完工；迨木器做妥，布置稍为就续后，即可以招生上课矣。至将来高级部之课程及办法，现在尚未十分拟定，故不能多及。

十三、防堵刘桂堂

刘桂堂本为吾省积年之巨匪，迭经反复叛变。民国二十一年秋，窜至热察，求容于汤玉麟，二十二年春，热河战起，刘受日军之煽惑，弃防投敌；后以不见容于日伪军，复行反正，驻军赤城；去年十二月二十六日，忽借口日机轰炸；率部擅离赤防，到延庆归县永宁一带，与民团冲突。三十日沿战区边界向西南移动，历昌平，东平，高丽营，东灞镇，而南窜于固安霸县，沿途抢掠，骚扰不堪！今年一月六日，刘匪一部由沧州向德州前进，经省军之截击，遂向西南方面逃去。一部同日到任邱附近。十一日夜据说有一部分曾到濮县之大王庙，意图渡河南窜；县府闻讯之后，当夜即下紧急动员令，命全县乡农学校之一二两期学生，于翌日上午十二点，集中于西河乡之吴店。本校学生走到以后，即奉命开往菏泽西北境之白虎集一带布防；在那里停留一星期，始闻刘匪全部已由冀南窜入豫省，本县各乡农学校始奉命复员。此为第一次之防堵。

今年三月间，刘匪在豫省因不胜驻军之压迫，乃复东窜于曹县魏湾一带，意图由菏泽郓城汶上夺道而窜于鲁东。县府得讯之后，乃复下全体动员令，命各乡农学校学生，先集中城内，再候命出发。本校与永河乡校之学生，后奉命开往南沙土集，担任最前线之防务。同时本校复调集联庄会员二百余，以作后援队。其时刘匪见吾方声势浩大，防备严密，乃东行至定陶巨野，始北折而窜入于郓城汶上。此次刘匪东窜，菏泽实验县除异德乡因孤悬于曹县定陶间，稍受损失外，其余各乡都安然无恙。此为第二次之防堵。

十四、一年来之小学教育

说来真是惭愧！本乡的小学教育，在这一年里面是没有什么进步的。不过这没有进步的原因，并不是因为我们没有计划，或缺少注意，实在是因为我们所遭的时运太不好了。在我们下乡不到六个星期的时候，就遭了百年以来未有的黄灾；这场水灾不当紧，就将我们改良本乡小学教育以及其他的种种计划，完全冲去了。所以本乡小学教育之没有进步，完全是受水灾的影响，是一种无可奈何的事情。兹将本乡小学教育大概的办法及办理的情形，略述如后。

按县政府的规定：凡各乡以前县立之完全小学，都并归该乡乡农学校成为小学部；各乡原有之村立小学亦完全归乡农学校指导监督。所以乡农学校对于各村立小学教育之进退，经费之支配，是负有完全责任的。小学部的经费是包括在乡农学校的经费以内，各村立初级小学补助费的支配，也有一个标准的办法；这个标准的办法就是："各村立初级小学教员补助费，依照学生之数量，成绩之质量，分三等给薪。（一）学生在三十五名以上，成绩优良者，补给甲等月薪十二元。（二）学生在三十名以上，成绩优良者，补给乙等月薪十一元。（三）学生在二十五名以上，成绩优良者，补给丙等月薪十元。其成绩不良者降等。学生不及二十五名者酌给八九元不等。学生不及二十名者停办。如学生达六十名以上，能有两座教室者，得增设教员一员，分班教授。"这是关于村立初级小学补助费支配的标准办法。不过各村立初级小学的补助费虽然是分等发给，但这种等级也并不是一成不变的；他是由乡农学校按照视察的情形，两个月改变一次的。至于其他各方面，如学生的年龄、期限、课程等等，都是暂依现行教育规程办理的，故此地不再赘述。这是本乡小学教育大概的办法（也可以说是本县小学教育大概的办法）。

于此应当补充说明的，就是关于水灾以后小学教育的临时办法。在县政府水灾善后临时行政会议的席上，因为本县大部分的庄村田地都被淹没，灾情惨重，各小学的经费，实无从筹措，于是乃议决"各小学经费及补助费，一律暂行停发；其能自筹费用，继续办理者，呈报备案后，准其修业有效。所有减薪（凡用县款支薪之机关而月薪在二十元以上者皆减成发给）及停发经费日期，一律至九月一日起。"不过各小学的经费及补助费，虽然暂行停发，而呈报继续开学者，则仍占最大多数。至于维持费之筹措，小学部则多半是加收学费；村立小学则由学董生法供给教师之火食。至于一般小学教员，真可以说是枵腹从公，见义勇为；他们这种牺牲忍耐为社会服务之精神，实在令人起敬起爱！县府有见于此，于是在第二十二次县政会议席上提议："查本县水灾后，虽经议决停支小学教育经费，然各校呈报继续开学者实属不少，若不设法予以补助，教员生活，实感困难。拟订凡于十月十五以前呈报开学者自十月份起，十月十五日以开后学者自十一月份起，高级一班每月补助十元，初级一班每月补助四元；需款暂行借垫，俟来年一二月份附损征起后，再行抵补。可否之处，请公决。"议决："照原案通过。"这样的办法一直到今年的四月始行改变。自本年四月份起，各小学教员的薪金，都一律照原薪的七成来发，一直到今年的六月份，都是如此的。这是水灾后关于小学教育的一种临时办法。

此下再说一说本乡小学教育办理的大概情形。

一、小学部　小学部原为以前之县立第四小学，有高级一班，初级二班，共有学生九十余人。高级与初级原分住于两处，初级即住于现在自卫班所住之北屋东屋及南屋。自卫班成立以后。因区公所之房子不敷于用，不得已乃将两班初级，一班归并于高级，一班分迁于大林庄；虽事实上有许多不合适的地方，然亦无可奈何也。小学部房舍短少，设备简陋，图书仪器，标本用具，可以说完全没有；然限于经济，亦无良好之办法。至稍堪自慰者，即一般学生多半是朴厚温文，活泼可爱，绝无现代一般青年轻狂浮躁之气。且其间虽惨遭严重之水灾，但我们顾念一般民众过度的困苦，实在不忍对于学生再加收学费。至于当时维持费的筹措，就是挪用前任第四小学校长所移交的节余大洋一百元。本年六月小学部高级班毕业后，经呈准县府，小学部得再增设高级一班，于是于六月二十日，招考高级新生两班，其录取学生八十名。现在的小学部，则有高级二班，初级二班，其有学生一百三十六名。

二、村立初级小学　本乡村立初级小学共有八处，前已言之。兹分别简述于后：

1. 西马海村立初级小学　该校位于马海之西偏，有教室三间，教员住室一间，厨房一间，都是新建的，极为适用。教师王笑山先生，热诚笃励，富有教学经验，教导儿童，极为得法。所以那里的学生，气象很好：一方面很整齐，很严肃，很有礼节；一方面又很活泼，很愉快，很有生气。因为老师能循循善诱，热心教导，故不惟学生的功课学的很好，就是各种的游戏如跳绳打拳等等，也都很有精彩。所以王先生在那里不但为学生所爱戴，并且为学生的家长所拥护。因此王先生在那里的伙食费，完全是由各位学董另行筹措的；从这一点，也可以看见地方人对于他的信仰了。所以西马海这一处小学，可以说是本村第一处完善的小学。可惜水灾以后，院墙厨房及门，皆被冲倒；后虽经乡长马荣春、学董马毓周等之捐款修理，但一时终难恢复旧观也。学生原有三十七人，水灾后稍减，今春复增加至原数。

2. 宝珠口村立初级小学　该校位于宝珠口西头，房舍为庙宇所改造，有教室六间，教员住室二间，虽不甚适用，然尚属宽敞。附近庄村亦多，故平时学生常达八九十人之多。惟因一向办理不善，缺少成绩，故虽有此良好之凭借，而其实不能利用也。该校学生原有两班，后因院墙被水冲倒，乃将学校暂迁于尹楼，但学生竟因而大减。及至今春院墙修好，学校移回以后，学生始恢复原数。

3. 郭堂李庄村立初级小学　该校设立郭堂李庄的南头，有教室六间，教员住室三间。院落宽阔，房舍尚属整齐，学生共有七十余人；分两班教授，教员刘士鑫张正基两先生，富有学识经验，故办理的大致还算不错。惟大水以后，院墙倒塌，而在最短的期间能整理就续，继续开学，且能保持原来的学生人数；于此，亦可见他们的热心毅力了。

4. 西刘庄村立初级小学　该校据说成立于前清宣统二年，到现在（民二十三）已经有二十五年的历史；一向办的都很有成绩，所以出来的人才还算不少，然考其所以能有如此的效果，实出于学董刘美林先生一人的力量。刘先生对于教育是最热心、最负责、最肯干的一个人。西刘庄的初级小学可以说是完全由他惨淡经营的。该校学生共有三十余人，房舍虽不甚合适，尚可勉强应用。

5. 唐庙李庄村立初级小学　村立初级小学之设备，以此处为最不完善。该校仅有房舍三间，学生上课，教员住宿及炊食皆在其内。且房子前面系一夹道，一点院落就没有；其他的也就可想而知了。该校教员在这一年里面，凡经三换。盖比较好一点教师，谁都不愿在那里服务也。学生共有三十余名。

6. 拉虎庙初级小学　这处小学就设立在一个玄帝庙上，有教室三间，教员住室一间，学生共有三十三人；惟上水之后，房舍院墙全数倒塌，不得已乃将学校暂移于胡庄。及至今年六月，房舍墙院修好以后，方始终回。

7. 船郭庄村立初级小学　该校学生三十一人，水灾后稍减，教员林化方先生，学识虽稍差，但极肯努力，因而颇得该村人士之信仰。至该校最大之缺欠，即教室及教员住室，光线既不充足，空气又不流通，黑暗潮湿，极不适用；这是该校应当积极改革的。

8. 长屯村立初级小学　本乡初级小学的环境，以此处为最好。附近的庄村就有七八个，所以学生是不成问题的。校址即在于后屯西头的玄帝庙上，房舍虽不甚合适，然尚能勉强应用。惟以历来办理的不善，成绩毫无，所以入学的学生极不踊跃；是虽有良好的凭借，而不知利用也。本乡的小学以此处为最没有精神。

9. 郭老庄村立初级小学　这一处小学是在今年春天才办起来的，在县政府里尚未备上案；因此统计本乡初级小学的时候，也就未算在里面。且该校于灾后创办，设备方面当然是不甚完全；不过各位学董的热心，则确乎是令人佩服的。

十五、一年来之调解事件

乡农学校从小的范围来说，是限于学校圈以里，若从大的范围来讲，是应当包括一个全乡区：全乡区的民众，都是我们的学生；全乡区的问题，都是我们的事情。我们对于一般民众的愚陋无知，固然不应当有鄙薄轻视之心，即对于乡村纠纷的繁杂琐细，亦不当起厌恶烦躁之意。盖乡村运动之目的，固在于辅导民众，解决问题，以推动整个之乡村也。况实验县之乡农学校，为"政教富卫"合一之组织，对于乡村任何方面之事情，都应负完全之责任，绝不当坐视其纷争扰攘而莫之问也。

乡农学校最繁重，最复杂，最困难，最不好应付的一件事情，当然就是各乡村的纠纷之调解了。大而婚姻地土，小而语言细事，每一天多则三四件，少则一两件，至于一天没有的时候，那简直就是一个例外了。但我们顾念我们的责任和使命，对此错杂琐细之纠纷，是不敢烦恶推却的。他们只要到学校里来申诉，我们就一本"排难解纷，息事宁人"之宗旨，慎重的详细的去考究事态之真象。事态的真相明了以后，再准情度理的给他一个适当之调处。有时因事情的复杂繁琐，真相一时难明，就妥托其庄长为彼妥善调解；但一经调处之后，多半是释然而退，了然无争。但亦有少数执拗点的，固执一偏，强而不下；遇见这样的人，调解时即须带点公断的形式。

关于调解的事件，在上水以前，还有一种登记，及上水以后，因事情的繁杂，工作的忙乱，登记的工作，就停止了。但总计在此一年之内，调解的事件，至少亦在四百件以上。并且这四百件以上的纠纷，我们完全给他调处完毕。从没有一件不了结的事，更没有一件起诉的事。现在因为缺少登记的工作，不能作分类的统计，但在我们忆想所及，调解的事件，大约可分为下列几类：1. 账目，2. 斗殴，3. 地土，4. 仇怨，5. 财货，6. 盗窃，7. 奸淫，8. 婚姻，9. 忤逆，10. 其他。在此十类之中，以账目之案件为最多，斗殴土地次之，仇怨财货又次之；是亦曹州经济破产，民性强悍之一征也！

十六、关于自卫训练班学生雇觅问题之解决

本实验县在未举行实施开幕典礼以前，对于自卫班学生召集之办法，即有详细之商讨与规定，在举行实施开幕典礼的会上，县长复将乡农学校之意义，及各乡选送学生之手续，向各乡乡长学董及小学教师，作一详细之解释与说明。及至我们下到乡间以后，在召集乡长庄长开会的时候，仍然是谆谆的告以自卫训练班之重要，及选送学生之须要认真。但任你怎样去说，怎样去解释，他们究竟是不敢相信！这种原因，我在前面"筹备之经过"中已经说过。就是："因为以前政府方面所举行的新法新政，不惟不能解决乡村的问题，结果反加重了民众的负担，因此引起了一般民众对于所谓新法新政不敢相信的心理。"所以现在一叫他出枪，一叫他受训练，他心里着实是凝惧，着实是不敢相信。况且自卫训练班第一期召集办法第六条规定着："各村庄应选送学生之户，如有特别情形,不能选送时,得自行寻觅近亲属或佃户代替之。但代替人须以有家室及住居本村三年以上者为限。"因此除去稍为明白事理的人,出学生不成问题外;其余的没有学生的固然要雇觅,就是有学生的亦往往找人来代替。甚而有一村公雇,或数村合觅之情形。在雇者为应一时之公事,被雇者亦系临时替雇主受四个月之训练,全未想到后来当有许多事情,许多责任在。及至后来一出发防堵剿匪,而各种问题皆于焉以生!户主有的不愿出枪、出子弹,更不愿拿出发费;有的愿意自己出发,而不愿叫被雇的学生出发。被雇的学生有的感觉着自己不应当替户主尽这么大的义务,因而不愿出发;有的便借着出发来要挟户主。问题纷杂,颇难解决。但是经过这一度的纠纷及出发之后,有的户主便到学校里来声明,下一期愿意自费补受训练,而对以前雇觅的学生,是已经不承认了。更有的户主要求学校里生出一种补救的办法来。因此我们便讨论出两条办法来:

(1)凡公雇合觅的学生,一律不算数,仍应按照各该村地亩之多少,依次轮出。但对于以前雇觅学生之缺额,仍须自费补充,其费用由公家担负之。

(2)凡雇觅学生之发生问题或结业后外出者,其户主有合格之学生时,即由该户主自费补受训练;户主如无合格之学生,即轮递次户补受训练,其伙食制服等费,由原户主担负之。

如此以来,雇觅学生的问题,算是解决了。况且一般民众,对于实验县的工作,已渐渐的了解,而县政府对于第三期出人的办法,又有"绝对避免雇觅"之规定;因此第三期雇觅的情形,可以说是完全没有了。

十七、自卫训练班学生结业后之组织及防区之划分

在这一年里面,自卫训练班的学生,一共训练了三期。第一期六十名,第二期六十名,第三期官费生六十名,自费补受训练的学生十六名,共七十六名。

在每一期结业之后，即照章组织同学会，一期编为一队，设正副队长各一人，会员又按居住之区域分为若干班（在本校的过去是每期分为六班），每班设班长一人。这种组织，固是需要。但亦有他的缺点，就是按照这样的办法，每期的学生只能与同期的学生发生关系，至与他期的学生，似稍欠联合；甚而前后期的同学，相住比邻，还有不相认识的情事。因此本校第二期学生结业以后，即于同学会以外，混合第一期学生，按居住的区域，划分了八个防区；每防区设正副班长一人，在学校指导之下，负召集指挥本区同学之责任。迨第三期学生结业以后，复重新的合并一二两期之学生，划分为五大队，十二个防区。

一、召集办法　凡学校奉到县府命令，或遇有特别事故，必须召集学生时，即通知各队队长；队长通知各区班长；班长通知各会员；于指定之地点，按时集合，不得稍有迟误！各班长对于各该防区之会员，在平常的时候，至多十日须召集一次，晚饭后集合，查夜放哨，并督催区内各村打更，至半夜后解散。但遇匪盗发生时，三日或两日即可集合一次。各队队长遇必要时，亦可随时召集指挥区域之学员。再则各防区之班长，每五日须来校领口令一次，并报告五日内地方上防卫之情形。

二、请假办法　关于各防区学生请假之办法，系按照县政府之规定来办的。就是"凡外出十日以上一月以内者，向班长请假；一月一上半年以内者，向学校请假；半年以上者，由学校转呈县政府备案。"

十八、过去的伤痕

我们在过去的一年里面，虽然只作了几件表面上的事情，虽然没有作出甚么样的成绩来，但我们自信还没有麻胡、没有敷衍，并且是曾经用过一番心，下过一番力的。正唯我们用心太急，下力太过，遂致身心方面，留下了不少的伤痕！这也可以说是因为我们太没有经验，太不知调节，故才闹出种种的病痛来。现在分列略述于后：

（一）我在去年以前，大部分过的是一种学生生活，纵有时作点小事，也是不负多大责任的。自去年七月担任乡农学校校长以后，时常的感觉到责任之重大，力量之绵薄，惟恐有忝于厥职，故不得不战战兢兢，黾勉从事。况事属创办，无辙可迹，一切安排，都费周章，故开学未及两月，而予竟致咯血！其时又适当黄河决口，事务繁杂，同仁学生，均极劳瘁，予亦不愿于此时借口休养，以摆脱一切。于是不得不勉强支持，稍分劳苦；不过于工作之时，对于身心之调养，特别加以注意而已！不料时至未久，而竟又咯血一次！其后精神萎顿，气血亏耗，失眠减食等症，亦于焉而作；直至今日，尚未平复！

（二）陈秀武同学原任总务主任，对于出发剿匪，及训练学生上极为下力。但其伤痕，却是在防堵黄水时候落的；有一天黄水快到了，陈同学在堰上监工，因为一件事情闹的他很不好过。其时天已傍晚，阴云密布，他这时又气又急又饿，乃乘脚踏车自堰上返校。途中适值细雨微下，昏黑异常，稍一失慎，竟致跌于深壕里面！他当时就感觉着左边胸部有点痛疼，其后竟患心怯，即稍微遇见一点麻烦的事情，心里面即怯然作热！并其后亦曾经吐血一次。

（三）傅礼轩同学旧有吐血之症，去冬又行重犯。其重犯之原因，即以办理灾民收容所，操劳过度所致！试思集合三百九十余名素无知识，毫无训练之男女老幼于一处，为之安排饮食起居、照料清洁卫生，这是何等繁难而复杂的事情！傅同学即在此繁难而复杂的工作当中，重犯了他以前吐血之旧症。

（四）王尊三同学是本校的教务主任；他平日对于事情，是最负责，最肯干的。去年上水以后，关于调查的工作，多半是由他负责来办的。不过因为他在秋深气冷的时候，涉的水太多了，以致寒气内侵，腿部酸痛！后虽经医生调治，幸归平复；然其当时吃苦耐劳之精神，固于此可见一斑也。

（五）于善轩同学原是本校的军事主任，后改为总务主任。他的身体，素来很强健。不过因年来查夜放哨，出发剿匪，以及训练学生过度之勤劳，遂酿成今春呕血之危疾！本校同仁之伤痕，亦以于同学为最剧！

以上所述，为本校几个同学，在这一年里面所留下的几点伤痕！于此一方面可以看出我们没经验的幼稚；一方面可以看出我们在过去一年的当中，确乎是没有马胡、没有敷衍，并且曾经是用过一番心，下过一番力的。

十九、本篇的结语

我们在过去的一年里面，所作的事情，总括起来：在自卫班方面，是训练了三期学生。在治安方面，是本乡一年没出抢架的案子，并抓获了七个土匪。在调解方面，是曾调处过四百件以上的案件，并没有一件不了结或起诉的。毒品赌博，虽然未能十分肃清，但已有相当之成效。黄河决口后，我们曾经办过防堵、救护、调查，及灾民收容所，灾童学校的各种工作。秋后复倡办民众夜校二十九处，组织农村互助社十九处。今春造林，全乡组织了五个林业公会，连同各村民众自行种植之树苗，共约四万四千九百余株。高级部房舍，已建筑成功，不久即可招生开课。此其荦荦诸端也。

下　　篇

一、对于现在乡村社会之观察

我们作的是乡村建设运动，我们工作的对象是整个的乡村社会；那么，对于乡村社会的真实情态，就不能不仔细的去观察一番。现下的中国乡村社会，从表面上去看，所谓贫呀、愚呀、弱呀、私呀，都是一种不可掩的事实；若再向深里一看，就可以看出一个更危险的现象来！这种现象是什么呢？就是"不允许好人出头"！我以前曾在《乡村运动中的一个根本问题》一文内这样说过："近二三十年来，因为纲纪之沦丧，风俗之破坏，渐进渐演，虽形成今日好人不能出头之局面。这真是值得注意的一个大问题！这种局面不改变，这个问题不解决，不惟乡村无改进之机，而中国亦实难有平治之望。且进一步来说，此种局面之造成，政治上的贪污实为其唯一之原因。试观近二三十年来之政治，那一件不是病民害民的，那一件不是苦民扰民的。政府里早晨一个通令，晚上一个告示，不是叫完粮，就是叫纳税，不是催缴特捐，就是逼纳给养。总一句话说，政府与民间的关系，除去要钱还是要钱而已！……但是我们要知道近二三十年来的中国农村，因外受帝国主义经济之侵略，内受军阀官僚严重之剥削，经济已濒于破产，生计已陷于绝境，求死不得，欲生不能，整日整年的辗转于水深火热之中！孰无心肝，孰无同情，对此呻吟苦楚奄奄垂毙之民众，宁忍再施其压迫剥削之手段耶？所以只要是有良心有血性的人，无论在地方上任职，或在机关上作事，无一不反对压迫民众苛虐民众的。尤其是加重民众的担负，扰乱民众的生活，更是他们所痛心疾首的事情！所以一商议叫民众拿钱，他就要持异议；一讨论令乡间出给养，他就来反对。……这样与民众表同情，与民众共甘苦，为民众打算，为民众出力而不逢迎上司把结官府的'正直人'，当然与中国近数十年来政治上吸民脂刮地皮的思想相冲突，也自然而然的要受政府的压制排斥和摧残了！……反正事情是要有人来办的，好人下野，不好的人登台，这是自然而然的一种趋势。现在所谓一般好人，既因不惯于逢迎把结，而被政府排斥以去；则所谓一般善于奔走逢迎的人们，自然可以汇缘得势，骧首上腾了。……况物以类聚，人以群分；不好的人得势，自然要结党营私，这也是无待说明的一个定理。并且他们这种团体，因为利害一致的关系，结得非常坚固；他们此时不惟对于一般民众要压抑剥削，就是对于乡间比较有才有德的好人也是要极力排挤，极力摧残的！因为他们知道好人出头以后，是与他们不利的，所以不得不用这种恶劣的手段。然而如此以来，则乡间所谓一般的好人，就只有退避，只有消极，只有吃亏了！如其不然，小之则有辱身毁名之忧，大之则有倾家破产之患，这是何等的可怕啊！呜呼！社会如此，无怪乎好人要处处退缩而不敢出头了！"

从上面所引的几段话看来，可以看出由历年政治上的贪污，已造成一种局面：在这种局面之下，好人是不肯出头，并且也是不能出头的。因此所谓一般好人，完全是消极度日，不问世事，他情愿吃亏，情愿多拿钱，你教他出来替社会上作事情，他是不肯的（其实也是不能出来）。就是勉强叫他出来，他也是退缩敷衍，不敢负责。况且时至今日，贪污自私，欺骗诡诈，已经成了一种风气；在这种风气盛行之下，就是所谓比较好一点人，或愿为社会尽一点责任的人，亦往往同流合污，与世俱沈！盖一方面侵渍其中，不知不觉已受其同化；另一方面则应事接物，不如此则作不通也。所以现在之所谓土豪劣绅，并不单是个人好坏的问题，实际上已成为形势的或社会的问题也。

二、怎样去改变局面或转移形势？

我在前面已经说过，现在中国的社会，已由政治上造成了一个好人不能出头的局面。但此局面，关系于乡村建设者至重且巨；缘乡村建设中的各种问题——如经济问题，政治问题，教育问题，治安问题——之解决，非一般有才有德的好人，共同出来负责不可。现下一般好人，既背于形势而不能出头，则此乡村建设之伟业，又谁与完成之？所以想叫中国乡村社会有生机，有办法，非先把这种局面改变过来，这种形势转移过来不可。可是怎样去改变？怎样去转移呢？专靠教育吧，教育诚然是根本的工夫，万年的大计，但其功效是迂缓而没有强制的力量；以功效迂缓而没有强制力量的教育，又怎能够遏止现下中国社会破坏沉沦严重的趋势，而改变其局面呢！所以改变局面转移形势，单靠教育上的力量是不够的；那么，就不能不有借于政治上的力量了。实验县之所以采用政教合一的制度，其意盖在于此。

凡是一个国家，正当紊乱纷扰，恶焰高张的时候，如果不用政治的力量来肃清一下，整顿一下，那教育的设施，也是无所用的。因为教育是培养的建设的；但这种培养建设，如果敌不住恶势力之侵袭和破坏的时候，那也就相抵相消而归于无效了。譬如种庄稼一样，若单培植佳禾而不除去稂莠，则佳禾仍然是长不起来的。培植佳禾是教育的工夫，除去稂莠则为政治的作用。又如治疮一样，若单生发新机而不清除腐浓败血，那新机也是生发不出来的。生发新机是教育的工夫，清除腐浓败血，则为政治的作用。由此看来，政治恰可以除去教育之障碍而作教育之掩护。

一个社会当太平无事的时候，自然应当从教育上去下力量；但一遇纲纪沦坠，秩序纷扰的变态局面，就非先从政治方面而严厉的整顿一番不可了！子产治郑，诸葛武侯治蜀，都是很好的例子。现在中国的社会，已经到了一个所谓"百废莫举，千疮并溃，无可收拾"的时期！已经到了一个所谓"是非颠倒，黑白混淆，不痛不痒，麻木不仁"的境地。于此也恐怕非先用政治的力量去革新其局面，转移其形势，而后再从教育上去培养建设不可！

再进一步来说，政治与教育原来并不是两回事，政治正所以补教育之不及，故曰："政出弼教"。在中国上古的时代，政治与教育，皆融合无间，一切政治，皆曾有教育的作用，而学校亦为一切政教之源。所以在《书经》上说："天降下民，作之君，作之师。"《礼记》学记上也说："能为师然后能为长，能为长然后能为君，故曰师也者，所以学为君也。"此皆可以看出政教及君师是一致的。不特如此，古时国家有大典礼大问题，亦皆举行于学校，取决于学校。王制所谓："受成于学"，所谓"释奠于学以讯馘告"，是用兵献俘皆谋于学校。又王制所谓"有虞氏养国老于上庠，养庶老于下庠；夏后氏养国老于东序，养庶老于西序；殷人养国老于右学，养庶老于左学；周人养国老于东胶，养庶老于虞庠"；文王世子所谓"养老乞言"：是养老议政亦在于学校里面。由此可知古代不惟政教合一，君师合一，而学校亦几为政治所从出之地了。黄梨洲在他著的《明夷待访录》上也曾经说过："学校所以养士也。然古之圣王，其意不仅此也；必使治天下之具，皆出于学校，而后设学校之意始备，非谓班朝布令，养老，恤孤，讯馘，大师旅则会将士，大狱讼则期吏民，大祭祀则享始祖，行之自辟雍也；盖使朝廷之上，间阎之细，渐摩儒染，莫不有诗书宽大之气。天子之所是未必是，天子之所非未必非，天子亦遂不敢自为是非，而公其是非于学校。是故养士为学校之一事，而学校不仅为养士而设也。"于此更可以看出古代政教合一之情形，及以学统政（或者说是学治）之真精神矣。本实验县"政教富卫"合一制度之试行，实即溯源于此。所以在菏泽实验县三年进行计划绪言上说："全县划为二十乡区，各选适中地点，设立乡农学校（简称乡学）一处。此乡农学校，上而直属于县府，下而直达于村落，以乡村自然领袖为学董，以专门技术人才为教师，以本乡全体民众为学生，以社会为对象，以解决整个社会问题为目的。如民众自卫之组织，农村经济之改进，乡村教育之推广，乡村自治之设施，均以比为出发点。此乃'政教富卫'合一制度实现之初步，亦即中国学治精神复兴之滥觞。"由此可知现在实验县"政教富卫"合一的制度，固为适应社会之需要而产生，其实有文化复兴之意义焉。

三、我们的态度

乡农学校是根据菏泽实验县的实施计划而来的。他的宗旨是"在根据政教富卫合一之原则，佐助县府处理其乡区内之一切行政事宜，并就其所在乡区内之文化、自治、经济、各项问题，用教学的方式，谋合理的解决，以期达到推进社会，完成县治之企图；故不止为一教育机关，实为一乡区内一切事业之整个推动机关"。只于这几句话里面，已经可以看出乡农学校之性质及其意义了。不过我们在这种"政教富卫"合一的乡农学校里面，作了一年的乡村建设运动，究竟持的是一种什么态度呢？

（一）临事而惧　我们自己很知道自己知识能力的欠缺，经验阅历的短浅，待人接物，都难应付妥当，因此我们常常怀着一个恐惧心。无论遇见什么样的事，总是要详审密虑的思维一番，而后才去作。无论遇见什么样的人，总是要诚恳和气的来接待，绝不敢有轻忽傲慢的意思。诚以我们所处的地位，作事稍一不慎，往往遗害于民众；待人稍一不谨。常使人饮痛而不敢言！如果这样，那真是我们的罪恶了！况且人的心理，很容易有所偏蔽，《大学》上所谓："之其所亲爱而辟焉，之其所贱恶而辟焉，之其所畏敬而辟焉，之其所哀矜而辟焉，之其所傲惰而辟焉"。这都是我们很容易犯的毛病。至如遇见《论语》上所说的"浸润之谮，肤受之愬"那尤其是容易动气，容易上当。识此之故，我们平常里就是战战兢兢，一遇着事情，更是害怕！但这样作过去的事情，仍然遗留下许多缺憾在心里；于此深深的感受到处世之难，作事之不易！

（二）守正不阿 我们作事情，没有巧妙的方术，只有一个很笨的法子，就是"守正不阿"。不过这个法子虽然是笨，实际上是很管用的。因在乡间的一般捣乱分子，他们对于人情世故，是广有经验，富有阅历的。论到玩手法，弄心眼，捣鬼作弊上，那都是他们的拿手好戏。你如果也想从使心计，斗手腕上去应付他们，那你真成了个班门弄斧了！结果是非大吃其亏，大上其当不可！惟有处事应物，一本于正道，不取巧，不苟且，不通融，不枉屈，堂堂正正，毅然的作去；这样其庶几有成功之希望。盖自己先立于无过之地，他们就是想捣乱，想反对，也无所借口了。

（三）认真不苟 胡文忠公有言："世变日移，人心日趋于伪，优容实以酿祸，姑息非以明恩；居今日而为政，非用霹雳手段，不能显菩萨心肠！"我们认为这个话是很对的。乡农学校是带有政治性的，故凡关于政治方面的事情，我们都持一种严厉的态度。此处所谓严厉，就是认真不苟，说到那里就要办到那里。记得有一次第七乡开庄长会议，事前乡长已将开会的日期报告于学校，并请求派人前往参加；不幸到了开会的那一天，正遇着阴云密布，细雨帘织，路滑如油，极难行走的一个天气。自学校到七乡开会的地点，足有十八里路，这是我对于派人前往参加，颇有点犹疑。不过于荫轩和于善轩两位同学，则坚持非去不可。在他们两位的意思，是作乡村运动，第一要树信于民，我们既然答应啦，就应当前去；他们不开会是可以的，我们不去则大不可。当时我很为感动，就派他两位前往参加，他两位也就各带匣枪一支，奋然前往。在路上并调解了一件事情，抓了两个赌博场。到了以后，各庄庄长，正在那里等着；于是立行开会，会毕而返。于此可以窥见我们认真不苟的态度之一斑。

（四）打破情面　讲情面，忘是非，偏私不公，这是作事情最大的毛病！我们作事情，是力矫此弊的。无论对于什么人什么事，都是就事说事，一以是非为主，绝不通融，不模糊。当我们一到都司集的时候，就有一个土匪，托人向学校里来说："看看上一支枪，能叫他在家里住不？"我们的回答是："如果是土匪，不要说上一支枪，就是上十支枪，我们也是要办他的；如果不是土匪，就叫他好好的在家过日子吧，何用上枪？"同时并将馈送请客这一个门，也堵塞的严严的。凡是有馈送东西的，一概璧还；有请客的，除去私人友谊的关系以外，也一概谢绝。盖不如此，对于将来事情上，是很麻烦，很不方便的。此外还有本地的一个风俗，就是凡是一件纠纷经人调解结了以后，该当事人就得大请其客，好像是酬谢的意思。本校对于此点，亦一律禁绝。不过在起初的时候，一般人忸于习俗，每当一件纠纷完了之后，事主就托人向学校里来说，有的是想请客，有的是想送东西，我们一一拒绝。并向他们说："我们来到这里，是专为地方上作事的，专为大家排难解纷的。能这样办，我们才算尽到了一点责任，这在大家是无所用其感谢的。"不过你越这样说，他心理越感激得很。

（五）先教后政　孔子有云："不教而杀谓之虐！"又云："以不教民战，是谓弃之！"可见古人对于为政上，也是主张先作一点教育工夫的。况我们的乡农学校，虽含有行政的性质，但究竟还是一个学校，对于乡区内的文化自治经济各种问题之解决，仍以教学的方式为最妥当。所以本校在推进乡村解决问题方面，最高的限度，仍以教育为主体。换一句话说，就是不到教育无效，万不得已的时候，不用政治的力量。譬如贩卖毒品，吸食毒品，以及赌博的，本来以下手就可以用政治的力量去制裁他，不过我们为顾念我们的宗旨起见，仍先予以忠告，予以规劝，以开其自新之路；及至屡劝不听，屡戒无效的时候，那也就不能不用政治的力量去制裁了。但这也不过举其一端而已，其他的事情，亦莫不如此。这就是我们所谓"先教后政"的态度。

四、我们的感想

我们在过去的一年里面，经过的事情，非常复杂，因而感想亦颇多；现在姑择要略述于后。

（一）要有学的精神

杨效春先生说："吾人生活一天，即有一天的需要待满足，一天的难题待解答。从前的学识，不能适应现在的需要；现在的学识，亦不能必适应日后的需要。人是事事须学，处处须学，时时须学的。"这话说得很好。人生的历程，就是学的历程；人不能一日不生活，就不能一日不学。闲时固然要学，忙时尤须学。能学便有生趣，有长进；不学便老而衰，便日沈于死境。所以说人是要活到老，做到老，学到老的。

人既是事事须学，处处须学，时时须学；那么，人生就应常常的抱一种学的态度。读书听讲，固应当持学的态度，治事作业尤当有学的精神；盖不如此则其所治之事，所作之业，既少兴趣，而又无成功之希望也。于此我们深信 1. 惟有以学的精神去作事情，而后才有兴趣；2. 惟有自己能自强不息，努力向上，而后事业才有希望；3. 惟有从学术上植根，而后事业才有基础。试分述之：

（1）以学的精神去作事情。第一是心虚：惟心虚才能精研细思，曲体事理。第二是不存成见；惟不存成见，才能集思广益，兼取众长。第三是能到处用心；惟能到处用，才能日知其所亡，月无志其所能。这样随时随地就可以得到真实的知识，真实的技能，和真实的学理。这样事情成功固可使我们快乐,即事情失败亦不至使我们灰心;缘我们由此失败,更可以得别一种新的经验、新的启发,又何灰心之有?毕德蔓博士在他著的《乡村教育经验》谈上曾经说过:"大概无论成功或失败,都能鼓起我们的兴趣、增加我们的经验;只要我们能知道自己抱定一个什么目的,并且明白失败在那一点,和为什么原因失败。那么,虽然失败,也是极有裨益的。我现在觉得不是只有成功才能使我们感觉愉快,其实对于一个问题的彻底了解,才真正能使我们的生活丰富有趣呢!而且必需经过许多失败才能使我们感觉成功的宝贵,才能真正去求得成功。有些失败,可以增加人的兴趣,并坚定他的志趣。必需有过失败,才能使那目标格外鲜明;必需有了鲜明的目标,才能使人感觉那成功的宝贵,和失败的裨益"。也就是这个道理。此外还有一点意思,就是我们平常里从书本上所学的知识往往是些死的,呆板的,不真实的,没有用的,惟有从实际事情上学得的,才是活的,真实的,有用的。所以我们作事应当有学的精神。

(2)事业是人格的表现。有伟大的人格,然后才有伟大的事业;以鄙陋卑污的人格,决作不出真实光明的事业来。所以如果想叫事业有进展有成就,非自己先自强不息,努力向上,致力于人格之修养不可。自己果修养得有高尚的志气,光明的心地,宏毅的精神,沈雄的魄力,渊深的学术,缜密的思想,则事业自能日趋于开展,日趋于成功。

(3)事业应当植根于学术之上。事业而不植根于学术,就犹如水浮萍,沙上楼阁一样,那是没有基础的。近人作事多流于浅薄虚浮,而没有深厚敦庞的气象,就是因为太缺少学术上的修养;所以如果想作一点有生命,有前途,可久可大的事功出来,非对于学术上有深刻的造诣不可。换一句话说,就是非叫这种事功,从学术上植根,从学术上生发不可。

我们因为有以上所说的三个信条,所以对于事情完全持一种学的态度,研究的态度;彼此之间,亦互相夹持,互相奋勉,以期得到人格上的交修。本校同仁,更因此而形成了一个学术团体,对于学术的研究上,亦增加了不少的勇气和兴趣。这是我们经过的一个事实,也可以说是我们的一个感想,所以就写在这里。

(二) 要认清路径放胆去作

"众恶难犯,专欲难成",这是作事应当切记的;一般民众"可与乐成而不可与虑始",这也是我们所应当知道的。昔子产治郑,使"都鄙有章,上下有服,田有封洫,庐井有伍,大人之忠俭者从而与之,泰侈者因而毙之。"卒之郑恃以安。然当其"从政一年,舆人诵之曰:'取我衣冠而褚之,取我田畴而伍之,孰杀子产,吾其与之!'及三年又诵之曰:'我有子弟,子产诲之;我有田畴,子产殖之。子产而死,谁其嗣之!'"以贤明的子产,尚且如此;吾何人斯,而能一下手就使民众翕然悦服呢!所以只能把路径认识清楚,而事情又为大多数民众所需要所赞成的,就应当放胆去作;而于少数人的反对,那是不足顾虑的。因为天地间没有完全的事情,作好事则坏人反对,作坏事则好人反对,你想作一件事情,叫好人坏人都赞成,都不反对,那是事实上所不许的。纵令你能作到一个'非之无举,刺之无刺',众皆悦之的人,那不正是孔孟所痛恶的同乎流俗;合乎汙世之乡原么?在乡农学校里作事情,最怕的是持一种乡原的态度;因为乡原是利害观念太深,趋避太熟,凡事都从自己身上来打算,而不从事体上去着想,既怕烧着,又怕烫着,既不愿沾泥,又不愿下水,老是自己想站在一个安全的地方。这样的瞻前顾后,畏首畏尾,用心不是不深,下力不是不多,结果愈照顾的周到愈有漏缝,愈防备的严密愈有罅隙,愈想落个好人愈办不到,因为用心下力的方向,已经错误故也!像这样顶好也不过能作到一个维持现状,敷衍局面又怎能够谈到事业上的开展呢?这真是一个谬误,真是一个错点!于此我们更相信在乡农学校里作事情,应当有大雄无畏不顾一切的精神,应当有大刀阔斧单刀直入的勇气,事情一主于是非,而不计其利害,理之所可者即奋勇以为之,心之所否者即斩然而不为,既不存邀誉之心,亦不作沽名之图，磊磊落落，光明正大；这样的作去，在起初的时候，容或有人不相信，不谅解，迨其功效既著，成绩已有，一般人也自然而然的能相信相谅，涣然冰释了。这就是所谓不求人信而人自信，不求人悦而人自悦；如此局面，事业有个不日趋于开展么？不过最后我再郑重的声明一句，所谓放胆的去作，是必须先把路径认识清楚；路径认识不清，而即放胆的去作，那不是无知的妄为，就是鲁莽的蛮干，这样不惟是无益，而且是有害的！

（三）要多下教育的工夫少用政治的力量

现下的乡农学校，是带有行政性的，为开创局面，转移风气，并掩护教育的进行起见，一下手不能不借用政治的力量。不过从过去一年的情形看来，实在有偏用政治力量的趋势，差以毫厘，谬以千里，这是我们不能不注意的！因为政治是带有强制性的，机械性的，他只能叫人如何如何，不能引导人如何如何，所以从政治上作出来的事情，大都只有形式而没有内容，此即因其本身缺少内在的精神故。因此政治上的力量用的越大，而民众越成被动的；越强推他动，他越不能自动。长此以往，势将演成大推大动，小推小动，最后推亦不动之局面。吾师梁漱溟先生在《北游所见纪略》一文中曾经说过："中国人好比豆腐，官府力量强似铁钩，亦许握铁钩的人好心好意来帮豆腐的忙；但是不帮忙还好点，一帮忙豆腐必定要受伤。山西各项新政，原都是好的；而上面用力太过，人民纯处于被动，其易有弊害，理所当然。"又说："然则就不要建设了吗？当然不是。几时自治的习惯能力养成了，政治的大路开出来，则建设自然而然，应有尽有；否则建设固不会成功，即卖力气往前作，亦无非病民之政而已！"这个意思就是说，作乡村建设，须养成民众的自治习惯和能力，若单靠铁钩似的政治力量是不行的。怎样去养成民众的自治习惯和能力呢？那就得全靠教育的工夫了。中华平民教育促进会在"由乡村建设以复兴民族"的提案内也说："从事乡村建设事业，应当把建设与教育打成一片；这点实在是我们从工作经验中得来的一个最宝贝的最根本的原则。在这个教育与建设打成一片的原则里,我们认为教育与建设,是在相关系的,是从事乡村工作的所应具的两个最大立场。用简单的方法来解释,破产的农村,我们应当从各方面把他建设起来;但是要谈建设是要用教育的力量,把建设的知识,建设的能力,乃至建设的精神,灌输给农民,而建设的事业才能永久,才能真正上轨道,而达到从事乡村工作的最后目标。就是说能够使农民自动的起来,自谋农村的建设。"他们这个意思是很对的。我们乡农学校的根本意思,也就是想引发农民的自觉,引发农民的力量,使他们自己能联合,能团结,能对于自身的各种问题,知谋解决之道,以冀达到推进乡村,及组织乡村之企图。这推进乡村组织乡村,虽然不是一方面的事情,可是无论哪一方面,都非从教育上作工夫不可。所以乡农学校除去在一开办的时候,因某种环境的需要,不能不偏用政治的力量;此外总以多下教育的工夫,少用政治的力量为合适。

(四)要认清工作之程序

乡农学校在一开办的时候,为要得一般民众的同情和信仰,对于地方上兴利除弊的事情不能不替他们去作。但既得了同情和信仰以后,关于地方上问题之解决,事情之兴革,就应当辅导着他们自己去作,绝不当持一种包办之态度。因为乡农学校的根本意思,是在引发民众的自觉,引发民众的力量,叫他们自己能联合,能团结,能解决自身的问题。如果凡事都替他包办,那他永远是不会自觉的,他自身的力量,也永远是引发不出来的。这样纵令你事事作的都好,处处作的都对,可是你走了以后又怎样呢?那不成了一个"人存政举,人亡政息"的局面么?所以这种替民众办事的"循吏方式"在普通作官为政是可以的,若以语乡村建设运动,那是不甚合适的。我们须知道乡村建设,完全是一个地方事业;既为地方事业,就应当以地方人为主体。所以梁先生在《山东乡村建设研究院设立旨趣》上说:"乡村建设之事,虽政府可以作,社会团体可以作,必皆以本地人自作为归。"作乡村建设的事业,不能归落到地方人自作,那可以说是一个极大的失败!我们办乡农学校的人，应当把此点认识清楚；地方上的事情，在可能的范围以内，总以辅导着本地人自作为最相宜。尤其重要的，是对于社会上的优秀分子，要及时予以提携指导，予以训练陶铸，以期培养成乡村运动的中坚人物，迨此等中坚人物培养出来以后，则乡村建设的事业，就可以归落到他们身上。这样乡村事业才算有了基础，这才是乡村运动的正轨。所谓工作之程序，就是：第一步在民众未能相信或某一种的环境以内，应当替他们去作事情；第二步既得到民众的信仰以后，应当辅导着他们自己去作事情；第三步乡村运动的中坚人物培养出来以后，则乡村建设的事业，就可以完全归落到他们身上了。

（五）不要求近功求速效

什么是乡村建设？乡村建设就是修几条路，造几个林，组织几个合作社，办理几处民众学校么？假设这就是乡村建设，那乡村建设的事业，是很容易成功的。可惜这只是乡村建设中的几件事，而并不能算是乡村建设，可是究竟什么是乡村建设？这可以拿梁先生的话来回答。梁先生曾说："我们要认清我们的题目，握定我们的纲领。题目便是辟造正常形态的人类文明。要使经济上的富，政治上的权，综操于社会，分操于人人。其纲领则在如何使社会重心，从都市移植于乡村。乡村是个小单位社会，经济组织，政治组织，天然要造瑞于此的；一切果从这里建造起来，便大致不差。恰好乡村经济建设，要走合作的路；那是以人为本的经济组织。由是而政治亦自形成为民主的。那么所谓富与权操于人人，更于是确立。现在所急的，是如何遵着这原则，以培起乡村经济力量、乡村政治力量。这培起乡村力量的工夫，谓之建设。"又说："今日中国问题，在其数千年相沿袭之社会组织构造既已崩溃，而新者未立。欲谈建设，应从建设一新组织构造谈起；乡村建设运动，实为从新建设中国社会组织构造之运动。"从以上的两段话看来，你们可以知道乡村建设，是由培养乡村的力量，来建设中国社会一个新的组织构造。再进一步来说，乡村建设不惟是要解决中国社会的问题，并且要与人类辟造出一个正常形态的文明来。这是何等的伟业，何等的工作啊！可是以如此的伟业，如此的工作，又岂是粗心浅气者之所能担负，又岂是三年二年之所能见效。所以作乡村运动而持一种求近功求速效的心理，那是错误的。

乡村建设原来是一种王道事业；王道无近功，所以不能求速效。只要能认清此道，发大愿力，沈雄刚毅，朴实去作，排阻力，胜艰苦，假之以时日，宽之以岁月，自能推动乡村，建设乡村，而与人类辟造出一个正常形态的文明来。不然的时候，以急功近效的心理，来作此乡村建设的运动，浅心浮气，不充深入，想将此辟造人类文明之大业，一蹴而就，咄嗟成功，天地之间，那有这种道理呢？况且事情的演进，都有一定的程序，不循其程序，而妄加安排，那也是不能成功的。譬如说去创造一个新的礼俗，也必须待其条件（如经济的条件，教育的条件等）具备以后才行；条件不够，需要不到，强自去办，妄希有成，那也是作不到的。昔贤论为学最忌的是助长。吾谓作乡村运动最怕的也是助长；所谓求近功，求速效，都是助长的态度，都是不能要的！

五、几个困难问题

凡是一种事业，当他正在创办或实验的时候，当然免不掉困难和问题。我们的乡农学校，自然也不能外此而独异。兹谨将一年来所感觉之困难问题略述于后。

（一）民众的愚陋

我们提出这个问题来，并不是嫌恶民众的愚陋，实际上正因为民众愚陋，我们所以才下乡去作乡村运动。这里所说的，不过是说因为民众的愚陋而作事情有许多困难。鲁西一带，因为交通的阻滞，教育的不普及，风气极为蔽塞，民众极为固陋。现在虽已到了二十世纪，虽已到了共和的民国；但他们的思想，仍然是十八世纪以前的思想，他们的头脑，仍然是专制时代的头脑。不晓得世界的大势，不知道国家的情形，不明白自己的地位，更不识应负的责任。什么"真龙天子出现哪",什么"谁作了皇帝为谁家的民哪",这一类谬误的思想,仍然是根深蒂固的盘据在大多数民众的心里面。福来则归功于天,祸至则诿之于命;对于自身的各种问题,从来不知道生法去研究,去解决。而且因其程度低下,知识简陋之故,对于事情的利害,只能看见小的,近的,或一身一家的;至于大一点的,远一点的,或关于社会团体方面的,他就看不见了。此外还有一个极大的缺点,就是自私自利的心太盛,无论什么事情,总是以自己的利害为前提,喜小利,贪细财,昧于正义,罔识大体,这真是一个极大的病痛!由于以上所说的各种情形,在乡间办事情,那是困难极了!就自卫训练班出学生这件事情来说,在第一期因为是初办,因为他们不明了真实的情形,有合格的学生而不肯去,致有雇觅代不替之情形,这还有情可原。但到二期三期的时候,真相已明,出学生似乎不成问题了;其实不然,仍有少数的人们,为短见自私的心理所蒙蔽,对于出学生上依然是延岩推诿,不肯就出,以致闹出种种的问题!所以一到召集学生的时候,问题就纷纷的出来了;有的说"该他出不该俺出",有的说"他的地多我的地少",错乱杂糅,莫可究诘!只这一件事情就如此的困难,其他的事情也就可想而知了!

(二) 人才育缺乏

在实验县实施开始的时候,风气的开创,事情的兴革,固皆有待于乡校服务者之努力倡导,而尤赖地方人之热诚赞助。不过道理上说是这样,论到实际事实上亦殊有问题在。这个问题是什么呢?就是乡村的人才实在太少了!就以本乡来说吧,有的在一个庄村里面就找不出一个识字的人来,平常记一记账,写一个红白帖子,就得远走数里,求之于他村,又遑论其他?再则就当庄长的来说,有许多是不识字的,我们常常在有事或开会的时候给他们很详细很显明的讲了许多的话;但有的是把意思听错了,有的竟不知你说的是什么?这是多么困难的事情啊!然则乡村间就真没有人才了么?这可以分两方面来说:

1. 俭约持己，洁身自爱之士，在乡间并不是没有。然而他们的态度，一向就是喜静厌动，多一事不如省一事的；更加年来事情之难办，时势之险恶，更坚定了他消极度日、不问世事的心理。所以这一类的好人，虽所在多有，虽颇洽兴情，但因他们的人生观是消极退缩的，安分守己的，故虽对于我们所作的事情，极表同意，极表赞许；但不肯出来负责给我们一个大的助力，这实在是一个很可惜的事情！

2. 上面所说的多半是些老先生；至于精力丰富，知识充足之青年，在乡间虽然不算很多，但还能找出几位来。不过因为他们一向所受的教育是不适合于现在乡村社会的，因而：有的对于乡村问题之研究及乡村改进之活动，是漠然而不关于心；有的是感觉到乡村的贫乏，不能供其所求，并且亦不安于在乡间过沙漠般的生活，因而趋赴于都市，以冀能满足其生活之欲望。

从这两方面看来，所谓廉以持己，束身自好之士，多半是消极度日，不肯出头；而一般比较有知识有头脑之青年学子，有的是厌弃乡村而竞趋于都市，有的是对于乡村改进之事业淡焉漠焉而缺乏牺牲前干之精神；这样说来，乡村间还有什么人才呢？所以在过去一年的当中，除去有一两位先生肯热诚帮助进行外，其余帮忙或热心的人，真是太少了！这对于事情的进行上，实在令我们感觉到一种很大的困难！

（三）经济的困难

农村经济破产，在中国已成为普遍的现象；不过在鲁西一带尤其是厉害罢了。在此农村经济崩溃的严重情形之下，而谈乡村建设，是一件顶困难的事情；因为乡村的贫乏，已经达到了极点，而所谓乡村建设的费用，又不能不取自于民间，于此稍一不慎，所谓"乡村建设其不落于破坏乡村者几希！"吾人于此，尝深致惴栗！本校除去每月的经常费以外，别无建设费或试验费。并且自去秋上水之后，经常费也是减成来发的。因此我们所注意所努力的，可以说在"不花钱的建设"一方面，消极的，如防匪，禁赌，及肃清毒品等等；积极的如造林，修路，改良风俗，改良农业，提倡民众夜校，提倡农家副业，奖励国术，提倡合作等等。这都是使民众不用费钱或费钱很少而就可以得到效果的建设。

论到乡农学校本身的经济方面，当不成什么问题；最成问题的，是一般民众。数十余年来之天灾人祸，连绵不断，人民生计，日陷绝境；更告近年之粮贱物贵，愈使民众感到无穷之压迫！古人所谓"二月卖新丝，五月粜新谷；医得眼前疮，剜却心头肉。"真可为现在之民众咏矣！然因乡村经济过度之困难，直接的就影响到我们事业之进行，例如办理农民自卫，最重要的就是枪支；论到买枪上，大户固然不成问题，而小户就有点为难了！又如我们一到都司集的时候，就想办一个民众阅报所，但任你怎样生法，房子是找不到的；赁吧街上没有闲房子，盖吧地方没有钱，因此迁延复迁延，直至于今，尚未办起来。再则乡间还有一个很困难的问题，就是乡长庄长待遇的问题。在实验县里面，乡长庄长原来就处在一个很重要的地位，负着一个很大的责任，尤其是在菏泽实验县里面所谓揭银子，所谓垫款，都是他们的事情。但是他们完全是无给职。不要说是生活啦，就是办公费也是丝毫没有的。试思身处责任重大、事务繁难之地，而毫无津贴报酬，事情稍一不妥，则上面见责于官府，下面招怨于民众；如此"劳怨兼收，名利毫无"之乡长庄长，夫谁乐而为之？所以现在村间对于充任乡长庄长这回事情，简直视为畏途，谁也不肯干（愿意干的都是别有用心的）！就是辞不获已，勉强承认，但一有机会，则又争相辞职！这真是不容易解决的一个困难问题！——此外因农村经济困难而不能进行之事情，尚甚多甚多，恕在此地不再赘举了。

以上所举的三个困难问题，是人人都能感到的；不惟宝镇乡如此，恐其他十九乡无不如此；不惟菏泽县如此，恐全国各县亦无不如此也。而且我们也正因为中国的农村社会有如此的困难问题，所以才下乡去作乡村建设的工作。由此言之，则此种困难问题，正为我们下乡努力之对象；换一句话说，就是此种困难问题解决之时，亦即乡村建设成功之日也。

六、本篇结语

乡村建设的运动，也可以说是一种文化改造的运动，原是整个的，原不是偏于经济政治或教育一方面的。因时地的关系，其入手处，容或有先自政治经济或教育之不同；但其归宿处，完全为解决中国社会的整个问题，则无不相同也。至我以上各节所述的，虽全系些零碎的片断的一时的直感，无关于乡村建设之宏旨，要亦可作我乡村服务诸同学之一点考资料也。

附录　山东乡村建设研究院邹平试验县区乡农学校暂行简则

（民国二十年冬）

一、本院进行试验县区之试验工作，协同地方人士，倡办乡农学校，将来期于完全归地方自办。

二、乡农学校之宗旨，在集合乡间领袖以学校指导农民生活，谋其一地方乡村建设之推进。

三、乡农学校皆就本县七区除第一区外，每区设中心乡农学校一所，农村学校若干所。

四、中心乡农学校，应以合于下列各条件者为适宜所在地：

1. 户口在二百户左右；
2. 交通便利；
3. 地点在本区较为适中；
4. 有适当可用之场所；
5. 区公所所在地或其邻近地点。

五、中心乡农学校之职能：

1. 为本区内各乡农学校联络之中心；
2. 为本院继续训练现在本区服务同学之中心；
3. 为本院随时集中教导本区内各乡农学校学生之中心；
4. 为本院辅导本区内小学教师讲习班同学努力教育服务社会之中心；

5. 为本院与本区，本区与各区乡农学校联络之枢纽；

6. 为本院与地方人士联络之中心。

六、中心乡农学校之活动：

1. 分派本院学生为本区内各乡农学校之试导员，办理各该乡农学校；

2. 监督指导本区各乡农学校之试导员；

3. 联络各区中心乡农学校；

4. 协助本区内小学教师讲习班同学组织同学分会，并辅导其工作之进行；

5. 传达本院与本区地方人士之意见，以期其融洽，共图本区乡村建设之进展；

6. 调查本区乡村社会经济教育及农业等状况。

七、乡农学校之组织系统如下表：

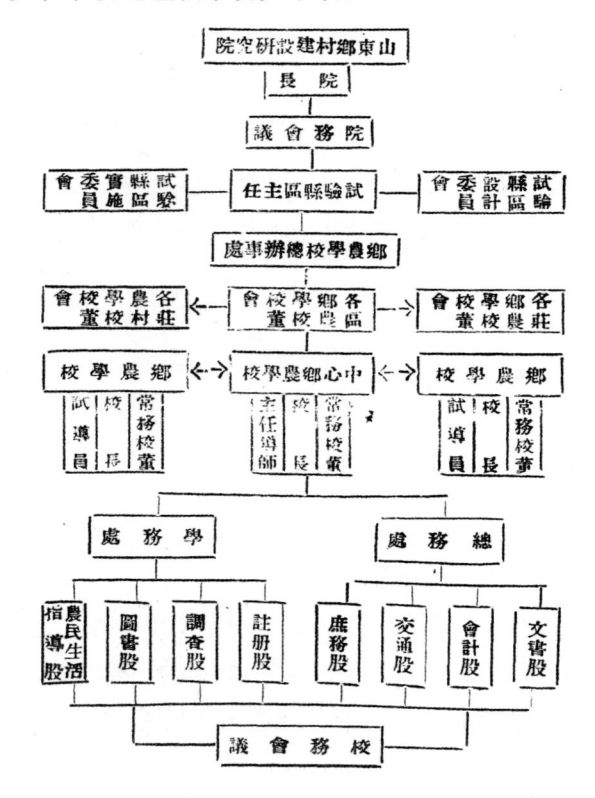

```
                    山东乡村建设研究院
                          │
                         院长
                          │
                        院务会议
                          │
    ┌─────────────────────┼─────────────────────┐
试验县区实施委员会 ── 试验县区主任 ── 试验县区设计委员会
                          │
                    乡农学校总办事处
                          │
    ┌─────────────────────┼─────────────────────┐
各庄村乡农学校董会   各区乡农学校董会      各庄农乡学校董会
    │                     │                     │
 乡农学校 ←──────→  中心乡农学校  ←──────→  乡农学校
 ┌──┬──┐           ┌──┬──┬──┐           ┌──┬──┐
试 常 校           常 校 主           试 常 校
导 务 长           务 长 任           导 务 长
员 校             校   导             员 校
  董             董   师               董
                          │
              ┌───────────┴───────────┐
            学务处                    总务处
        ┌──┬──┬──┬──┐          ┌──┬──┬──┬──┐
       农 图 调 注                庶 交 会 文
       民 书 查 册                务 通 计 书
       生 股 股 股                股 股 股 股
       活
       指
       导
       股
              └───────────┬───────────┘
                        校务会议
```

附录　山东乡村建设研究院邹平试验县区乡农学校暂行简则　175

八、乡农学校之巡视路线如下图：

（说明）各校间之虚线，示各区巡回导师巡视本区各校之路线。各中心校间之虚实双线，示本院总巡回导师巡视各区中心校之路线。

九、乡农学校之校董会：

（甲）各区中心乡农学校校董会，除各该区区长为当然校董外，并由各该区内现任里庄长及现任小学教员选举本区热心公益乡望素孚者若干人组织之。校董任期一年，连举得连任。

（乙）各庄乡农学校校董会，除各该里庄长为当然校董外，并由各该庄人士选举本庄内热心公益乡望素孚者若干人组织之。校董任期一年，连举得连任。

十、乡农学校校董会之职责：

1. 选举常务校董；

2. 选定校址；

3. 选聘校长；

4. 通过概算决算；

5. 厘定本区或本庄乡农教育进行计划大纲。

十一、乡农学校校董会，各设常务校董二人至四人，由各校校董会互选后，呈报试验区主任聘任之。

十二、乡农学校常务校董之职责：

1. 代表校董会，执行校董会决议事件；

2. 办理各该校总务事宜。

十三、乡农学校之校长，由校董会选出，呈请试验区主任聘任之。

十四、乡农学校校长之职责：

1. 主持本校校务会议；

2. 延聘本校导师；

3. 对外代表本校；

4. 会同常务校董编制概算决算。

十五、本院对于乡农学校设总巡回导师若干人。

十六、总巡回导师由院长请本院导师任之，其职责如次：

1. 指示各区乡农教育进行方略；

2. 督察各区乡农学校实际工作；

3. 担任各区中心学校专科讲习。

十七、中心乡农学校设主任导师一人，导师一人或二人，试导员若干人。

十八、中心乡农学校之主任导师，由院长请本院导师任之。其职责如次：

1. 协同校长及本区各导师，试导员，统筹本区各庄乡农学校进行事宜；

2. 协同本区各导师，指导本区各校试导员工作；

3. 支配本校试导员职务；

4. 审阅本校试导员工作日记；

5. 教导乡农学校学生。

十九、乡农学校之本区导师，由院长请本院导师任之。其职责如次：

1. 襄助主任导师进行本区乡农教育实施计划；
2. 巡视本区各乡农学校，并指导其工作；
3. 审阅各校试导员日记；
4. 担任本区各校教导。

二十、乡农学校之试导员由校长，主任导师，协商指选本院学员任之。其职责如次：

1. 试行教导；
2. 受校长或主任导师之指导，分掌校内各股事宜；
3. 分任本院导师临时指定之其他事项。

二十一、中心乡农学校，每两周举行本区各乡农学校试导员联席会议一次，开会时以主任导师为主席。

二十二、中心乡农学校，每月得召集本区内各校学生开联合会一次。

二十三、各中心乡农校得举行联合会议，其开会日期及地点，由院长先三日决定召集之。

二十四、乡农学校之学生编制，分高级普通两部。高级部以粗通文理，年在十八岁以上五十岁以下者为合格；普通部凡十八岁以上四十岁以下之农人皆可报名入学。

二十五、乡农学校之学额无限制。惟高级部人数不满十五人时得不开班；其学生并邻校高级部就学。

二十六、乡农学校教学之科目暂定如下：

（甲）高级部——（一）精神陶炼，（二）党义，（三）国学，（四）史地，（五）自卫，（六）农业问题。

（乙）普通部——（一）精神陶炼，（二）党义，（三）识字，（四）自卫，（五）农业问题。

二十七、乡农学校之修业期间，各部均以修满三个月为一段。

二十八、乡农学校之开学时期，暂定'冬三月'，即农暇时期。各区分校得以地方情形斟酌办理之。

二十九、乡农学校之授课时间，由各校斟酌地方情形规定之。

三十、乡农学校之待遇，学费免收，膳食自备。

三十一、乡农学校各种规程及细则另订之。

三十二、本简则经院长提交院务会议咨询后公布施行。

教育研究

山东乡村建设研究院　编

目　次

一　教育是什么？ …………………………………（183）
二　我们的教育 ……………………………………（188）
三　中国教育之新动向 ……………………………（194）
四　中国新教育的建立 ……………………………（203）
五　乡村教师救国论 ………………………………（216）
六　乡村教育改进之理论 …………………………（223）
七　丹麦之教育制度 ………………………………（227）
八　丹麦教育与国际民众学院 ……………………（233）
九　乡村工作者的培养之商榷 ……………………（238）
十　介绍定县导生制 ………………………………（245）

教育是什么?

张宗麟

今天要对诸位讨论的题目是"教育是什么"。我不是讲演,只可说是交换意见。教育的研究有两方面:一面是理论的研究,一面是技术的研究。我向来就爱在教育的技术上面用工夫:如幼稚园的一个小孩,初到学校里来,我能使他不哭,能使他识字。可是今天要讲的——"教育是什么",则是关于理论上的问题。贵院诸位先生,对于理论方面研究得很高,我岂不是班门弄斧吗?但须知道,研究技术的人,好比拿了一把刀,可以杀人,也可以去做其他的事情;他必以理论为骨骼,才能发生技术上的效能。研究理论的人,若果没有技术,其理论亦无法实现。"教育是什么"?我可以分下列几点来说明。

第一,教育是与生俱来的。生命从什么时候开始,教育亦从什么时候开始,个人由两个细胞结合的时候,就得到生命,亦就开始有教育。细胞分裂,完全有教育影响;不过这时的教育,须受母体所限制,母体强健,就可以有健全的分裂和细胞间向外的发展,而变成功一个胎。我们不用举西洋的学说作证,就拿中国所谓的"胎教"来说,母亲的身体、性情、习惯,以及整个的生活状态,都能直接影响到胎儿身上。此时不是母亲有意的去教胎儿,亦不是胎儿自己要受母亲的教诲,其间关系是非常自然。此之谓与生俱来的教育。可以叫做完全不自主的教育——两方都是无意,完全不能自主。但不能说他没有教育。此时确已经开始有教育作用了。胎儿自离了母体以后，第一件事就是吮乳，各位若看过儿童心理学，就知道婴儿吃奶不是生来就会，而是学习的结果。作过母亲的人，就知道小孩子第一次吃奶情形。在第一次他是不会吃的，必须由母亲的乳头来刺激小孩的舌头和上颚，使其咽喉伸缩，发生反应，然后榨出乳来，送下胃里去；这也是小孩不能自主动作，亦即是不能自主的教育。但你说他是不能自主吗？则他很有进步，由五次到八次之间，他就完全学会了吮乳的活动。故这时的教育，可以名之曰半自主的教育，吃乳是一个例。感光也是这样：小儿初生下来，眼皮不能动，只是眼珠跟着光走，后来才慢慢学会感光的活动。又如惧怕的心象，小孩初生时候，甚么都不怕，可是把他掼在地上，他就会哭起来了。这些活动，都是由不自主的状态进到半自主的状态，也就是由不自主的教育进行到半自主的教育。再进一步就能自主了；如小孩学讲话是能自主的，学走路也是能自主的。但都由不自主而来，随生命之延续而创进。总之有他的生命就有他的教育，教育是与生俱来的东西。这是第一层意思。

第二，教育是自发的活动。教育是自发的活动，不应受旁人支配和强迫，亦不能受旁人的支配和强迫。关于这层意思，我想举两个很浅近的例子来说明：

（A）小孩子的哭——小孩子为什么要哭？只要各位研究过儿童心理学，就可知道他第一次的哭，是因为喉头受外面空气之压迫，与肺部的气体相对流而发出声音，逼着他要如此，不能自主。但除这第一次之外，以后都是他自己要哭的。各位只要留心小孩的哭，就可知道他有各种不同的原因，——饥饿的时候要哭、惊慌的时候要哭，哭了要舒服点。这都是他自发的活动，自己教育自己。

（B）小孩学走路——小孩的身体，在没有健全成熟的时候，他就不能站立走路。因为走路是一个很复杂的行为，前脚举起落地，后脚又跟着上前：这在我们成人看来，好像不觉到什么，而在小孩初学走路的时候，却困难极了。他之能学会走路，绝对不是旁人要他走就可能的，必得靠他自发的学习；如果他自己不愿走路，旁人就不能教会他。

第三，教育能使人比较安全的向上长。人类倘使不要求个体的安全向上长，就是得到生命，也会把他消灭，或不能延续下去。若果小孩不是自己吃奶，我们没有机器能让他吃奶；这完全是他自己的要求，他吃了奶之后，各方面都能安全，使生长顺利，这是我们很容易明白的事实。又如惧怕，有人说惧怕是本能，又有人说惧怕不是本能。其实人类不是绝对没有惧怕的。小孩子初生下来，天不怕，地不怕，但有二种情形他却怕的不得了：一是把他从上抛下，他一定要哭；一是碰到有毛的东西，他更怕得要死。为什么呢？就是他知道这两种东西对他是有危险的，与他的安全生长有所不利，所以他非常惧怕，要求避免。由是可见人类是自己要求安全向上长的。

第四，人类除个体的安全向上长以外，还要求群体的向上长，求群体的安全。这个例子我们已不能从儿童身上去找，而要从人类历史进化上去寻求了。人类历史进化上有两件事情：一是御敌，一是田猎。这都是群体的活动，非个体所能做到的。倘若这群体的力量大，则可以敌过其他的群体，而能继续的生存下去，是必然的事实。当初不知，由个体去御敌、佃猎，牺牲了多少性命，后来因受大自然教育的结果，才知道利用群体的力量，来求群体的安全向上长。故教育的作用，对个人的，是求个人的安全向上长；对群体说，也是求群体的安全向上长。

第五，以上各点所说都是很自然的教育，如天赋一样。但我们知道，教育一面是自然的与生俱来的东西；另一面却是经过多年经验奋斗的结果。前者为原始时代教育；而后者则是现代的教育。

第六，教育可以防止不是教育的力量。由第五点产生了副的一点，就是教育可以防止不是教育的力量；例如防御敌人，有的说是教育，有的则说不是教育。野心家他不承认有教育的力量，他只承认人人都会杀人，于是他就集合许多同类，利用群体的力量去争杀，以稳固他的地位，满足他的领袖欲望。这当然不是好的现象；像这样下去，将要毁灭人类。好在有教育的力量能转移他，使野心家活软，使各种恶劣的举动和欲望稳沉下去，这靠政治经济的力量都不行，只有用教育力量才是根本的办法。

第七，根据以上各点可知人类的一切生活及社会上的一切活动都是教育，但反过来说，也都不是教育。例如组织合作社，我们若能认真去干，就是教育上一条很好的路子；因为合作社是个团体，由这个团体可以组织民众，训练民众，这就是教育的作用。但是反过来说，若果合作社办得不好，成了一个土豪劣绅的结合，以合作社为剥削民众的利器；他可以假借合作社的名义向银行借款，再以高利贷放给农人，从中渔利，处处得到方便，社务亦由他们把持，一手包办；至于实地入社的农民，反得不到一点好处：这算是教育吗？所以我说人类的行为，都是教育，也都不是教育。这就得看，我们怎样去努力。

第八，教育不是手段，教育就是教育。相信唯物辩证论的人、都会说教育是手段；其实不然，政治野心家，都想民众听他的指挥，为他所利用，于是就有一种愚民教育作政治的工具，或皇帝的工具。愚民教育不能算是教育，因为他不能使人向上长。再说近代的党化教育也是如此；他和愚民教育不同的地方，就是他能运用科学方法来训练民众，以压迫敌党，使他自己能永久保持其地位。我们不论他愚民教育也好，党化教育也好，均以一标准衡之：凡能使人向上长的都是教育，不能使人向上长的都不是教育。近人常说教育是社会的上层结构，是工具，是手段。这个说法，站在经济的立场是如此，站在文化的立场则不是如此了。教育本身自有其永远的独立的价值。

第九，教育是平等的。在真的教育领域内，没有贫富老幼智愚男女等阶级之分。幼的可以受教，老的也可以受教；富的可以受教，贫的也可以受教；男的可以受教，女的也可以受教；总之都是使人向上长。如果教育成了政治的工具，则不能平等了。如人才教育，专造就有才能的人；在某种情形之下，富的教，贫的不教，少的教，老的不教，男的受教，女的不受教，这都是把教育当成是一种手段，而不纯洁。纯洁的教育是平等的，没有阶级的，大家都有受教育的机会。

第十，这是最后的一点。各位听了第九点以后，一定觉得很神秘。教育的领域既如是其大，几于无所不包，那么研究教育将如何着手呢？这里愿将我一得之见，贡献诸位。我们研究教育的人，承认教育是整个的；但着手处必在某一点上，否则是囫囵吞枣，毫无所得。我与某种人接近，我就研究某种人的教育；我欢喜那一种事业，我就研究那一种事业的教育。因为一人的精力有限，天下之义理无穷，以我们有限的力量若能在小范围内去研究一种东西，也许容易有成就。作学问好比开矿，不能一人把所有的矿产都拿出来；只要每个人都拿出一点，凑合起来就可以成一大堆了。研究教育也是这样。只须各人认取一点去努力，我想一定会有所成就；各个人的成就凑合起来，对社会的贡献就大了。一方面是就事情讲，一方面是就个人的精力讲，都应如此有所专注。好在教育的范围很广，合作是教育，农业也是教育，社会上的一切活动，都是教育；只要我们拿住一点去研究，已经尽够此生去努力。青年人就怕的是用力不专，起初什么都要学，结果一无所成。人有眼睛、耳朵、鼻子等各种器官；好在邹平的事业是有灵魂的，只须把各种官能配合起来，就能成一个完人。

周彬、梁安详记

我们的教育

杨效春

今天在这里，我想谈谈"我们的教育"。从前乃至现在的教育界有许多的缺陷，许多的不合理。想必大家急于要问，合理的教育该是怎么样？

后面所说的是我的意见，如果你也同意，那就成为我们共有的教育主张了。

我想：

一、我们的教育是全民教育不是阶级教育。不问贫富贵贱，男女老幼，凡来入学的我们都要有教育机会给他。英美的学校偏教士绅，苏俄的学校偏教劳工，我们的学校是要教大众。现在我们在乡办学，办乡农学校，所教的是乡间的成年农人。我们实际是在教乡人，未教市民；教农人未教商民；教成年不甚注意教育儿童；并不是因为我们想市民商民乃至儿童不可教，不屑教；乃是因为乡间的成年农人急待教，而没有什么人去教他们啊！孟子说："得天下之英才而教育之，一乐也"，都市的大学校教授可以这样想。我们呢，则是深信得天下之万众而尽教育之，才是人生之至乐。我们要把我们所在的地处，大家都有受教育的机会。即是盗匪，娼妓，要来受学，教育者是不能拒绝的。教育是一切人的人权。我们要"让大家来学"，这就是教育的普遍性。

二、我们的教育是全人教育，不是片段教育。一个人自生至死，自幼至老，生活一天就得教育一天。教育是没有阶段而不能中止的。学校有结业的时期，教育是没有结业的，我们不能说儿童时期、青年时期受教育，成年时期、老年时期就做工，就不受教育了。人生都应活到老、做到老、学到老，教育不是专给儿童享受的。七八十岁的老农老妇，在生活上有困难、有问题、有需要、有受学的迫切欲求，统都可以入学的。古人说："少壮不努力，老大徒伤悲"；我们想，老大不足悲，惟老大而不努力求学才是可以伤悲的！我们以为一个人儿时须学，少壮须学，老大的时期也须学。在我们看来，整个人生的时期，统是教育的时期。不仅如此，所谓全人教育是要教人身体康健、情感富厚、志趣高尚、习惯良好、信仰正当、思想精密，不是仅仅教他知识充实，学问渊博而已。换些话说：全人教育要教人对个己、对家庭、对邻居、对朋友、对国家、乃至对世界都有合理的反应，不是仅仅教他成一"博大的辞林"，或"有效的算机"而已。这便是说：我们的教育要培养社会上的完人、个性上的全人。总而言之，全人教育的涵义，对于每个人的教育，纵的看是要他时时刻刻都有教育，横的看是要他方方面面都有教育。前者就是教育的继续性，后者就是教育的完整性。

三、我们的教育是人本教育；不是书本教育，亦不是物本教育。人本教育，以人为主体；书本教育，以书为主体；物本教育，以物为主体。现在有的人办学，是太过重视书籍，教师教书，学生学书，上课课书，自修修书，考试考书，那就是书本的教育。有的人则太过重视物质，以为学校的重心是建筑，是经济，是图书，仪器，标本的物质的设备，而不是教师和学生。我们看，有了教师和学生，就发生教育的关系，就成为学校；而他们则以为没校具，没物理仪器等设备是不成学校的。那就是物本的教育。书本教育的结果是复古，是古代文化的再演；物本教育的结果是死板，是人类文明的覆灭。他们决不能使人类的文化生动而进步。能使人类文化生动进步的教育是人本教育，不是书本教育，也不是物本教育。我们要用书，不要读书；我们为解决人生的疑难，有时要参考书籍；绝不是为猎取功名禄位、来记诵书籍的。用书是人为主,读书则人为书所奴役了。我们办学,须有物质的设备。但是这些物质的设备只是资助我们实施教育的工具,而非就是我们实施教育的主体。简明的说,我们办学要用物质,但不是教育即为物质。总而言之,我们的教育不可忘记:是人教,教人,也是为人。从开端到归结,统是以人为本。

四、我们教育是"人中人"或"社会人"的教育。这个一面表示我们的教育不是养成人上人的贵族教育,也不是养成人下人的奴婢教育;另一面是表示我们的教育不是个人本位教育,也不是社会本位的教育。一般的学校:一边是教少数人做贵族,做人上人,做统治他人的士大夫;另一边是教大众做奴婢,做人下人,做被人统治的勤苦群众。我们的学校呢,要大家莫做人上人,亦莫甘做人下人。我们要大家都做人中人。我们深知合理的人只是人中人。一般的学校,有的信奉个人主义,知有个人而不知有社会,知注意个性的发展而不知个人团体生活的纪律与制裁。有的信奉社会主义,知有社会而不知有个人,知注意社会效能的增进,而不知注意个性的发展与尊重。实在是各有所偏,不尽合理的。我们的教育,从社会言,所要建设的是"人的社会",从个人言,所要培养的是"社会的人"。

五、我们的教育是科学的教育,不是玄学的教育也不是宗教的教育。玄学的教育不实在;宗教的教育太执着;实在而不太执着,最适宜于更新进步的是科学的教育。关于厘定学制,抉择目标,编制课程,选取教材,运用教法,考查成绩,建筑校舍,添置校具,以及处理日常学校教育行政事务,皆能采取科学的态度,运用科学的方法者,就是科学的教育(参看郑宗海译:《教育之科学的研究》)。

六、我们的教育是现代的再新教育,不是古代的复演教育。也不是未来的梦幻教育。这便是说,我们办学该当问问:现在是什么时候?二十世纪的生活,不同于十八世纪,亦必不同于二十二三世纪的。引导人类向上生活的教育,自不能把二百年前的办法照样复演一回,亦不能把未来的二百年后的办法,先自杜撰起来,早为一一准备停当的。我们知道"现代"不是凭空而来,亦不是无端而去,它的来路是与"古代"有关,它的去向也会于"未来"有关。我们知道"现代"不是孤立,不是停留,它是在流动,是在生长,是在与无穷的前后,发生关系。但是这只说明:我们的教育也得流动,生长,与无穷的前后发生关系。我们在教育上该作现代的再新工夫,不是要作古代的复演工夫,或未来的梦幻工夫啊!有了金鸡纳霜,害疟疾的人不必复演古人求神拜佛以求疗病的把戏;同时,我们也无须为恐二百年后的子孙染着疟疾,就由我们自己大吃金鸡纳霜,先为预防的。如今办学的人,有的在这民主国家,民权未伸的时代,还教人独善其身,莫问国事,做个安分守己的顺民,这显然是不识时务;也有在这列国对立,弱肉强食的时候,就做国际和平世界大同的甜梦,这亦是看错了时代啊。我们办学要认清时代,我们生在现代,长在现代。而且现代是在生长,是在再新。我们的教育,就是要使得现代有个更合理更顺利的生长,或再新的教育。

七、我们的教育是中国本土生长出来的教育,不是由英美,乃至由丹麦苏俄移植过来的教育,亦不是"中学为体西学为用"的杂交教育。这便是说:我们办学该当问问:我们自己是在什么样的国家,什么样的地处办学?我国自有新教育,最初是主张中西合璧,设法调合。逐渐知道调和不能成功,乃转变而为摹拟他人。先是摹拟日木,其次摹拟美国,摹拟英法。现在又有人想摹拟苏俄,摹拟丹麦的了。我们知道:摹拟的结果也是失败。为什么调和与摹拟都不能成功呢?大家该明白:教育是必须适应人生需要的。各处地方的人生需要不同,那么所以适应他们的需要的教育也必是不同。我们知道,各国的文化成绩是不同的,各国的国民性也不同的。各国的现势,或强,或弱,或贫,或富,或以农业立国,或以商工立国,也是不同的。各国国民有各别的问题,各别的信念,各别的抱负，形形色色，也都是不相同。美国的平民主义，英国的白人责任，法国的自由平等博爱，德国的日耳曼文化，日本的大和魂，苏俄的赤色国际，各国国民所用以勉自期许，欣然向往的民族精神，也各自不一致。教育须以社会的现象为背景，并须以儿童的经验为基础。现在请问大家：我们中国的社会现象同于那一国呢？我们中国的儿童经验又同于那一国的呢？英人学英语法人学法语，日人学日语，俄人学俄语，我们硬要中国的儿童不学中国语，不明中国文，不识中国史，不知中国的种切，转要他去摹拟英美，摹拟苏俄，摹拟日本，这统是极其荒谬的啊！比方甲、乙、丙、三人统害病，但他们所害的病都不同，后来，他们都吃了对症的药方，各人的病都好了，都恢复了健康。如今某丁也病了，丁害的又是一种病，与甲不同，与乙不同，与丙又不同，如今丁要抄袭甲的药方、乙的药方，或丙的药方，来疗自己的病，固然他的病不得好；假使丁把甲乙丙三人的药方调和起来，以疗他自己的病，他的病也仍是不得好的。丁害的是另一种病，治疗他就得用另一种药方。同样的道理，我国国民所遭际的困难与问题，与其他各国国民所遭际者统统是不一样；所以适切我们解除困难的教育，也自与旁的国家不能一样的。你想：产业落后，交通不便，民穷财尽，匪炽兵横，国势散弱的国家，他的教育制度，教育内容，以及教育设施方法等等，可以一一学取产业发达，交通便利，国富民裕，秩序安定，国势强盛的国家吗？是以，在我们看来，我们中国的教育制度，教育精神，教育内容，乃至教育的实施方法，都待我们大家来创造。今日我们对于中国教育界的主要工作是创造，不是摹拟，亦不是调和。我们应当做中国新教育苗圃的园丁。

八、我们的教育是行知合一的教育，不是空谈的教育，也不是盲干的教育。寻常的人总以为劳心与劳力可以分家，知识与行动不能合一。他们要一部分人去劳心，求智识；另要其他大部分的人去劳力，做工作。前者是学生，后者是农夫工人。其结果是学生知而不行，农夫工人行而不知，知而不行则所知成空谈；行而不知，则所行成为盲干。现在社会上有许多盲干的农工，也有许多空谈的学生，而缺乏真知实行的健全国民，那就是由于行知对立，手脑分家，半身不遂的教育设施助长而成的。我们知道：真知必是可行，真行必是可知。行与知到得真处，必归一致。即行即知，即知即行；行以启知，知以导行；相生相长，相因相成；互相终始揉合，而无法分离。因此我们在教育上乃主张做学教合一。寻常的学校，教师教清洁卫生，学生学清洁卫生，校工才来做清洁卫生，洒扫庭除等工作。这教者不是真的，学者做者也统不是真的。做学教一旦分了家，同时也就统都成了假。打破假的教育，当从行知合一做起。

总起来说，我们的教育就是人的生活的教育。它合于教育的道理，也即合于人生的道理。它在人生里进行，取人生的资料，用人生的方法，即是指导人生改进人生。它要解决人生的困难，适应人生的需要，追求人生的意义，实现人生的价值。

中国教育之新动向

李宪武

一　前言

教育的功用，本在维持社会的延续和指导社会的进步，以教育指导社会之进化才是进行化的常态，教育制度是根据社会需要来的，杜威曾说过这个意思：

"仔细考查各时代的教育制度，都是社会情形的重要枢纽"。

所以在某种社会需要下，一定便会有某种教育制度的发生，然社会之变化，固能影响于教育，而教育的进展亦能影响社会，从这里看，社会和教育是互为提携、相辅并进的。

但是，要明白中国教育近年的转变和趋向，须先回顾一下，中国近年的教育实况。

二　近年中国教育之转变

从中国民族发展史上去看，很早的便滞止于农业自足时代，自始至终，没有科学的发明，故不能利用原料制成工业品；数千年之立国基础，既在农业，则其经济等，亦莫不根据于此。我们细查中国社会实不过三十万疏落之农村而已，其社会组织，密于家族，亲于乡里，成为伦理本位的社会；其在政治上，则自由太多，缺乏组织力量及国家观念，既不像封建国家，更不像近代国家。其教育，为"治术教育"是劳心和劳力的区别，"劳心者治人""劳力者治于人"，显有这么两个阶级。——以上为中国社会之大略。

中国既为农业国家，故富于家族观念，民性保守，又因人生态度不同西洋，故文化停滞盘旋，为谈文化者所公认，故一与西洋现代潮流接触，遂不能抵抗，现于外者则有外交上之失败，损失极巨；现于内者则为三十万农村整个沉沦（此中即包括政治经济教育）。在此破坏过程中：执政者欲图自强，见彼外人之坚甲利兵、工业进步、政治制度及教育制度之为功，乃思整个移植于中土，使中国亦变成现代国家，但截至现在，已三四十年，不仅外人的长处未能学到，反愈使社会紊乱破坏，农村愈趋沉沦。

中国教育也是如此。所谓中国近代教育，已非原有教育，因见西洋之强，强在教育，则极力摹取之，故自清末以迄现在，均为摹仿时期，惟近几年，才有点较好的倾向。

欲了解近代之变化，须回顾以前转变之过程。按摹仿过程可分二期：

1. 仿日时期：此期发生于光绪初年至民国三四年间，清末对外战争屡次失败，怵于外人之威权，乃拟根本从教育摹仿入手。又以日本亦系新进强国，同文同种，乃派遣大批留学生赴日学习。在光绪三十二年时，留日学生有一万二三千人之多，为极盛时期。此后凡从事于革新运动之人物，莫不出此。至于教育制度，更不择土而移植于中国。光绪二十八年颁布之学制，即完全摹仿日本。

2. 仿美时期：此期由民国三四年起至最近止。考中国教育摹仿美国之原因：盖因美国将庚子赔款退还，用作派遣留美学生之公费，自是留美者激增，在民国十三年，留美者计一千六百余人，自费者尚多，回国者多在社会占有重要位置，尤以在教育界为最多，故民国三四年后，中国教育，几全在留美者之掌握，掌教育者既学自美国，乃不惜将美国之整个教育制度，亦照样运到中国。民国十一年颁布之"六三三"制即全仿美国。

依前所言,即可略观近代教育之得失,中国本农业社会,因受外界之压迫打击,而发生变化,执政者不加深切之考虑与研究,出以临时应付态度,移植者既不能突然实现,传统者又不能立刻消灭,更加以不合社会情形,乃彼此冲突牵掣,终无效果。仿日时期留学生急于速成,乃失之滥,回国又以特殊地位自居,傲视一切。留美者又多系青年,不明国情,濡染美化太深,因此两者皆归失败。

依上言之:中国教育转变的过程,简单来说:由摹仿日本,转到摹仿美国,所得的结果,仅将科举的旧八股,变成洋八股而已,隔开社会更远。因此较有眼光的教育家,感于已往之错误,才回头着眼到三十万农村,欲于没落沉沦中,从事启发乡村自救的力量,以建设新组织构造的社会,此即为乡村教育运动,平民教育运动,民众教育运动等。最初为私人学术团体提倡,后政府亦渐注意,乃于大学中学中设立乡村科,又有乡村师范,民众教育馆等,此实是中国教育的一大进步;中国社会前途的萌芽,也就潜伏在里面。

三 教育新动向之检讨

基于乡村破坏,无论私人或政府均感到这个问题的严重,都觉得非另开一条生路不可,因此在教育上便形成两大转变:

(A)由都市转到乡村。

(B)由个人转到大众。

兹举例略述几项事业,以证此二点:

(A)乡村教育

甲、晓庄师范——十六年、中学教育改进社,择定南京和平门外之晓庄,开办试验乡村师范学校,自开办至被封有三年的工夫,但在乡村教育上,已有不可磨灭的成就,简述于下:

"生活即教育"是晓庄的教育哲学,"教学做合一"是方法;

"农夫的身手、康健的体魄、科学的头脑、艺术的兴趣、改造社会的精神"是目标。"以教人者教己""在劳力上劳心",为其校训。晓庄于三年间,训练学生六班,创办乡村中学一处,幼稚园三处,中心小学五处,图书馆,生物馆,乡村医院各一处,信用合作社四处等事业。

其推动社会方法,以小学为中心,以教师为原动力,以整个乡村社会为教育对象,颇能深入民间:其理论颇为国内教育界所推许采用。

乙、立达学园——立达学园本其"工学合一"的主张,以特殊训练,让学生在农村各方面有生产技能,在乡村教育上,能另开一条路。

自上述二者看来,可见教育渐向农村中转变。

(B) 社会教育

此又分为"平民""民众""乡农""社会"等名词:

甲、平民教育——中华平民教育会的定县实验区,算实施平民教育最早最著名的。当欧战时,华工在欧作劳役,一部分留学生,感觉他们的愚陋,乃施以教育,颇有成效。此部留学生回国后,即从事平民教育。先在城市,后又感到乡村平教工作更重要,乃在定县工作。根据其调查结果,与体验中国社会情形,察出中国人有"贫""愚""病""私"等四大病,乃以生计、文字、卫生、公民等四项教育以补救之,实验亦颇有成效。

乙、民众教育——民众教育,是十七年后的名词,可以江苏教育学院作代表。教育学院的宗旨,在养成江苏六十一县的民众教育人才,并为全省民众教育及农事改良研究实验之场所,划有黄巷等试验区,及农民教育馆等;此外如各省民众教育馆等,亦为民众教育。

丙、乡农教育——此为一新兴名词,实验者为山东乡村建设研究院,其理论陆续见于该院出版之旬刊。约略言之:盖感于中国近年之丧乱,乃被西洋文化压迫所致,欲中国有办法,须先创造中国新文化——社会组织构造。而此新文化之创造，必先在乡村着手，而方法必须启发农村之活力，使其自己向上生长；不能在片面试验中冀其成功，须做整个乡村的推进。其办法，以乡农学校为中心，而进行地方自治，合作经济，乡村教育等事项，颇为各方注意。

丁、社会教育：这个名词最早，自民国成立就有。这是因为政府见到外国教育的普及，故在中国也创办社会教育，如识字运动、图书馆、阅报室、讲演所、职业补习学校、博物馆、体育场、公园等。

本来上面说的四项，都可叫做社会教育，不过依其原名而有此四项区别而已。

在中国，社会教育机关的数目，根据民国二十年教育部的报告有一统计如下：

省别	社会教育机关数量	经费	职员	学生
江苏	1361	406602	1327	25344
浙江	425	153425	——	9554
安徽	616	193352	1222	12014
湖北	124	120961	343	1393
江西	873	107601	1994	10144
山西	296	23239	186	13935
福建	188	57740	569	3434
河南	253	103879	194	5938
河北	1954	237192	1595	4542
山东	2229	151017	1945	28805
辽宁	230	209567	464	6418
吉林	109	76480	1555	1604
黑龙江	27	26031	85	——
绥远	27	10357	43	413
热河	24	3877	62	404

续表

省别	社会教育机关数量	经费	职员	学生
察哈尔	117	36848	178	3286
西康	14	3380	90	144
广东	246	356447	979	8705
南京	132	37920	145	2538
上海	342	66846	959	3513
天津	190	59739	522	10985
青岛	120	3086	42	——
北平	196	138283	915	7185
总计	10773	3632466	14495	219828

总观上述教育转变过程，可得以下之结论：

1. 在表面上看：由中国传统的治术教育转到合乎时代性的教育。

2. 在形式上看：由摹仿外国的都市教育，转变到自发的乡村教育。

3. 在质量上看：由人才教育，转到平民教育，民众教育，乡农教育，社会教育。

4. 在学说上看：由个人本位的教育，转到社会本位的教育。

5. 在对象上看：由只限儿童，转到全体民众。

从以上各点看来，证明民族渐就觉悟而亦渐形成民族自救的教育。

四　教育的新动向——民族自救

在前章叙述中说教育的转变有两点：

A. 由都市转入乡村；

B. 由个人转入大众。

这两点的实况：已如上所述。我们知道社会的变化，是可以影响到教育，所以我们要考究一下社会为什么它有这样的变化？

中国自鸦片战争后，不幸的命运便一天一天的逼来，先知先觉的人们，感到问题的逼迫，便想着用种种方法，来解救自己民族的危亡。于是样样学人，什么革命、立宪、民主、共和、党治等等，在其中不知道牺牲了多少热血、多少头颅、直到现在，反弄的国家一息奄奄，不保朝夕。这岂不是与先知先觉们的初意相反了吗？

中国问题，并不是自己内部爆发的问题，而是外部引发的问题，是受西洋文化的压迫打击，自己文化相形见绌，而急求如何自救的问题。且此时中国内部问题，不特是由外面引发，亦是以外来形式演成。所谓外面引发，具有三义：

一、受外面压迫，激起自己内部整顿改造的要求。

二、领会了外来的新思想，启发了固有文化改造的要求。

三、外来势力及外来文化，实际的改革了中国社会，将其卷到外面漩涡里来，强迫的构成一全新的中国问题（详见《中国民族自救运动之最后觉悟》梁漱溟著，中华出版）。因此中国问题，是整个文化问题——包括政治经济教育；而不是一种制度改革的问题，故想解决中国问题，也须根本从文化上入手。做民族自救运动，若再去摹仿外人，那只有再添一次失败。

因中国问题既是如此，故教育上也有上述的两点表现。兹再申言之：

A. 由都市转入乡村

西洋文明，本是一种工商业文明，也可说是一种都市文明，它孕育出自然而然的是种都市教育，中国既整个的摹仿西洋教育，故三十年的结果，只有把一批一批的农家子弟，麇集于都市而不能返回乡村。一面农村中空虚涸竭，一面都市中人满为患。因前者之故而农村日趋没落；以后者之故，都市中问题丛生。中国本是一个农村社会，发生这种现象，有见识的人，便不由的注意到乡村教育。

B. 由个人转入大众

在已往办教育，都是注重人才教育，普通以为教育的功夫，也就是"作育人才"而已。清末派人出洋学习，即是培植人才；早年的学校毕业，就加官授职。社会意识，皆以此辈为人才，并以为社会有人才才可进步。时至今日，才恍然大悟，才知道让社会进步，非让做社会上多数民众有觉悟方可。于是平民教育，民众教育，社会教育等呼声随而大起。

如此看来：

1. 中国问题是文化问题；
2. 解救中国须民族自救；
3. 须启发大众的民族意识，社会才能进步；
4. 中国社会几乎全是农业社会，中国人民几乎全是农民。

故今后教育，应致全力于社会教育。

然此处所谓社会教育，并不像现在流行的一般社会教育，只让人认识几个字，会写几封信便算完事。此处要根本让大众在现在的历史剧变时代，有所认识，有所启悟，而求其自救之道，此则须回头认取自己的民族文化，人生态度，自此再引起对一切科学的研究，如枪械利器，须有活人才能运用他；又像接木的一样，须本身有生机，然后才能发荣滋长，不然便不为功。

中国社会自经西洋潮流冲入，旧日之组织构造风俗习惯已渐消失，而新者尚未建起，欲谋新社会组织结构之建造，须有赖于社会教育以竟其功。不过问题是整个的，故建设也须是整个的建设，绝不能单注意一点，而忽略了其他：在已往的社会教育，只做了些支节工夫，并未找到真正痛痒处，在不着痛痒处做工夫，是不会有效的，是很可惜的。

教育既由个人转到社会，则教育制度亦应由"学校中心的"改为"社会本位的"，这是社会自然演到这里，并不是我们冥想的。

现行之学校教育，既狭隘而不足，社会教育又偏浅而无当，故今后教育的趋势，应改为社会本位的教育，因中国农民不识字者占百分之八十五以上，既不识字知识简陋，而偏又赶到这个非常的时代，遂不能适应其新的环境。而此百分之八十五的农民，又正为社会的有力分子，若不能使其认识社会，使有觉悟而实际参加社会的改进运动，则改进运动将永不能成功，而能使其实际参加者，即社会教育的责任。社会生活日益复杂，人生所需学习者亦日加多，故教育应当放到终身，而不应当单限于儿童期；儿童为社会将来的主人，应受教育，此理固明，然而成人为社会现在的主人翁，岂不更应受教育？根据桑戴克之研究，学习的成功和失败的原因，年龄大小，无关重要，依此，则"社会本位的民族自救教育"在当下的中国，实是急应实施的教育。

（乡村建设旬刊第三卷第五期梁漱溟先生之社会本位的教育系统草案）

二二，八，二十。

中国新教育的建立

李宪武

一、生活与教育：1. 生活的继续性；2. 生活的适应；3. 生活的意义；4. 教育为生活所必需；5. 个体与教育；6. 社会与教育；7. 生活即教育。

二、环境、遗传与教育：1. 环境之作用及其影响；2. 环境与遗传；3. 人类不须学习的动作与学习心理；4. 环境、教育与遗传三者之关系的成立。

三、中国近三十年来教育之考查：1. 三十年来教育之由来及其背景；2. 三十年来教育之变迁及其原因；3. 三十年来教育的根本错误点；4. 根本错误的证明。

四、中国新教育建立的观点：1. 建立社会化的教育；2. 社会化的教育以人群进化为目的；3. 社会化的教育，以学习心理为方法；4. 社会化的教育多角化。

五、结论：度量教育的方法。

引　言

四年前对教育始发生了兴趣，也是对于教育开始发生了怀疑，总是感觉着教育最为空洞；回顾学校之设施，除知识传授以外，又看不到别的东西，以为"现在的学校教育，就是所说的教育吗？""如以教育是空洞的，欲作具体的设施，当从何作起？"对这两个问题终不能解。后看社会学及教育心理学，都说与教育有很大的关系，至此始稍知教育为何事，要想研究的趣味倍增；按此方向继续探求，至今还不能将怀疑完全消除。在这怀疑不能完全消除时，或这研究未成熟时，作一概说，其中之错误，在所难免，幸希师友教正之！

一　生活与教育

1. 生活的继续性：生物之有生有死，是任何人所不能否认的；人类社会各分子之有生死，也是任何人所不能否认的。人类的生存，并不是专赖任何个体的继续延长于无穷；乃赖于有的虽死去，而又有别的新生命出世，为之继续衔接。以地质纪录说，人类如遇有时疫暴发或其他灾害发生，将人类全体分子灭绝；但这群灭绝之后，又另有新生群出现。以人类的生殖说，群内各分子的生产时日不同，则有幼壮老之序，年龄大小之差，死亡期之迟早，于是彼此互相交错，结果老的分子死去，壮幼者仍然生存，同时又产生新的分子，则人类永续不绝，故其生活的继续性因之确定。

2. 生活的适应：从生物进化上说，任何生物，在它的整个生活中，都有其适应环境的能力。一切生物，都要能适应其环境；如不适应，便不能生存。不起适应时，便有生命之全部或局部破坏，这就是自然淘汰。惟有适应，才能存续发展，这个原则，适合于所有的生活形态，无论植物，动物，人类或社会。人类在其环境中，摄取营养，如果所得超过所费，就能够存续发展，否则便会灭亡。人类的适应能力，较其他任何动物为大。就历史的观察，人类能创出现代的文明，可证明人类适应和改造环境能力之伟大；又人类适应和改造的工作，是永久继续进行着。现代人并不以现代文明为满足，还抱着富有理性的社会进化的理想，为继续努力改造环境的目标，以期达到永远存续和极大的进步。

3. 生活的意义：由生活的继续和适应，可以推论生活的意义。人类生活继续到现在，中间无时不在困难中，也不知经过多少复杂变化。每一变化终止，则为适应所得的结果，换言之，生活前面发生阻碍时，则为适应的开端；求解决此阻碍时，则为适应环境的作用，将此难关渡过，则为战胜所处的环境或改造了环境，其所得的结果，则为生活上的进步或创新；创新一次，则为人类社会上有一进步。人类进化到今日，所处的物质和社会环境，要比原始时代复杂多了，环境既然复杂，人类所具之适应能力，也自然同时增大。人类生活一天，便要适应一天，其环境也因之复杂。所谓生活的意义，就是："人类继续不断的重新适应环境"之谓。

4. 教育为生活所必需：人类社会各分子之有生死，既为当然的事实，就此即可确定教育为生活所必不可缺少。以生物学的见地说，初生儿童原有的效率，实不及低等小动物原有的效率；又以心理学的见地，新生下来的婴孩，只有必需的本能（哭及各种反射）和机体作用。普通我们称成人，为已成熟的份子；称新生的份子，为未成熟的份子或儿童；成人为具有群内风俗，制度，习惯，语言，信仰，文字，娱乐，职业等的标准者，未成熟的儿童，为身心发育都未完全者，没有这些经验，儿童与成人的差别很大。要想将群内的生活继续延长，必须将群内所有的经验，完全传授于儿童，使他们学习这经验，认识这目的；同时并须使他们对于这些，发生主动的兴趣，这群内的生活始能够绵续下去，不致中止。这种绵续的程序，就是成人与儿童间的授受样式，也就是教育的过程。但是生活之绵续和进步，除教育以外任何作用或力量无能为力的。因为教育之在人类生活中的功用，即生活的绵续并求其进步。人类愈进化，成人与儿童差异愈大，则生活愈需要教育的指导。

5. 个体与教育：婴儿初生之后，身心上的一切组织均不完备，自不能营独立的生活，必须赖父母的培养和社会的保育，方能渐次发展其适应能力，使他渡到独立的境遇。实在的说，新生儿童生活的开端，虽不能适应环境，但其身体组织中实含有一种潜伏力

（原始的趋势或原本趋向）到其一定的发生期，如有适当的培养和刺激，可有无限的发展成为将来独立生活的习惯。因人类的儿童期较任何动物都要长；儿童期延长愈久，将来发展可能性愈大，需要教育培养也愈久，在现代文明中，此种培养时期，可延至二十年以至二十五年，甚至人的一生都需要教育的指导。据桑戴克的"成人与学习"之研究，人的学习可延长至成人及其终身。个体与教育，无非从人类原始反应，可以养成许多简单的习惯；从这简单的习惯，又可借以培养联合和扩大的关系，建立更复杂的习惯。教育即在促进人类发生多数关系，使人的行为感觉复杂而有用。简言之，生活习惯的养成就是教育。

6. 社会与教育：杜威说："仔细考察各时代的教育制度，都是以社会情形为重要枢纽，不只教育的状况如此，即教学的科目和方法，也是如此"；例如中国的家庭制度，最为发达，学校组织，也含着家庭色彩。所以教育和社会的关系很大，并且教育的设施，任何时代都要顾到社会。换言之即在任何时代社会的教育，都须根据那时代社会以确定教育的设施。其实在原始时代，则有原始社会的教育；在封建时代，则有封建社会的教育；在资本主义时代，则有资本主义社会的教育。不过原始和旧时代的教育，其设施均极简单，不像现代社会这样复杂。我们由社会学的见地说，社会是由若干个人及其社会行为构成。有了个人的社会接触，才有社会生活。还要知道近代社会是比以前发展，生活比前代复杂，社会之所以发展，生活之所以复杂，是由于现代人的互相接触比以前增多，互相依赖的关系比以前密切。在这种互相接触和依赖所发生的影响上，可以找出教育在社会上的功用：消极功用，为社会绵续存在；积极功用，为社会的创新或改造。进一层来说，由历史观察，无论何种社会开始时，都含有教育的意义。换言之，社会绵续和创新到现代，都是教育的功用；所以教育是随社会的发生而发生，也是随社会的发展而发展。由此而论，社会之有进化，在于教育的功用：而教育之存在，以社会为其立足地。

7. 生活即教育：从上边生活的适应，教育为生活所必需，个体与教育，社会与教育，各点的广义来说：生活的适应，目的在生活的继续适应并求其进步，生活上的适应就是教育；教育之在生活上的关系、教育为生活所必需和需要教育的指导，生活所需要的指导也是教育；个体之需要教育，目的是企图教育的培养而参营团体生活，这个体生活习惯的养成，也是教育；教育之在社会，是为社会的绵续并求其进步而社会得到绵续和进步的指导，也是教育，但说来说去，通同是与教育发生关系的；其实都不能与教育直接发生关系，须借生活为媒介，发生间接关系或作用：所谓适应，须在生活上始有作用；个人的生活习惯，又须在生活上始克养成；社会之绵续和进步，亦须在生活有所表现，方能看到社会上的表现。如若生活上无教育，则生活本体无适应作用，个人习惯无从养成，社会上无绵续和进步；同时教育和生活分离，自无其立足之地和功用。所谓生活与教育真正的关系，是使人在其生活中有学习，并把生活的条件作为学的历程。那么，我们由生活方面去看，个人与生活达到了某种程度，则生活环境显示了某种教育的效力。由历史的观察，任何团体生活开始时，都含有教育的意义；否则任何团体是无进步的，扼要说来，每个人是要靠社会而生活的，如果离开社会而生活，无论如何是不行的，我们从生到死都在社会内生活，也就是在社会内受教育。所以生活的过程就是教育的过程；生活的范围也是教育的范围。那末，生活以外决无教育，也不应在生活以外找教育。如此，教育是不能离开生活；离开生活而言教育，亦实无教育可言。总之，生活与教育为二而一，一而二者，最后之定语为"生活即教育"。

二　环境，教育与遗传

1. 环境之作用及其影响：一个人从母体生下来，就开始和他的周围环境发生了关系。每人对于他的环境都要有适应作用，始克发展为社会的个人。就其本身各器官说，使用耳官发展听觉，使用目官发展视觉，使用鼻官发展嗅觉；常常使用耳目鼻各觉：才能发展各种神经系统。由其接触的关系说，有了母子的关系，即可发达慈爱情绪的活动。有了教者和被教者的关系，即可发达思维的活动；有了生产者与消费者的关系，即可发达经济的活动。倘使离开环境，则各种器官和各种社会活动都无从发达。如果没有声音，实物，气味，母体，教者，消费者，则不能发展各种器官合社会行为。所以人类的各种活动发展，都要时刻的靠着环境。环境不是别的，就是我们的周围，周围的环境可分为物质和社会两类。在物质环境中影响我人最大者为气候；因气候能影响人类的气质，气候变化能影响人的行为。其次为物产之限定人的生活和职业。所谓社会的环境，系指一个社会上的风俗，习惯，成训，制度，知识，理想和互相的接触说。人在社会环境中，即受其社会环境的影响，每个人是不能逃避的，人的一生都在其环境中是无时不和环境接触的；因接触所生的刺激，则为环境之作用或环境有刺激人的作用；因刺激所发生之反应，则为环境所生的影响。无论是物质的和社会的环境，都能与人发生接触关系，影响人的活动，并能使各种活动发展，能增广经验，并能使经验贯通；能刺激想象力，并能使想象力丰富；使人对于言论与思想，有共同准确的了解。

  2. 遗传与环境：我们每一个人都逃不出环境与遗传两种势力，上面将环境说过，再说遗传。遗传的意思，是类似者容易生产类似者，或类似者产生几分类似者。遗传是一切生物将它们种族的形体状态和性质，借生殖细胞传递于后代，其后代类似他们的祖先。每代个体虽有死亡，种族的形体状态和性质大体上仍保持相似。我们可以知道，每人的身心两方面都和他的远祖息息相关。遗传是先天的，人生下来好像就有一种倾向，即先天固有的，与生俱来的，直接得之父母，间接得之先代或种族，假令没有遗传，人类生命虽借生殖为之继续，但对于所处的环境，每代都要重新适应，则人类生活上一定异常困难。所以遗传常是一种保守的势力，并为一种经济的方法，因此人种的形体状态与性质，每代却省去个人的重新适应。遗传是有限制的，子体与亲体所得于先天者，虽是大概相同，没有很大的差异；可是亲体后天一生所受的影响不能传于子体。据德人魏斯曼的研究，人的身体有生殖和身体两种细胞，二者各不相关，亦不相影响，遗传单指生殖细胞一种，即生殖细胞到生殖细胞，所以人的一切后获性都不能遗传。按遗传与环境的关系说，遗传是与生俱来的，自然的，固定的；环境是变化的，不固定的，不能先行预期的，遗传与环境虽都重要，但遗传不能孤立，非靠环境不足以补其缺陷。

3. 人类不须学习的动作与学习的心理：什么是不须学习的动作，（桑戴克称原来趋向或本性）？据桑戴克说："人当生命发创时，即两性细胞化合成人之时，已具有无数确定的趋向，形成将来的行为。"意即不须学习的动作，因遗传之故，备有与生俱来的动作。桑氏复分为"反射"，"本能""生就的力量"三类，不过各类中间是无截然界限的，现在之强为分类，只为研究上的便利，别无目的，大多数心理学者，都承认这动作无所谓好坏，而为一切训练与教育的根本，这是一致的意见。各种动作均有其一定的发生期，成熟期，衰退期和不正确性，教育者极应注意及此，致力于学习心理的研究，使人得到真正的学习。凡趋向之可以保存者，即准备适合的刺激唤起满足的反应，可得到满足以保存之。趋向之应隔绝消除者，利用刺激，唤起不满足的反应，发生不快之感，即可隔绝。凡趋向因代替或利用而能成良好反应者，即利用刺激变换原始方向或减少原始趋向，经过长期练习，即可达预期目的，利用各种方法时，必须及时慎重为之，方为有效。学习心理本为复杂的，桑戴克曾经深刻的研究，把学习过程缩简为"准备"，"练习"，"效果"三律，使教育者易于明悉学习过程和教育方法的运用。

4. 环境，教育及遗传三者之关系的成立：由上面环境之作用及其影响，环境与遗传及人类不须学习的动作和学习心理，以说明环境，教育及遗传三者之关系：没有遗传，每代都要重新适应，人类生活上定有最大的困难；没有环境，后天的发展，即失其凭借，也难得有所发展；没有教育的指导，则缺乏正当发展的方向，失去发展的目的，所以三者实有不能分离的关系，三者缺一不可。某心理学者说：三者之关系，有如三角形之各边，遗传为底边，教育和环境为其余两边。三角形的底边是固定不变的，两边是不固定而可变化的。因为后获性之不遗传，教育和环境可变化，所以教育者的责任是要继续不断的，上代受了教育死去，下一代还要受教育。总之，教育者务须利用环境使受教育者，得到真正的教育。

三　中国近三十年来教育之考查

1. 三十年来教育之由来及其背景：如中国的社会还像往常之闭关自守，不和任何国家接触，中国社会是不会有根本变动，还是那一治一乱的局面，决无任何另外的改变。自欧风东来，西洋文明与中国接触之后，无论是文化，政治，经济，教育等，一概发生变化，现姑勿论整个的变化，兹就教育一方面说。我们要知道中国因与西洋接触之后，近三十年来教育，非复中国原有的教育，因羡慕西洋教育，遂有由模仿而来的教育。推究其来原背景，实由于外国势力之所迫，见外国人之坚甲利兵，民治主义之运用，科学之昌明，工业之发达，莫不使中国趋之若鹜，舍去以往之教育，取法西洋的图强。于是废科举，兴学校，西洋式的教育，遂渐次见形于中国，所以中国近三十年来的教育，系为外力所迫，而造成的模仿西洋式的教育。

2. 三十年来教育之变迁及其原因：中国近三十年来的教育，变化多端；每一时期的变化，各有其背景，按各期变化的原因，分列为萌芽、发达及改进三期：

甲、萌芽期——此期自同治元年至光绪二十八年止，约计四十年。此期内乱外患交加，刺激最深，人心摇动，教育上不得不有所改革。如太平天国破灭，中日战争，维新运动，革命运动，八国联军等，外力之压迫，使中国不得不承认西洋教育有可取，以改革中国教育，一般人士以中学为体，西学为用之主张，力倡改革，西洋教育逐开始见形于中国。当时教育行政分属于行政机关，至光绪二十年，始以京师大学堂为总行政机关。在学制方面，最初无显明之规定，光绪二十年始有两级制，二十四年，规定全国三级制；每级各为期四年。各级学校无统一课程，各校均不相同；此期学校设立最早者，为同治元年之京师同文馆，五年设立福建船政学堂，六年设立上海机器学堂，光绪五年设立天津电报学堂，二十二年设立南洋公学，内分师范，外，中，上四院，相当于师范学校，师范学校之附属小学，中学大学或专门学校，此期留学教育已开始，最初多派送美国，继派欧洲和日本。

乙、发展期——自光绪二十八年至宣统三年止，计共十年。八国联军以后，继之日俄战争，以及西洋科学之继续输入，复以国人之翻译和鼓吹，政府不得不变法图强，教育也因之由萌芽而发展。前期"中学为体，西学为用"之宗旨；一变而为"忠君，尊孔，尚公，尚武，尚实"品性陶炼之宗旨，教育行政，在中央，省，县，各设立专任机关。光绪二十八年仿日本学制，规定三大级：高等教育分大学院，大学堂，大学预科三小级，平行者有高等实业学堂；中等教育有中等学堂及平行之师范学堂，实业学堂；初等学堂分高等小学堂，寻常小学堂及蒙养院，二十九年改大学院为通儒院，改寻常小学堂为初等学堂。中等学堂加多一年。三十一年颁布女子师范学堂。宣统元年仿德国学制，中等学堂，实行文实分科，大学分经学，文学，医，工，致格，农，商各科。留学宗旨极为广泛，凡变法维新人才，均出自留学中造就，派送标准，凡学自然科学者，均送欧美，凡学法政及师范教育者，均送往日本。

丙、改进期——自辛亥至最近，计二十一年，这二十一年内中国的政治，经济，文化，社会均有剧烈的变化，教育也随之变化，辛亥革命成功，袁氏帝制运动，云南起义，西南护法，军阀割据，十五年北伐成功，共产主义，国际情势，帝国主义的侵略，各项惨案等，都是教育改进期之背景的重要因子。此期变化复杂，各种教育思潮，应时出现，如军国民主义，实利主义，美感主义，科学，平民主义，国家主义，三民主义以及十七年以后之乡村教育，民众教育，平民教育，乡村建设等思潮。此期社会背景复杂，社会上的变化比任何时期都多，所以学制，课程、宗旨，编制等改革，不一而足。如一一加以概说，实不胜述，故从略。

3. 三十年来教育的根本错误点：看到中国改行新教育背景的过程，可知每次都是受外势所迫，几无处不受外力之抑制，国人急思改变旧教育以图自强，而成近代的国家，期列于平等地位。见外国如是之强，中国如是之弱，非改革教育不为功。因是不暇深思，饥不择食，一意模仿。初见日本变法自强，则模仿日本式的教育；继见德国自强，又模仿德国式的教育；后见美国富强，又模仿美国式的教育：总观三十年来之教育变迁，不外一教育制度之模仿，不问制度之良善与否，及在中国社会上效果如何，是否适其环境，和历史背景尤可与否，均不顾及。我们要知道西洋教育，是工业资本社会的教育，西洋社会环境，推行这种教育，自然可以富强；中国为小农业村落社会，以工业社会的产物用求小农业村落社会之绵续和发展，自然不适于社会的需要，事实之诏示，自甚明显。所谓新教育之推行，只不过一制度的模仿，即能推行，于中国有何裨益。不特无益且是根本错误：下面加以证明。

4. 根本错误的证明：上面说西洋教育，为工业社会产物，中国为小农业村落社会，自然不适合社会的需要，先从中国经济方面去证明。中国小农业村落社会，经济状况还是自给自足，经过外力侵略之后，由自给自足，到不自给尚能自足，再到既不能自给又无以自足，此为经济崩溃的过程。在自给自足时代，仅足自用，很少剩余，如遇天灾人祸，即成荒。中国大多数的民众是自耕农，其次为佃农等，都是自给自足。经济状况既如上述，那有力量送其子入学。中产以上之农民。不过为全体中之小部分，一般农民为经济力所限，无受教育机会，此种教育，自然不适合于一般或大多数的农民，不仅在自给自足时代，不能有受教育之机会。在经济崩溃之后，更为经济力所限，则更无受教育之机会。

从社会方面说：上面说一般农民为经济所限，不能受教育；中产以上之家，即能受教育，而受了教育之后，又是如何？中国为村落社会，一般受教育者，均系农家子弟；而学校之设立均集中于都市。农家子弟，到都市里受教育，立即变为消费分子，养成消费怠惰习惯，不惟不能有益于家庭，而家庭反受其累，因所有课程，均为学生升学而定，不为生活所需要，而中小学的学生，为经济力所限，多半不能升学，所学非所用，而成为社会上的纯粹消费分子。这种教育愈普及，消费分子愈增多，知识分子过剩，其出路自成问题，形成知识分子竞争局面，致使社会不安，此种教育未普及，亦不幸中之幸事。

从民族精神方面说：中国为独立的和文化最古的民族之一，自有其民族精神所需要的教育，西洋民族精神是有对性，对外抗争；中国民族是无对性，勤于人事而淡于逐物。以西洋民族精神的教育，施诸中国民族，其不适于民族精神之需要，此不言而喻者。中国民族之在现代，固不免有所缺欠；但凡不能发扬民族优点的或减弱和渐失民族自信力的教育，概不能适合民族的需要。

模仿后的教育既到如此地步，我们决不失望；反更应以此增加我们的觉悟，促进国人的猛省，回头在中国民族社会环境内找教育的出路，从中国社会本土里生长出来的教育，那才是中国所需要的教育，现在已有这样的趋向，"乡村教育""民众教育""平民教育""乡村建设"等实验，都是从过去错误反应出来的觉悟，所以我们决不失望，更应努力向前探求。

四　中国新教育建立的观点

1. 建立社会化的教育：中国三十年的教育，为模仿西洋教育制度的教育，不适于中国的经济条件、社会需要，和民族精神；然则有什么方法可以适合民族社会的需要，惟一的道路，则使中国现代教育"社会化"。因模仿教育离开民族社会生活的需要；我们要再将教育建筑在生活上边，使教育与生活打成一片，仍然发生原来的关系，以教育之功用，应生活上的需要，使中国民族社会得到真正的指导，那么，社会方能绵续和进步。教育如果和社会发生游离，不与实际生活发生关系，教育则失其生命。教育失去生命，对社会发展自然没有贡献，中国现在的教育，就是这种情形。本来生活与教育是离不开的，在没有学校以前，生活与教育是显然不分离的；那时的教育，是儿童跟着成人一齐工作，在实际生活上学习，为一种模仿式的生活教育，这种教育的过程就是生活的本身。学校发达之后，与实际生活脱离关系，成为知识传授机关；使一般人的实际生活技术学习，反得之于其他社会团体，致教育成为空中楼阁而无立足之地。现在我们要恢复教育仍建筑在生活上，让教育来担当社会团体所担负的生活教育，使每人得到真正的学习。故教育社会化的要义：是把生活过程，作为学习过程；把社会过程，作教育过程。社会化的教育目的由社会学（因系研究人间之各种社会关系的科学）决定；社会化的教育方法，由教育心理学（系研究学习心理的科学）决定。由此可以确定社会学和教育心理学为研究教育的基本科学，不仅目的和方法依为根据，其他课程，制度，编制等，亦都如是。

2. 社会化的教育以"人群进化"为目的：社会进化，可分为本能和理性两种。今后的进化，惟有多靠理性可恃为最有效的指导；前面说教育的功用，是在绵续社会而求其进步，意即对社会进化有指导的功用。社会进化有效的指导为理性，所以有理性的社会指导是教育。按此教育的意义："有理性社会生活的指导统制"，就是教育。社会愈进化，文明愈复杂，愈需要教育的指导，此为自然趋势。但研究社会团体之是非得失，本质优劣，改造等科学为社会学，教育自然要借社会学所指者为归宿；同时社会之发展或革新，又不得不借教育的指导。教育和社会的关系，是互为依赖，相依为命。

3. 社会化的教育以学习心理为方法：讨论了教育目的，一定还要讨论方法。教育目的为出发学习时一种目标，方法为如何达到目的之工具。学习心理是达到教育目的最经济的方法，其贡献有二：一则指明了各个学习者的学习陶冶性；二则指导学习过程的最善方法。在社会化的教育上，教育者利用教育心理学，分析学习心理的过程，使每个人在教育过程里面，如何使之适合个人的真正学习，此为教育者不二之责任。

4. 社会化的教育多角化：上面说生活过程即教育过程；生活范围即教育范围。从整个生活上看，即整个教育：从生活的经济方面看，即是经济教育；从生活的政治方面看，即是政治教育；从生活的生产方面看，即是生产教育；从生活的劳动方面看，即是劳动教育……教育是能顾到生活各方面，生活各方面都能得到教育的指导，生活才有一致的发展，不致有畸形的或一方面的发展；故社会化的教育多角化，即此意义。中国问题是极复杂的，非一方面的，自非从一方面所能解决的；如能在整个生活上有相当的指导，或能整理其复杂性，或能弥补一方面之缺陷。

五　结论——度量教育的方法

孟子曰："权然后知轻重，度然后知长短"，此系品评重量和度量之标准。教育是社会的现象，非物质直接品评法所能为，须从间接方面品评，才能知其价值之所在。上面说，教育之功用，在社会之绵续而求其进步，度量教育之价值，即从此着眼。看教育能否对社会创造继续不断的生长欲望；能否供给方法，使这欲望得以实现，有了度量教育的方法，随时可以品评其有无价值，如教育在社会上有其价值，则更精益求精；否则必须改造之，以应社会之需要。（完）

乡村教师救国论
——在河南汲县小学教员训练班讲——

王怡柯

　　愚怀疑中国所谓现代之教育，十余年矣。各级学校，究为何事而设？究为何人而设？将教成如何之人？毕业后安插如何之地？作如何之事？凡此种种，孰注意斯，孰研究而彻查斯？往者学校不多，流弊不著，相与盲目附从者甚久。近乃知其无谓，而苦不得其症结之所在，乃出于失望漫骂之一途。即提倡教育之老前辈，站在潮流前面之大导师，咸目瞪口呆，束手无策。嗟呼，臧获牧羊不同，其亡羊则一。长此漫漫，何时始旦?!孰无子女？孰能不学？又孰能离社会国家而独立？此而不另辟新途径，真殭绝陷于死路矣！中国一切问题，愚以为此最要，最急，不可一日缓。而国难当前，尤非从教育上另找新出路，则全民之训练组织，所以固内攘外者，将无从着手！

　　中国办教育，向来自高而卑，自远而近，先有京师大学堂，再有各省高等学堂，次则各府之中学师范，再至县立高级小学，挽近乡村间，乃渐多初级小学，而蚩蚩之氓，尚无人注意也。毕业学生，只有做官，当教员两途。其才劣学浅，而领有文凭者，则回家从事土劣活动，名曰绅士。近十年来，名公巨卿，尤好办大学，以养个人之"打手"。不问社会及国家需要之品种数量如何，而尽力培植，有如资本主义的"市场生产"，廉价多卖，以角胜负。始而以学生打人，夺取政权，久则相习成风，人亦以是报之，扰攘冲突，学生自身反成问题，此自高而卑之怪象也。

所谓自远而近者，学校讲书，前二十年谈日本，不谈中国，近则谈西洋不谈日本，为盲目的高远的裨販，以模仿成功为成功。他种科学，愚不知；若现行法律，除刑律略参酌国情历史外，余莫非出自抄袭，孰肯调查民商习惯，而制定为法律者？故目今大多数之国民，对于法律，均属茫然，无形中已取消其诉冤之权。迫不得已，非求助于律师，几于诉状不知如何作法。怡柯为粗习法律之人，打官司犹聘请律师，其余民众，更可知矣！此其一例，余可类推。自远而近之尤显著者，为各校课本，各省风土人情不同，而均购自上海三五家书馆所编辑者，如历史地理，止能略论古今大事，及地理概要，关于各该地方之文献，礼俗及其物产，交易等，为该地方人应熟知者，反无人补充，即无以应实际之需求。至女校课程，无家事，无蚕织，亦于教育即生活之旨，完全不合。吾友冯梯霞博士，治农业者，谓如此之女子教育，果普及乡村，则农家须个个破产，农村不复能维持矣，诚哉言乎！

愚故主张结束已往海市蜃楼之无用教育，害人教育，而创立金字塔式之教育制度，上锐下宽，自卑而高，努力于全民之训练组织。其中等以上之学校，则统计社会及国家需用某种人才几何，列为整个计划，以需要量定供给额，必精必核，勿滥勿多，其超过是项需要额之学生，则一律施以适切国情的乡村师范之训练。约以一年为期，卒业后，分派各乡村服务，以一半时间教小儿，一半时间教成人，如是，则青年有出路，民众获训练，对内有组织，对外乃有办法。

抑愚以为中国政治原则，握政权者，必学行足以为人师，所谓以君道兼师道、君师合一，乃治。其理由最为充分。何也？师为民众所凭式，不敢为恶，恶则师道不存，立即隳败，故修齐治平，浑为一事。治中国人，须用中国法，形式的法治，物质的经济，在中国皆所谓治之具，而非之源。以治人用治法，寄伦理于经济，治相得益新，绝不偏畸。既不取西洋人之唯利是视，作惨酷无情之竞争，亦不依印度释氏之四大皆空，专讲心识。将依折衷妥协为办法，以道器一源为主义。即：

以伦理主义，解决经济。（例君不君，臣不臣，父不父，子不子，虽有粟，吾得而食诸。）

以经济手段，完成伦理。（例衣食足，而知荣辱，仓廪实，而知礼义。）

其着手，应从乡村始，其用力，应侧重师道。何以故？以全中国人之经济生活，植基于农村，依赖于农村。故古之元首，亲耕亲桑，以身率下，乡举里选，亦必以"力田"为登用之条件，下至权谋家，取威定霸，亦必寓兵于农，故救中国，必自整理农村始。又中国人之社会生活，彻底的为伦理组织，族谱宗祠，家法义田，其显而易见者。百工匠人，称其师曰师父，其师之妻曰师母，其师之子曰师兄弟，不才之拳匪，祕圄之帮会，所谓"大师兄""老龙头"者，均有其辈行，而不可或紊。统中国秩序之维持，与其谓为法律，无宁谓为伦理，或者嗤此为老生常谈，愚则以为社会制度之良否，只问其适不适，不问其旧不旧。中国社会组织，既以伦理为基础，则明伦之师，正社会真正之领袖，法宜尊之，以增高其权威。而师不可以徒尊，须言有物，行有方，其智能须足以教人，其性行可以服众。一村之师，即一村之领袖，一乡之师，即一乡之领袖，等而上之，一县一省之长，皆县省之大师，其区域内之住民，均其直接间接之弟子，其区域内之问题，皆其应负之责任，精神流注，无不达之情，无不办之事，此愚所谓治中国人之法也。

以师治民之具体办法，先宜自乡村学校始，即自近而远，自卑而高之办法。

以乡村学校，为乡村建设之中心。

以乡村教师，为乡村民众之领袖。

其活动方面有下之三端：

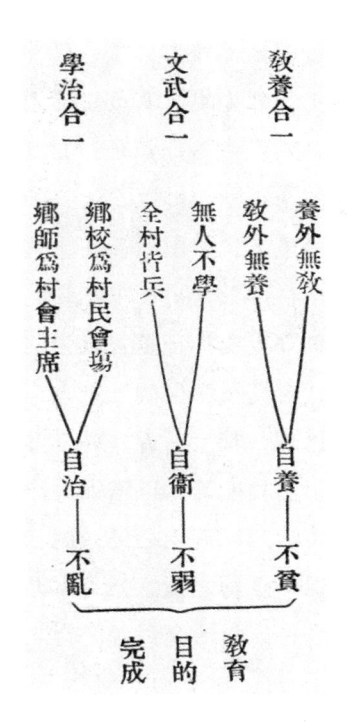

```
                          教育
                          目的
                          完成

學治合一 ─┐              自治 ── 不亂
         ├─ 鄉師為村會主席
         └─ 鄉校為村民會場

文武合一 ─┐              自衛 ── 不弱
         ├─ 全村皆兵
         └─ 無人不學

教養合一 ─┐              自養 ── 不貧
         ├─ 教外無養
         └─ 養外無教
```

关于乡村教师之养成标准，有四，如下：

一、确认仁孝廉耻，为立身之准则，而为村民作模范。

二、实行刻苦勤俭，兼习农艺，可以指导农民生活。

三、通晓初步军事知识，兼习国术，可以训练民众。

四、详细民隐，精研利弊，关于地方兴革，有较好之计划及经验。

以上为养成乡校教师之标准，而所谓教养合一等等之具体办法，愚已有深切之认识，及实行之办法；爰举十数同志在汲县香泉寺主办之乡村教育以为例。

香泉寺在汲县西北四十里之太行山麓，背绝崖，面深谷，崖间有瀑布分寺为二，曰东寺，曰西寺，浮图矗立，群山环抱，唐以前之古刹也，民国十三四年，沦为匪窟。左近三十余村，民质直而贫，在教育上，为全县之落伍者。比年愚既立志到乡间去，乃拟从此入手，而请教于乡先辈李敏修先生，敏公以为然。桂林梁漱溟，大城叶剑星，梁劼诚，郓城孙廉泉，孟县梁仲华，及其他诸先生助以资。省立五师校长王伟烈先生，实负责计划者。又承地方绅董诸先生不弃，以香泉寺，六度寺，庙产所办之七处小学，举以相委，共同合作，而组办一完全小学，即以左近三十村为试验区，惟高级班苦无适当地址，寺房虽多，然山陬孤庙，莫敢居者。徘徊无以为计，村治学院同学，申仁，王营宙，王培政，王培元诸君闻之，愿各挟枪带粮任教师兼负守卫责；于是香泉为中心之议乃定。于二十年三月间，招生成学，有高级学生四五十人，连同各初级，延聘教师十余人，其思想重伦理，其生活近乡村，其行动重纪律，将以农业科学技术，与乡村土法相融洽，以增加生产。以合作组织，整理农村经济，增进农民生活。以瑞士之民兵制，及管子寓兵于农为模范，而训练民众。以保甲乡约之精意，为举办下级自治之神髓。即所谓教养合一，文武合一，学治合一者。行之十月，成效小著，举事实如下：

一、香泉寺左近三十村，地少山多，惟有林业，可以谋生，故专重造林。将各班学生各组成一林业合作社，实行造林，香泉寺周围之将军岭、狮子岩、炉山、鸡冠岭、北大岭，均以播种造林，成立四个林场。规定各学生非个人种成一千株树，不许卒业，其树之种如下：

桐、椿、榆、槐，等二百株。

胡桃、柿子、果子、花椒，等四百株。

如是，小学生十年后成人时，可有一千株树，至少值一千元，每年有利可取，生活有着落矣。春日养蚕，初夏放假收麦，事毕上课，取麦秆作学校手工原料，自做草帽，比之买日本之手工线，西洋之毛绳，打线袋，及围巾，为经济。秋冬以后，则各于课余，挟枪入山打猎，兼以巡看山林。此外每一小学，种桑二百株，养蜂两箱，以裕教员生活。至"列亨鸡""九斤苗""波支猪，"则置诸香泉寺，以为推广之中心机关。而使学生先试改良其家畜，徐徐及于各全村，此教养合一之事也。

二、二十年十月后，农事既毕，乃办七处民众学校，约集村民上课，注重于民族精神之恢复及国治，生计教育次之，识字书算，其余事也。数十日工夫，村民已有觉悟，师生济济一堂，其谋乡村乐利，无闲暇以为赌博，鲜误会以起事讼。无自治之名之费，而有自治之实之利，此所谓学治合一之一事也。

三、各校学生，朔望打靶，以贺胜者，将恢复古之所谓乡饮校射之礼焉。人人可以为兵，村村皆有组织，何惧土匪。此文武合一之一事也。

各教师白日教儿童，夜间则怀手枪挟干粮，分往各村，振铃开课，先唱歌，再述古人之嘉言懿行，略教书算，再谈村事县事国事。提灯归时，村民护送，依依不舍，各教师终日奔驰，舌敝唇焦，身则劳矣，心有余欢。视大学教授之曲孚阿比，不得罪于学生者，真有振衣千仞冈，濯足万里流之慨矣。

香泉教师学生，均习拳术。教师二：一传太极者，温县陈春元；一传侠传者，林县石久庵。人人各有一武器自随，枕刀借枪，轮流守卫，多年人不敢居之香泉寺，十月来注意防范，幸无不测事。二十一年元月十五日，怡柯入山邀各校董议事，学生咸集，白叟黄童，数百人，秩然有序；共商前途，无不协者。比经地方长官教育当局，提撕匡助，根基愈固。孟子曰："上失其道，民散久矣"！聚之之道，舍以乡师领导农民，组织农村，又安由乎？学者及绅士，上可以为官，下可以导民，社会中坚，真所谓"兵行在即，可西可东"者，宜深痛省，翻悟前非，努力于孝弟力田，敦品励俗，以行为率乡人、合民众，如吕新吾辈之所为者，国事乃有办法。怡柯不自量，窃以两语励同仁，且以自儆，即：

以自己之汗，换自己之饭。（不妄取）

以自己之血，保自己之命。（不怕事）

总之曰"自救"，扩而充之，可以救国，其涂术，以恢复中国人治精神！即所谓尊师重道者始。都会工商，国民生计之枝叶果实也。其根本仍在乡村，故曰，唯乡村教师，可以救国。集民成军，扎硬营，打死仗，得尺则尺，得寸则寸，近则保家，远则保国，东北军二十万人，不值倭寇数小时之袭击、而落落数千义勇军，则前仆后继，日人相顾失色，古训有之，民为邦本，本固邦宁，天视民视，天听民听，民众如此神圣，残民以逞，庸有济乎？保民自保，孰能御之。吾友镇平彭禹廷，于去岁匪患交迫之时，撑持其间，愚心窃危之。贻书慰我曰：吾为民众谋福利，民众自作我后盾，庸何惧乎？尔今之镇平，固已道不拾遗，夜不闭户，匪不南犯，共不北来矣。有志自救救国者，曷不放下蟹行书，易尔哗叽褂，服粗布衣，持必须杂字，以教乡民乎？

乡村教育改进之理论

——在河南汲县小学教员训练班讲——

李敏修

予与乡里诸君揆违久矣，今兹会语一堂，欣幸无似，予于前清末季，与诸同仁曾对本省教育略尽微力，是后即脱离教育界，迄今已二十余年，故对挽近教育之变迁趋势，诸多隔膜；客岁同王柄程先生屡次谈及乡土状况，深觉乡治一事，为刻不容缓之举，今被邀讲述农村教育改进之理论，兹就斯题粗略陈之：

（一）乡村在人生上所占之地位，予于欧美哲学未尝深究，兹所云云，殆全依据中国古代学理事实立论。考《周易系辞》有云：天地之大德曰生，盖天地之成为天地，不必具何意义、而却有其规律，分而言之则为三才，究而言之，则大地亦天之一物而已；人更是沧海一粟，故地一天也人一天也，即一太阳系之行星，不只一个，是一天之下，不知有几许大地，此太阳系之外，又不知几多太阳系也。天地孕育人类乃至草木昆虫，悉本于天地之生生，前之不知所始，后之不见所终，可见者，止此生生之不已而已。

人之有生，基于生生之机而出，故孔子主张以仁为人之全德，而推其发源处则曰孝，盖人因直接生于父母，故以孝为善之始，然因间接生于天地，改以仁为善之极，易言之，孝以仁为全量，仁以孝为起点，括而言之，曰孝，放而言之，曰仁，要皆本于天地生生之心以为心，而非有待于外铄也。

泰西哲学推至物竞天择，率谓人必竞争而后进化，中国人生观，则纯基于相爱互助，世人或以相爱互助易至互相推诿，而流为贫弱，庸讵知其本于生生不已者，固必有自强不息之精神，期于求其在我而无待于求胜于人，其坚卓不挠亦有其自立者在也。

天地好生，人既为天地之一份子，故人由爱其父母，以至父母所自出之宗祖、与父母有关系之宗族，乃至推至邻里乡党无不敬爱，由爱乡党推而至社会国家人类，均无不一视同仁。甚至草木昆虫，既同为天地所造化，亦莫不爱护珍惜，个人必如此，乃完成其责任，亦即所以对天地而无愧。盖人人各有良心，即满载天地生生之理，实一体而非二物也。

古人为求不亏天地大德，不特于自身力求完成其责任；而孝父母之大端，且进而代父母弥补其缺憾。试观古人所论干父之蛊，干母之蛊，有过几谏之，父母之有志未逮者、则赓绪而实现之，于此见人子且有代父母负责之时，故仁孝称同原也。

中国之人生观虽只求其在我，而仁之动机，则实见于人与人相与之际，试观孟子所云，见孺子入井，而恻隐怵惕之心油然以生，其自然而发，既非求好于人，又非图利于世，足知仁爱之纯洁，固丝毫无功利之见存也。

次观庄子，其书有谓逃空虚者，闻人足音跫然之喜，足征人与人之不能须臾相离，此亦仁爱之见端也。

由上所云，中国古代人生观之粗略的陈迹，则观仁者必求诸人相与之际矣。然第一步为家庭，而怀抱提携或尚不易表现也。人生普通之接触，实自乡里始，乡里者，人生于是，居于是，长成于是，祖宗之庐墓于是，亲戚朋友胥聚于是，乡里既与个人之关系如是繁复密切，故人必素行克修，始能见孚于乡里，且也，乡里间彼此之关系既如此深切，故一乡里之结合，始真正足以表现感情，吾人亦必能在乡里有所建树，始为真正根本之事业。

（二）乡治在政治上所占之地位

乡里不特于个人之修德建业有大关系，即邦国大计之政治，亦以乡里为起点，试观周制井田，系一夫授田百亩，合百家之力以耘公田；军旅则按一家一人之比，而伍，而两，而卒，而旅，而师，教育则家有塾，党有庠，州有序，国有学，从此可知古代政治组织之详切；从乡里区区一隅，做得分明备至，夫而后国家政治克跻于太平。周室东迁，纲维隳毁，然管子轨里连乡，半推本于周官，秦汉而下，尚设乡三官游徼等职，以司一乡之教化捕盗稼穑诸事，迄于六朝，政治已早失其立足乡里之基础；惟于取士，尚为乡举里选：降至唐代，行府兵之制，兵民遂分，府卫专职拱卫京畿，庶民之负担自更见增，民兵既分，百姓不预军役，不习武事，故至唐之中叶，遂由府兵制废，一变而为雇佣之军队矣。是后宋沿唐风，行两税之征，清袭明例，行一鞭之制，虽不必加重民赋，然卫君之官日多，治民之官日少，一国中边地不加垦，民散而不稽，至前清废编审之制，而古人经纬民生，周密之组织，亲切之办法，乃始无遗；虽欲兴养立教，亦均无所寄托，则历代君主放弃君师之责，固不得为无罪也。民国肇造，咸归咎于不堪君主之压迫，故而有革命之爆发。然窃为君主之被推翻。初不始于民国，盖君也者、古人其作之君作之师，古之人君之于庶民，一人饥曰己饥之，一人溺曰己溺之，教养维护，无微弗至，乃能奠国家于久安，桀纣讨失道，而遂失之，则君民之相与者切也。后世人君以近民之易敛怨也，乃设重重官吏、裨为任怨，自督抚至司府知府，独知县为亲民之官耳。君主堂廉万里宫阙神圣，故当时庶民常有不满官吏，而无不拥戴皇室也。三代之降，去古日远，为人君者，徒措意子孙万世帝王之业，对于经纬民生之事不复致力，是君主早已对民却责，亦即早已无形自行推翻，吾故曰君主之打倒，初不始自民国。且后世君主之压制，毋宁谓其由于君主之放任且不负责任有以致之也。

今者，吾人为民国之国民，按理言之，国家政治，当急为民众兴养立教以谋建设，恢复历代君主放弃之责任，着着从下层作起，方有以慰望治之民众。然事实上二十年来，政府虽迭变更，然迄未能肩起责任，而人民所受痛苦，较之旧日直不堪以倍蓰计。吾人当此山穷水尽之际，不自起为谋，急急由乡治做起，以匡时之大难，斯责又将谁待耶？

丹麦之教育制度

〔丹麦〕 贝尔斯来夫

首先应表示我能来此与大家谈话的荣幸，然后才讲丹麦之教育制度：

丹麦初级学校与中级学校中之一切思想精神，各方面皆深受丹麦教育先进格龙维先生之影响。格龙维先生为丹麦民众高等学校之创始者，同时亦为丹麦民族复兴运动之先觉者。其整个之人生理想不只影响于教育界而已，即整个之丹麦社会亦莫不受其赐。而社会方面之所以蒙其福者，又实仰赖于教育之力。如阿司可夫（Askov）之民众高等学校，每年暑期开办短期训练班，示学生以办教育之方法，并指示以人生之方式。而此短期训练班之学生，则常为民众高等学校之师生。即以如此方式乃使格龙维先生之人格思想精神得以扩大而深入于人人之心中。

丹麦最初之教育思想，颇有自由主义之倾向，入后则深受格龙维先生之影响，更加之以时代之变迁，思想之转换、终乃修正了从前自由主义之错误。由此种种影响，修正与转换，乃或为今日之丹麦社会思想，而此种社会思想，则仍以格龙维先生之精神理想为其基石。

格龙维先生之教育理想着重于家庭。考学校固为儿童受教育之场所，但以其与家庭相比较，则父母之于儿童实较诸教师之于学生，为能体贴入微。儿童在家庭之内于无意之中，即可获得种种生活上的训练，与知识之补充；而父母之所垂教指示于儿童者，儿童亦以情热所感而易接受。故办教育者，应以家庭为学校，使儿童于父母之经验中得到真正的教育，不应更深信"亲亲不责善，故择师而教之"的偏执意见。现在已有许多人深知此理，而从事于家庭生活之教育。如此做法，非惟可使儿童得到真正的教育，且可帮助其亲子间之感情得以充分发挥，而使家庭之内容更为圆满丰富。

此种理想：使学校立法大受其影响，而将其限制儿童学校受学之藩篱改变。于是丹麦政府乃在学校立法上规定："儿童在学校与家庭皆可同样受教育，不必限制于学校，惟视受教育者之家长如何便利而定。但必有一条件：凡受家庭教育之儿童必与在学校受教育之儿童，受同样考试，而考试之成绩亦必与学校学生成绩之限度相等，始承认其已受教育之资格，并许其升入较高学校；否则仍必使之重受学校或家庭教育，至成绩及格后乃已。"

丹麦普及教育所用之方式，为儿童自七岁至十四岁，皆行强迫教育。此种法规之颁布为一八一四年，而实行时则远在百年之前；全社会之民众，无得脱此立法之约束者。现在整个丹麦之社会，绝无一个不能阅读之男人或女人。

此项法令自一八一四年公布后，又有二种趋势：其一即以前所述儿童可不受必入学校受学之限制；其二则为对考试制度之反对。自第一点而言：由此已可见出丹麦人民思想之日趋开明，而对于真正的自由，已有充分认识，学校法规之立，强迫教育之行，其目的乃在开发人之理性。人人既已皆明教育为人生之最必要，自无待于强迫限制。人民理性既已开明，自然更往合理处探求，而欲脱此无聊之羁绊。故此二种趋势亦为必然之结果。再自其第二点言之，考试制度在格龙维先生极反对，其意以为：人生之真知识真学问非自书本上可以获得，而真正成绩亦固非由纸面可以作答也。故于考试中欲测知一人之知识能力之成绩，是为最滑稽无聊之举动。彼更言："考试制度为最愚笨而不合理之方法。按考试方法所得之成绩与效果，实皆为教师之所授予儿童者，儿童仅将教师之传授呆板的机械的知识嵌印于脑际，到时如打字机一样打出而已，若儿童所学者仅如此，则此儿童不得谓之真受教育；所谓真受教育即在开发其脑筋，使之会想，使之自己能找问题，自己能回答其自己的问题，此则非考试制度之所可得而判断也。"

现在更将丹麦教育发展之过程一述如下：

丹麦儿童至七岁必入学校读书，假如其父母对于子女之教育甚热心时，于六岁亦可入校。此种强迫教育以至十四岁为限度，义务教育完满后，即可自由在社会上作种种事业之活动。现在丹麦京城儿童有90％入国立学校，其余10％入私立学校及受家庭教育。其入国立学校之学生80％系受强迫教育者，但在前数年尚超过此种比例。其故，即以丹京工人逐渐增加较中产阶级为多。近年则逐渐减少其比数，而学校之进步亦较前甚为周密。

丹麦教育在三种系统之下：

（一）在中央政府系统管辖之下者；

（二）在教育制度系统管辖之下者；

（三）在地方政府系统管辖之下者。

在此三者之中以最后一种，影响于农民者最大。且在进步发展中。

再自政府系统来看，则有四级；（一）中央，（二）省，（三）县，（四）乡村。此四级中之第三级——县（含有宗教意味）。以县之区分为一学区，每学区设学校一，学校中之职权，由学校管理委员会执行，县长即作委员长，其他则由本区遴选充任之，此多数之学区管理委员会，更上属于较高之教育机关——教育厅。教育厅有二种性质：（一）政府，（二）教育。由此二者分工合作以担负此教育事业，在政府方面为省长，在宗教方面为主教，此为教育厅内之二大主脑，会商协议以谋全省教育事业之发展。

丹麦全国计有教育厅十四所（即十四省），更上属于更高之教育机关——中央教育部。各教育厅必详细考察其所属学区之教育事业；每年作报告一次，以上呈于中央教育部，而中央教育部更据此以作改进教育之方针。

乡村学校与城市学校以社会地位关系，故在安排上多所不同；但就管理制度言之，则仍相差不远。乡村学校与城市学校之卒业年限同为七年，而在城市中之学校则年招学生一班，每校约为七班。但在乡村中之学校仅有四班，每二年招生一班；此种原因无他，以城市之人口繁密，而乡村则较为稀少故也，再则丹麦之初级学校，东部与西部亦殊不同。东部每周入学三日，其余四日：三日作工，一日休息。而在西部年长学生必随其父母在田间工作，故西部学生于冬季入学远较夏季为长。而在东部则适与之相反。此亦以社会环境而然，绝非如其他各国之教育规定不可少为变通。依我之见，教育若纯为呆板的单纯的死的限制，则教育绝难发挥其最大作用，以收得最良效果，此可断言。

学童既于受过义务教育之后，即可到社会上作种种不同之活动——作工或升学。有许多学生由乡村进都市，亦有许多学生由都市返于乡村。入都市者大多为入中级学校读书，其毕业期限为四年，毕业年龄大概自十六岁至十八岁。学生于中级学校经毕业考试及格后，可自由入各种职业团体服务；或升学受高等教育——大学，以求深造。

丹麦学校之学生，自年龄上言之，可分为三阶段：初级为少年，由七岁至十四岁，恰好受毕义务教育。中级学校为青年，由十四岁至十八岁。大学为成人高等教育。小学毕业后，虽可作事，但其所受之教育，究不足以应付社会，此时可于白日作工，夜晚入校读书。若在十八岁以后，则其自由之范围较前为广，可入大学及各种专门学校：如家庭为商家，可入商科学校；家庭为农家，可入农业学校。但一切人于此教育系统之外，皆可入丹麦之民众高等学校。在丹麦之乡村学校中之学生数目，约在一百人左右，而在都市之学校则人数非常众多，常在一千至二千左右，其课程亦甚繁，每周由二十四时至二十六时。

学校中之学校管理委员会，计划执行各学区内学校之时间规定，及一切学校中之教育行政事宜。在乡村中之学校，依学校法之规定每礼拜必入学十八小时，入后人民渐明教育之意义，不愿入学读书之情形极少。

丹麦起初不入学校之儿童，颇为自由，可入工厂及商店工作，现在则于学校法令上绝对禁止。凡不达相当年龄之儿童，绝对不准入工厂工作，以损害其身心之发育。

在初级学校之课程，最主要者为国文（丹麦文）及文法，历史、宗教、数学、音乐、体育六科，亦有学校有化学与物理者，但在学校中学生对课程之选择极为自由，教师之限制亦不甚严，教师教授学生之方式及方法，皆极为活动，绝非用一个机械的方式。因之在此处很难得一整个一致之原则，以向大家叙述。在乡村学校，每于春冬二季皆有考试，在城市中之学校每年只考一次，学生在学校中所用之书籍，全由学校供给。在比较大范围庄村中之学校，凡学生之必需品，皆由全村供给。庄村小者势难照顾周到，亦只得择学生之最必须者酌为补助。

丹麦京城与都市，皆设有图书馆，其推广亦极迅速，此与文化之进步，一般人民知能之提高，实有莫大关系，尤其与学校发展更有密切关系。丹麦之图书馆情形在此颇值得介绍，兹将其作用略为一述：在丹麦之京城及都市皆有比较科学化之图书馆。近年乡村中亦几普设有较小规模之图书馆。而此乡村图书馆与都市之图书馆皆能密切合作，彼此上下互相联络，在无形中成一系统。其藏书是视乡村之大小及交通之便利与否而异。常有乡村图书馆亦藏书甚富者。即小规模之图书馆，亦可向较大之图书馆转借，不感图书贫乏。譬如在一乡村小图书馆借书，虽此图书馆缺短此书，但可以立即转借之于较大图书馆；如此较大之图书馆仍无此书，则可以更转向京城图书馆转借。以交通便利，邮政迅速，及手续简便等关系，三二日内即可借得本人所愿借之书；并且不费一文之资。因此图书馆之组织完善关系周密，丹麦之教育事业乃得有长足之进步。

现在，再将阿斯可夫学校之进行计划略为一述：丹麦全部学校——无论都市与乡村者——皆深感经济之不济，校舍不能建筑，甚且不敷支持学校之所需；至帮助许多学生大学毕业，更无论矣。但经济虽深感不裕，而在事实上学校又非向前进行不可，——校舍必须建筑，学校系统必须建立，学生亦必须招收——此实为一大矛盾点。阿斯可夫当亦不能例外。但在此万难困苦之际，我辈之所赖以冲破重围者，实吾人之一团热力与信心而已。此热力信心者何？即吾人承认在此整个的教育事业上，人人皆有其创造之价值。吾人既为丹麦之一国民，即负有一份国民之义务。为教师者自应负起此整个教育之使命，以期教育事业前途之开展。在此时只有各人热其心，劳其力，苦其口，振其气，以取得多数人之信仰、同情与赞助，此学校始得平稳进行。

再则，丹麦教育之目标——即如何训练学生，及训练学生往何路途上去——似亦有向大家叙述之必要。前已稍为言及，丹麦教育并非专在传授知识而已，其最主要者，厥为人人皆有其可善可恶之可能性，此可能性如何方可启发之，使之趋于善的方面，得充分发挥其效用，所以我们教育一个人，并非给予以定量之知识与技能而已。我们对教育之解释，即教育绝非教给他什么，而为要提醒他什么。将其所深蕴之可能性尽量为之启发，为之提醒，在实际生活上为之提醒。教育与贮水于瓶，输油于汽车绝难相比。教育非机械东西，而是要开发人的真的生命！人之生命与植物之生命一样，植物有枝叶以为吸取空气之用，有根以为吸收养料之用，用此空气养料以维持其生命。人之生长，亦是如此。故教育应使人人明白其自身之更重大工作，即为服务其生命。如果一个人能得教育之营养，则此教育营养实为其生命之重要部分。因此教育应以扶助人生活动发展为最要条件。死的教育，机械的传授，实难开拓出真的生命力来！故吾人如以为如此教育对于人生有帮忙处，即应深切注力于此——启发可能性，发挥生命力，开展人生！

黄孝方记

丹麦教育与国际民众学院

［丹麦］马烈克

今天晚上的讲题是丹麦教育与国际民众学院的情形。在我未讲本题之先，让我先谈一谈丹麦的情形：丹麦是我的祖国，在欧洲的北部，要算是一个小国，人口只有三百五十万，全国的面积，不过一万七千二百一十八方哩，要和中国相比真是小极了！丹麦的地势虽低，但是平原很多，无高山，无深涧，有很多旋转的风车，有很多合作的牛乳场，到处都可看见良田茂林，造成了很多美丽的农村。丹麦人的聪明伶俐虽是他们的特点，但也正是他们的弱点；虽能运用智慧去赚些小便宜，可是没有伟大的计划，深远的眼光。丹麦人是有理想的，但不引人注重，却甚有种持久的恒心，继续不断向前进取的精神。丹麦在一八四四年时，正是外患日急，感受着邻国的压迫，民气消沉，真是危险！幸有先觉格龙维先生尽力提倡成人教育，组织合作社，经过几十年的努力，才挽回危局。实施成人教育的机关就是民众高等学校。全丹麦的民众高等学校，在一九二二年至一九二三年之间已有六十所，农业学校十所，统计学生八千三百六十五人。这里面设在乡村者有五十所，学生在六千人以上，这些学生，大部分都是农家的子女。民众高等学校每年分为两个学期：冬季五个月从十一月至四月，为男生就学时期；夏季期限较短，只三个月从五月至八月，为女生就学时期。在此期间，丹麦全人口的四分之一都有读书的机会。政府对学校是竭力予以援助：凡学校中的一切计划、思想、设施，政府绝对不加以丝毫的干涉。因是校长有绝对自由，所以容易实现其理想，易有成绩和易于普及。丹麦的民众高等学校都是私立的，校长就是校主，学校是他所独有。政府因他这是对国家尽其义务，所以予以经济上的补助。其办法分两种：一种是直接补助金，依教师薪金及建筑费用多寡的比例分配，每校可得丹币五千至一万四千克郎姆不等；一种是奖学金，每学生可得合学膳费底半数。在此种学校的学生，很多居地方政府和合作社中的领袖地位；丹麦经济和文化的得以向上，实都是这种民众高等学校的赐予。

丹麦的民众高等学校，是创自格龙维先生；他的影响于丹麦，如同孙中山先生影响于中国一样。他是思想的先觉者，他对丹麦的精神有彻底的憬悟；同时他深深的感觉到他们国际地位的危险，工商业十分落后，绝非急起直追所可赶上资本主义前进的国家。而农业方面，又是受到其他农业国的迫胁，这时他想走上别的途径，而丹麦农民的程度又太不够。所以他觉得非从教育上，去唤起民族的觉醒不为功；他更觉得非为人类另辟一种新而合理的文化不为功；因是他在这种信念之下，便造成了今日的丹麦。

格龙维先生是自幼生长于农村，在田野里、家庭里度过了十分快乐的童年生活；在他老年时还常追想起，觉得这种快乐是每人所都应当享受的。且以为人能在甜蜜的家庭，和在优美的大自然中去开辟理想、创造前途，是最有价值的；所以他对凡能引起幼年时代快乐回忆的一切，他就竭力生法满足。而这美好的童年回忆，也便是他生命的源泉。

以后他稍长，进了阿赫斯中学；在中学里受到许多限制，使其颇感痛苦。在一八〇〇年，他进了丹京的哥本哈根大学读书，受惟理主义的影响，精神生活极为枯燥；后又受德国自由主义思潮的刺激，他才大大觉悟。原来这种自由主义运动，在欧洲中世纪是颇为普遍。但这运动的开始，是极受限制；因他是古代的，是尊重人生、看重现实生活的。后来这种运动渐渐走入自私的个人主义领域，他又深深的感到现世人类因误解自由增加许多罪恶；要使社会重进于光明，不得不须破除这种自私的个人主义。

一八〇五年，他在郎格兰岛上一地主家充教师，他和地主的女儿——别人的未婚妻——恋爱，他一方面想占有她，另一方面而又觉得不当；可是他越去抑压自己的熟情，而心绪反越激荡得厉害。他于此处重新认取一新的人生，——即生命永是在善与恶的冲击当中，向上与向下，只有听人自己去抉择。因是，他立刻放弃恋爱代替以集中精神，去努力工作、埋头古籍研究，而得到极大的成就。

他站在经济立场说话时，是极端痛骂现社会贫富的不平，极端的反对有钱的富人；他以为社会上存有贫富阶级是人类的病态。他这时思想趋入于极度嫉愤的境地。但同时又引起自己的反省，以为只痛骂终是无济于事；及至发现本身也有错误时，又感到非常痛苦，几至于自杀。后来他觉悟到自己既是一基督教徒，十分有站在现实人生上来解释圣经的必要；但这种解释，为当时一般守旧的神学家所反对，又几乎使他不能忍受下去。在一八一〇年，得到一种启示（在佛家谓之悟），更彻然了悟，知不能在书本中去找寻真理；人生唯一的真理，即在人身体中支配人的精神，在一团体中支配团体的精神。自己既是基督教中一会员，而又是最觉悟的，自不应觉得与人无关，应参加到民众中间，去建立一辉耀在人世的天国，——在这一国家中，无贫富、有自由，无阶级、有平等，人人尽相互敬爱。但如何实现此理想？他觉得只有凭宗教信仰，去创办民众高等学校，用"人"的方法改造人，使此教育注重"人与人的关系"；同时此教育特别注重"知行合一"。他常说生活的信仰，要在实际生活上表现出来的话，意即指此。学校完全没有考试，学生在思想上、生活上、精神上所需要的，教员便根据了实际生活来详为解答。学校中有一种道德的目的，即认人格底发展，为增进生活的最好方法。学生来受教育，是为生活，是为做一国家中良好公民，是要大家在互助合作、精诚友爱的途程中前进！

现在再向诸位朋友来一述国际民众学院的情况。我就是这学院的院长。我觉得教育有应站在反战争的立场上一点；因战争实在是毁灭人类的最大罪恶，而各军国主义及帝国主义的教育，就是奖励人类的互相残杀。我想这全由于各国人士不能互相了解，以至结深仇隙的所致。国际民众学院便是想联络世界各国，使异国学生都能相聚一堂，共同研究各种不同的学术文化，以求彼此了解，联络感情的机关。

一九一四年欧洲大战时，我为这学院到英国，会见许多英国清教徒；他们都是和平主义者，对教义非常重视，正在努力企图解除战争的痛苦，遏止国际间的仇恨。他们对我的主张计划非常赞同。给我介绍洛琪爵士；洛琪爵士虽在战争中新丧爱子，但他自己与德人并没仇恨，且更赞同我的主张。又给我介绍牛津约翰学院校长巴尔及牛津大学校长何兰等人，他们都说："战争是毁灭人类的，我们应站在友谊立场上，重建和平的基石"。因而我预备创办国际民众学院的计划，得到他们的赞同，允许襄助；且都以为丹麦是介乎英俄德三国间的小中立国，是国际民众学院设立的理想地。又因丹麦极重视农民，所办民众高等学校，素负盛名，所以国际民众学院，得到各方好意的赞助，毫无异议的便成功了。

由英国回来后，和丹麦教育部秘书林藤龙及工程师约祺生三人，组织一委员会来筹备计划，这学院不久便在爱尔西诺市出现。初办时以经费短缩，我同几个工人农民整理校舍农场，餐桌一张都无，生活自是十分简陋。起始有六个国家的学生，共二十四人；其中有大学生农民，和工人。此时对这初生团体的教学方法，真是感到莫大困难；先是用音乐语言来调和他们的感情及使相互了解，更用各种方法使他们尽其力量来建筑自己的校舍，添置水管，制造器具，……一切都由学生自己去开辟创造。现在已逐渐发展，学生有一百多人，外国人占去半数以上。

国际民众学院是和民众高等学校采取一样的教育方式：是以个别学习为方法，以个性适应为原则，以道德教育为目的。换言之，即是以活的教育来发挥各人的能力，以活的语言来作极有力的教育工具；尤其是要借此发扬国际合作及博爱精神，使其为现代文化造一新的哲学基础。

末了，更向中国的朋友说几句话。我这次到中国来，给我的印象最深刻；中国人都非常勤俭，中国气候也好，能给一般人以生活之力。中国人性资中有一种极和平态度，不是觉得除去自己以外，就没有别人；性情很幽默，人与人的关系很深厚，绝不是鲁莽的。丹麦在历史上也有过与中国现在同样严重的时期，但终因格龙维先生的唤醒，得以脱却危境。甚望中国人更加勤俭、团结，本中国历史背景、民族精神，发扬而光大之，并逐渐采取现代最进步的技术，成为世界上一挺立的国家。

乡村工作者的培养之商榷

——一个训练乡村青年的办法——

唐现之

一 乡村工作需要知识分子

到了现在，乡村工作之重要，已尽人皆知，用不着多说。可是谁去工作？却是当前的一重大问题。这问题早已引起普遍的注意；所可惜的，似乎尚没有得到一个比较妥善的解决。

乡村工作自然不是一件轻而易举的事，非有较为高深的近代知识的人，决不能负此重任。这种人自然是知识分子；决不是目不识丁、愚蔽顽固的乡村大众所能胜任的。如果中国的乡村大众能负此大任，则中国社会早已有办法，乡村亦不致如此崩溃了。

二 知识分子下乡难

可是目前中国的知识分子能负此重任吗？首先，他便不愿意下乡。我记得有位吴景超先生，曾经在《独立评论》六十二号上，发表了一篇《知识分子下乡难》的文章。他说：知识分子，为甚不愿意下乡，而愿意集中于都市呢？他于分析之下举了四个重要的原因：

第一，知识分子的出路，在都市中比乡村中要多若干倍；

第二，就是因为乡下缺乏研究学问的设备；

第三，知识分子所以难于下乡，乃是因为乡村中物质文化太低，不能满足知识分子生活程度上的需要；

第四，便是因为他最亲近的家庭宗族，亲戚朋友都不希望他下乡。

我很赞同吴先生这个分析！他所举示的四种原因都不错。并且我还可以进一步的说，即便今日群集在城市中的知识分子，人人都愿下乡，如果他们不有真正的觉悟，于乡村也未必有多大的补益。因为他们所学的都是空空洞洞的纸上空谈，或是不合国情的，不切实际的制度与方法；因为他们趾高气扬，目空一切，自以为是，看不起乡下人；因为他们没有受过良师益友的薰陶，不知人生的真意，而胸中反充满了暴戾不平之气，无时不怀着仇恨争斗之心。这样的知识分子，不回乡还好，如果真的回乡，乡村只有乱而已矣。希望他们来救乡村，实不啻缘木求鱼，缘木求鱼，虽不得鱼，无后灾！

三　知识分子已有觉悟

照这样说来，岂不是乡村工作者终究无人了吗？那又不然，因为时到如今，为势所逼，知识分子也不能不回头猛省了。中国并不是没有忠诚义勇，以改革社会、效忠大众为己任的知识分子。他们已知道，群集于城市，你争我夺，不是办法；他们已知道，做他人的工具，摇旗呐喊，太无人格；他们已知道，中国民族的基础确在乡村；他们已知道，中国的社会已受不住暴力的破坏；他们已知道，非辅导乡村大众自己起来改造乡村的一切，不足以图存；他们已少有剑拔弩张，煽动鼓惑的举动；他们已知道，以笃实诚恳的态度，作浅易平实的工作。这是中国知识分子的觉悟，也即是中国民族的转机。可是像这样的知识分子，实在太少，即许他们真正地下乡，也于乡村无多大的补益。第一，因为他们的数量太少，中国太大，单靠他们自身直接的努力，的确无济于事；其次，则他们不能作什么事，因为他们虽则有的学过农，或学过经济，亦不能用之于乡村。

可是只要他是有心人，他在乡村确是有用的，他惟一的用处，亦即最大的用处，便是为一乡一县之师。中国乡村社会，至今尚有尊师敬长之风；如果有心的知识分子，真有相当的学识与修养，能辨别是非，主持公道，自然容易获得乡村大众的同情。即此一点，已能够转风气、端趋向，造福于乡村不小了。但我所希望于回乡的知识分子的，尚不止此。

四　回乡领导青年

我希望他们在乡村领导青年，做切实而有益的乡村改造事业。但我此地所说的青年，不是一般的青年，不是那终年劳苦不得休息的青年，而是那些有闲的青年。因为那些劳苦的青年，第一，他们没有闲暇来受教育，第二，他们不需要读书识字的教育，第三，今日在城市中求学的知识分子，回到乡村后，除了教人读书识字外，没有别的本领可以教人。第四，真正有心于乡村大众的知识分子太少，不能普遍地负这大广的青年教育的责任。但这不是不顾劳苦的青年，乃至劳苦的大众，实在是在今日的中国要实施普及的乡村青年教育，一时确办不到。因此，我便有下面的提议。

我提议有心的知识分子；如果回到乡村，最好先办有闲的青年教育。我的理由如下：

第一，教育无论如何是一种比较有闲的事业。

第二，乡村确有有闲的青年，当然他们是有产者的子弟，可是他们却无力到城市受商业化的装饰教育。他们知道乡村的苦况，明了乡村的情形，不满乡村的现状；同时，他们有志向，有热诚，有气力，有强烈的求知欲。他们最需要教育。

第三，非教育他们不可。因为他们既然比较有闲，又不能到城市中去受教育（实则不受这种教育倒是好的），加之他们已给传统的观念所薰陶，不愿意做劳力的工作；于是他们便有力无处用，成了饱食终日无所用心的浪子，终日游手好闲、言不及义，三五成群，放辟邪侈无不为矣。如无正当的指导，他们除了走戕贼自己，扰乱社会，遗祸乡村之外，绝无他途。假使，真果有有心于乡村的人，对他们加以指导、一转移间，不难使他们共趋正道，效力乡村。在我看来，这是极有把握的事体。

所以我主张，有心于乡村的人，如果回乡，最好先办这种教育。这种教育究竟如何办法呢？

五　乡村青年教育的办法

第一，先觅校舍。寺观，祠堂，或其他公用房屋均可。地点最好是在山水幽静，离市镇较远的地方。能有田地山林供其耕种的更好。（据我所知道的，广西的大村庄，每每有所谓大书房；此种书房多在山水清幽之处，在前清时代，是已开笔的学生读书之所。）

第二，设法征集书报。知识分子回乡自己也当读书，除将自己的书籍移于校中，以供众览外，自然还可以设法征集或借用他人的书籍杂志。（广西教育厅曾经购备一大批的万有文库，每县发给一部，由县立图书馆保管，这一类的书籍，大可以设法轮流借用。）

第三，不要贴广告招生。最好自己先邀一二个有志求学，而同你讲得来，肯亲近你的青年，在所选定的校舍里共同研习。这样，在不多久的以后，远远近近有志求学求友的青年，自然会相率而来的。

第四，学生的用具，如床铺桌凳，碗箸灯盏之属，概由学生从其家中带来（据我所知道的，从前读书人之入塾多是如此办法）。此外如锅灶公用之物，及柴米油盐消费之品，则或用消费合作办法共同购买，或由自己家中携来，共同凑集。

第五，举凡庶务会计以及公共生活之料理，均在师长指导之下，由同学共同商决，分工处理，无需师长自己料理；即师长之伙食灯油亦应由同学共同供给。如师长家庭贫寒，同学亦当量力之所及，分别送以束脩。

第六，校中应有共同遵守之公约，由师长指导同学共同议订，共同遵守；如有不遵守者视过失之轻重，由师长分别训诫或令其离校。

第七，校中不应有寒暑假；如有事须离校者，可以向师长请假暂离学校。如遇年节，经共同决议，可以暂时散学；其不愿回家者，可以照常留校自修。惟仍须遵守公约。

第八，就学的青年，最好是十七八岁以上已能阅读和写作的。随来随收，不分季节。亦无所谓毕业。

第九，师长当以身作则，随时指点学生为学做人之方，给以人生的启示，使之努力愤发，迁善改过，向上学好求进步，务期养成：切磋砥砺，劝善规过，简朴纯正，活泼进取，严以处己，宽以待人之学风。

第十，校中学程不必固定。最好是视事之可能，力之所及，由各人自由研习讲求。但如音乐歌唱，园田耕种，世界大势，中外史地，农村经济及合作、国文，以及社会调查，似乎有同共研习之必要。

第十一，校中教学，以自动研习为主；但师长不妨于每旬开讲数次。同学中亦当有共同研讨的时候；彼此之间不妨多多请益，互相研讨，切不可倚赖师长一人。

第十二，校中必须有乡村实际问题的研究会，每人认定一问题，或数人共同研究一问题。问题的研究以愈切实愈好；除校中师友共同研讨之外，如有机会最好请于问题有专门研究的人临时来校指导，或与专门的机关或学校通讯研究。

第十三，校中的师友，必须在事之可能，力之所及的范围内，实际地帮助乡村办理应兴应革的事业。如工学团，如共学处，如合作，如造林，如改良风俗……

第十四，校中最好有一种如童子军式的组织，却万不可著童子军的服装，以起村众的疑虑。服装言行，力求平实，切戒炫奇立异。但童子军之精神与组织，实大可采用：他活泼而有纪律，自由而能服从，诚实不欺，冒险进取，随时随地扶助他人，一切活动多在野外。如能行之得当，很可以矫中国读书人的陋习。

第十五，应多与远近的事业或学术团体合作。如合作社、农事试验场、图书馆、学校、医院等等。

第十六，如果一县之中，或几县相去不远的地方，有如此类的学校，务须彼此连络，互相帮助；如书籍的互相借读，师长的交换讲习、同学的转校研求。有时还可以共同聘请或特约一专科导师，作巡回的指导。

第十七，校中的师长，不限定一人，数人共立一校更好。

第十八，如有必要而可能，则不妨有军事训练。在今日的中国，有的地方，恐怕非以军事为中心不可；如四川北部的峡防局，乃是由军事而事业而学术的。可是此地有一事不可不注意：即是为学做人的精神万不可少。否则，便是一团局矣。

第十九，如有有心的女知识分子回乡，大可以举办这样的女子学校。

第二十，如办女子学校，则其学程与校址当有所不同。

我所想到的办法，大致已具备于此。至于细微末节，则当视各地情形之不同，各地创办人自行规定为妙。

六 结束的话

有的人，或许要问我，你这个办法，未尝不好；可是要找这种人去办，恐不容易。不错，这是不容易的事体。但我相信，中国之大，绝不至无人。试看现在大小城市中，不是充满了失业的知识分子吗？他们不特在城市中赚不到一个大洋，并且还要由家中，辛苦经年、劳碌一生的父母手中，拿钱去花呢。假使他真的看清楚了中国的社会，只要他念头一转，他便可以化无用为有用，化无益为有益的。

　　要是今日的中国，一县有一个如此觉悟的大学生，各回本县去办如上所述的青年教育，则中国学风可以为之一变，社会趋向可以为转变。一二年中，便可将一县可以为害乡村社会的青年，化而为服务乡村的先锋队。再由他们去举办乡村事业，推行教育，则轻而易举，速而能达了。他们生于乡村，长于乡村，无待社会的供给，国家的强迫，他们自然会吃自己的饭，流自己的汗，为乡村服务，替社会造福。这并不是由于威迫，亦非关于利诱，只是中国的乡村，已崩溃得不能再崩溃，破坏得不能再破坏，生于斯，长于斯，存血气，有筋力，有心肝的青年，经人指点之后，自然会用其全力，以谋乡村大众的幸福的。

（二十四年二月六日邹平）

介绍定县导生制

(平教会学校式教育部工作考察报告之一节)

祝超然

一 导生制是什么？

想说明导生制是甚么，须先说明导生是甚么。导生这个名词的拈出，本不自定县；他的定义，说来很简单，就是"教学生的学生"就叫做导生。导生包含指导、辅导、领导、教导四个意义。导生制是甚么呢，是有组织有方法有理想有目标的利用程度较高的学生，来教程度较低的学生的一种教育制度，在中国作导生制的实验，要算出自定县了。

二 导生制之由来及其范围

在定县平教会作导生制的实验，到现在不过一年的历史。缘：在定县城东东建阳村原有村立小学一处，有学生约四五十人，在去年八月由平教会接洽，改为实验学校，人数随增至一百零八个；教师课堂设备，均成问题。平教会派去人员，大概受陶知行先生"小先生"之影响，有小先生——导生——之试验；后来又鉴于军队，一官长可领百人千人以至万人，其所以能领带，绝非一人之力，而是组织发生了作用；随有把学生按个性程度年级分为若干小队，集若干小队成一学生大队之组织。现小陈村实验小学之学生大队组织，即由如此演进来也。后又鉴于一般穷苦人仍不能入学，随有所谓"送教育入门"之传习处；由传习处而有今日之导生传习制。此刻所谈属于导生制下之学生大队组织之实验；传习制只好俟诸异日了。

三 导生制下学生大队组织之原则

导生制之所以能发生大的教育效率，能作种种方面的活动，全因他有复杂的健全的互相控制互相影响的组织能力。他是按照教育活动的性质及学生的天才程度，分为若干组，把学生分别容纳于各个组中。联合若干组，成一大的组织。这个大的组织，包含许多活动。这许多活动并不是各自活动各自的，而是互相关联，互相扣合，有秩序有理想有办法近于分工合作而不是分工合作，他运用之妙处，实在于分工合作之上。平教会实验人张含清先生曾说："每种组织，都有一种具体的活动，都有一种最高的理想及实现此理想的步骤与方法；因而每个学生的生活思想行动，都被一个理想的目标吸引着，都被一种严密的规律约束着，都被同学们的'群眼'监视着，都被同学们的勤奋刺激着；不能不勤，亦不甘不动。习惯了，其生活将有一种生活力，其思想将有一种思想力；其行动将有一种行动力。同时组织下的群众的力量，决不是若干力之总和，而是个超越。"在此原则之下，乃有学生大队组织与分组活动。

四 导生制下学生大队组织及其活动

甲、组织情形：这种组织是包含训管，教学，活动各方面的组织。试拿小陈村的实验情形来说：小陈村实验小学共有学生八十四人，按程度分甲乙丙三级；甲级学生可以教乙级学生；乙级学生可以教丙级学生，有时甲级学生亦可教丙级学生。甲乙两级学生为教学生的学生，名之为导生；丙级学生名之为普通队员。每十人左右成一小队，置一小队长；四小队成一中队，置一中队长；二中队成一大队，置大队长及大队副，甲级导生共五人，除充任大队长、副，及中队长者外，余一人为特务员。每小队中至少置文化，政治，经济导生各一人；队长为与普通队员同程度者。

乙、工作分配：政治导生（乙级生，下同）司考勤，法纪，组织开会，并筹办各种社会活动及讲述社会常识——如政治、法律、民运、会议……等事；经济导生司勤务，算术，簿记，经营小商店，讲述自然常识——如天文、地理、博物、化学……等事；文化导生司国语，书画，卫生，会议纪录，图书管理等事。至于秩序训练，仪礼演习，唱歌游戏，团体旅行……等事，由各级队长担任之；此外并担任监督，指导助理代理各种工作。大队长副及中队长并担任乙级之各种指导工作。至于训话，报告新闻，综合教学（案：综合教学系教师对普通队员之直接教学；或对已学各科之复习订正，或对某科之预习新授，要以学科之性质而定），及甲级之各种功课，均教师担任之。

丙、各种会议：按照课业工作之性质，各种导生及各级队长得开各种会议。如文化工作研究会，卫生常识研究会，由文化导生组织之；经济工作研究会，自然常识研究会，由经济导生组织之；政治工作研究会，社会常识研究会，由政治导生组织之；他如传习研究会，常识研究会，大队行政会议，均依其性质，由各级队长各种导生分别或综合组织之。

丁、时间课业分配：导生制下学生大队组织之所以能运用之活妙，全因其活动之时间分配得法，在同一时间，各有各的工作，绝不相乱，绝不像单级教学因功课的分配，而多少总要耽误学生的时间。例如在同一时间，丙级上国语课，文化导生教丙级国语，政治导生作政治工作研究，经济导生作经济工作研究，中队长（甲级导生）分别指导之；甲级作常识自习。又如：丙级上自然常识课、经济导生指导之，文化导生阅读，政治导生准备学业传习材料；甲级上算术课，由教师担任之。对时间课业分配的妥妥贴贴，一点时间都不白过，任谁都不耽误。兹录其休作时间表如下：

　　戊、生活日程：学生的生活，自早晨起床，以至夜晚睡眠，都在生活休作表规定之内；每日届时由值日员摇铃或敲钟，全村的小学生都在同一时间活动。每日生活历程，计有早起，温课，点名，早会，早操，训话，报告新闻，编写壁报，填写测候表，勤务，劳作清洁检查，疾病治疗，参加各种会议及各组织活动以及整理笔记，传习学业等等；总计每日有四十八种节目。但因地点，时间，活动，种种情形，随时变化，与学生以新鲜的刺激，所以均不感呆板疲劳而现出活泼与欢欣。

五　导生制下学生大队组织之优点

　　甲、解决了管理问题：凡是办过小学教育或曾注意到小学教育的人，都知道小孩子的天性好动。有人说，"小孩子的手不能闲着。"的确，假一闲起，便会生出问题来，不是你捣我一下，便我扭你一把。聚几十个小孩于一堂，问题之多，概可想见。在一个单级小学里，教师便为这个问题，闹得头晕眼黑，心烦意懒！小陈村小学仅有几个月的实验，八十多个学生，因有组织运用，互相策勉，互相约束，这问题便不成问题了。

　　乙、解决了教学问题：现在中国失学儿童如此之多，一位教师至多能教学生四五十人；即这四五十人多半程度不齐，采用单级式教学，已大有"累死先生，闲死学生"之概。导生制利用组织教学，一位教师间接直接可教百数十人，而精神时间均有余裕。且以小孩教小孩，口吻、态度，俱容易相互亲近了解深入，较像煞有介事的教师，灵便多了。

　　丙、解决了经费问题：在农村破产的今日，有的小学须请两位教师的，实行导生制请一位便够了。而且比两位三位教的学生还多。再如课堂设备等等，也需用许多钱财，实行导生制，院中，墙下，树林下，井台旁，在在都可以教学，不需要什么桌椅设置，这问题不解决了吗。

丁、提高教育效率：小陈村小学的实验，学生的程度进展，较一般的有显著的差异。照现在进展的情形推度下去，四年初级小学毕业生，相当于高小毕业生；因效率的增加，教育历程，因之可以缩短了。

戊、养成团体生活习惯与组织能力：中国人如一盘散沙，最缺少团体生活习惯与组织能力；实行导生制，各个学生，都成为团体的一分子，并有其应尽之责任。自幼与学生以团体的纪律的服务的训练与组织的能力，是比较容易而有效；因小孩子的可塑性，比较大。常见小陈村，小学教师因事外出，学生的活动，并没丝毫异样，有的围坐在桌旁在商量着办事，有的在院里、檐下合拢来写字，有的搬着小板凳在街上填写壁报，各作各的，自自然然，他们仿佛不知教师是个怎么样的一个东西。诸君请睁眼看看，在别处小学有这样的情形吗。

己、促进乡村建设：在一个农村里，小学教师，便是个圣人；乡民一切的困难事体，大都要找他，而且乡村里一切新的知识精神也需要他来启发灌输。但我们看一看小学教师除教导看护一班小孩子外，整天便忙着烧火做饭，那有工夫来做这些事？实行导生制；便可挪出时间来，来帮助乡村建设。且学生们在一教育制度下活动即是被教育着，这所在地即是被改进了。

六 其他

甲、惩奖问题：小陈村实验小学的惩奖，大都是由大队行政会议决定后，次日宣读政会决议时施行。关惩的方面：多采用道歉，行礼，立正等。关奖的方面：属于个人者，予个人以名誉上之赞扬；属团体者，予团体名誉上之赞扬。而特别注意于后者。

乙、教材问题：小陈村实验小学的教材，系平教会所编辑，颇适应用。内容较普通的提高。1. 先教注音符号，不教拼音，尤不教三拼法。将声母介母合而为一：如教"ㄇㄧ"。直接教读如"蜜"；又"ㄇㄧㄚ"，以"蜜啊"二音速读、连读即得"妈"字音。2. 课文内容不取物话童话，因乡村儿童入学较晚，知识力已发达到相当程度，物话童话，不惟不足以引起兴趣，且觉滑稽可笑，甚失教育意义。3. 词类连书：是以词为单位，不以字为单位。如"蝙蝠""蝴蝶"……均是两字代表一个意义，拆开了便没意义可言；又如"文盲"，识得"文"和"盲"，不一定懂得"文盲"。所以他们用的课本，是用词类连书的。4. 标点符号：也在他们注意之列；普通，小学生读讲课文，都和普通单字一样读出，不把它当作个附属的东西。

丙、分组问题：一般人一定怀疑，这大队组织如此复杂，课目这样繁多。小孩如何办得了？在初作此种实验时，的确是有困难的。最好先拣比较优秀的份子作队长导生。小组（包含着小队）不易分多，俟一般小学生都有了此种概念以后，再慢慢按照原定计划去做，便没什么困难了。

丁、特务员及副导生；特务员有什么用处呢？譬如小陈村实验小学共有甲级生五人，除充当大队长副中队长外，余一人作什么？便可令他作特务员。特务员并没确定应负的责任，他只是帮助队长和导生。同时，他自习的时间比较多，很有充分的准备机会。假若该小学甲级学生多，而又愿意升学的，便可统容纳到此特务员组织内。副导生是帮助导生工作的，有时他可以代理。他最大的好处，还不在此；——他是"升级的阶梯"。譬如丙级某普通队员程度特别好，但不一定能及上乙级；这时便可令他作副导生。一方面仍可作内级课业，另方面可随着乙级活动，两面都不耽误，慢慢赶上了，便可以作导生。

戊、传习处：不要误会，这里要说的传习处，不是传习制度；是在学生大队组织下的一种活动。是为穷人们，忙人们设的一种教育场合。传习处的老师就是小学的导生。传习课程，即导生每日生活之一部。小陈村共设二十多处：学生全是儿童。每日午饭后，一阵钟声，便见许多小孩子，三个一簇，两个一组，在墙旁、林下、大门内，沿路侧，有的坐着，有的蹲着；对面悬挂一个小黑板，上面稀疏地写着几个"ㄅㄆㄇㄈ"或"鸡狗鹅鸭"；靠近黑板的那个孩子（导生）站立着在口讲指画，其余的小孩在随声叫喊，这时中队长大队长在巡回视导。四十分钟过去，几声钟，把这些小组合，悠闲地给解散了。我在十一月十六日第一次看到这种情形，心神为之鼓舞起来，以为这种办法，在导生可养成服务的精神，在学生可不费一文钱，又不做工夫，能求知识：这是如何巧妙而有意义的事！在贫困的乡村，这种办法，不是很经济而有力的吗！许多为经济而耽心教育事业的人，可以得安慰了。

七 结论

　　导生制下学生大队组织，乍看去，好像是机械的。其实他是超过了机械，而是一活动无定的组织，这种组织，好像一个酒瓶，要装甚么酒，全凭装者的意思。又如一盘灵活的机器，可大可小，可增可减。至如何能使出品，性质良好，产量增多，要看运用这机器的工程师是如何了。

（二十三年十二月二十八日写于邹平研究院）